भाग्य आम आदमी का सच है और पुरुषार्थ उसका अस्त्र है। चरम पुरुषार्थ से ही नूतन भाग्य का निर्माण किया जा सकता है। मगर होता ये है कि एक सामान्य व्यक्ति, जो अपने जीवन के रहस्य और लक्ष्य से बेखबर बस जीता चला जाता है भाग्य की कठपुतली बन जाता है।

एक सामान्य व्यक्ति अपने भाग्य को किस पुरुषार्थ के आधार पर बदले? और इसे बदलने की प्रक्रिया क्या है? इस गूढ़ रहस्य की जानकारी इस पुस्तक से ही पाई जा सकती है, जिसे व्यावहारिक रूप से जीवन में उतारने के लिए प्रयास किया जा सकता है।

भाग्य के अंतर्गत आने वाले सौभाग्य, दुर्भाग्य, विवाह, दाम्पत्य सुख, संतान सुख, मोक्ष, माता-पिता, भाई-बहिन, मित्र-शत्रु, रोग-चिकित्सा, बचाव से संबन्धित सभी रहस्यों की जानकारी यदि एक आम आदमी समय पर ले सके तो वह अपने जीवन में बहुत कुछ बदल सकता है। जीवन में बदलाव लाने के लिए 'भाग्य के रहस्यों' को जानिए इस पुस्तक द्वारा।

आशा है यह पुस्तक कुण्डली से अपना भाग्य निर्धारित करने में उपयोगी सिद्ध होगी।

भाग्य के रहस्य

पं. रामप्रकाश त्रिवेदी ज्योतिषाचार्य

वैधानिक चेतावनी

प्रस्तुत पुस्तक के प्रकाशनाधिकार लेखक के पास सुरक्षित हैं। लेखन, प्रूफ संशोधन कार्य यद्यपि पूर्ण योग्यता, मनोयोग तथा सावधानीपूर्वक किया गया है तथापि मानवीय त्रुटि रह सकती है। अतः तथ्य सम्बन्धी या मुद्रण सम्बन्धी किसी भी त्रुटि के लिए लेखक, मुद्रक व प्रकाशक उत्तरदायी नहीं होंगे। किसी भी कानूनी विवाद का निपटारा न्यायक्षेत्र नई दिल्ली में ही होगा।

ISBN : 978-81-288-2534-4

प्रकाशक : डायमंड पॉकेट बुक्स प्रा. लि.
X-30, ओखला इंडस्ट्रियल एरिया, फेज-2,
नई दिल्ली-110020
फोन : 011-41611861ए 40712100
फैक्स : 011-41611866
E-mail : sales@dpb.in
Website : www.dbp.in

वर्ष : 2010

टाइप सैटिंग : आर. एस. प्रिंट्स, नई दिल्ली-49

मुद्रक : आदर्श प्रिंटर्स, शाहदरा, दिल्ली-32

Bhagya Ke Rahashya

by : Pt. Ramprakash Trivedi Jyotishacharya

समर्पण

अन्तर्राष्ट्रीय ख्यातिप्राप्त डायमण्ड बुक्स प्रकाशन
नई दिल्ली के प्रकाशक के परिवार के सबसे
पूज्यनीय श्री गोविन्दराम जी
की स्मृति को समर्पित

पं. रामप्रकाश त्रिवेदी
ज्योतिषाचार्य

दो शब्द

मानव में आदिकाल से ही अपने भाग्य और भविष्य के विषय में जानने की जिज्ञासा रही है। जब कोई शुभ-अशुभ घटना घटित हो जाती है तो अतीत बनकर इतिहास के पन्नों में शामिल हो जाती है। जब तक घटना घटित न हो जाए तभी तक वह भविष्य के गर्भ में रहती है। मानव जीवन में घटित होने वाली शुभ-अशुभ घटनाएँ ही भाग्य का घटित रूप हैं। कहा जाता है कि 'भाग्यं फलति सर्वत्र, न विद्या न च पौरुषम्'। भाग्य से अधिक तथा समय से पहले किसी को कुछ भी नहीं मिलता है। ज्योतिष कुण्डली के आधार पर भविष्य तथा भाग्य के रहस्य जानकर घटना का स्थान, दिशा तथा समय निर्धारित किया जा सकता है।

भाग्य का निर्माण पुरुषार्थ से होता है तथा सौभाग्य का लक्ष्य प्राप्त करने के लिए भी उस दिशा में बढ़ने के लिए पुरुषार्थ करना पड़ता है। पुरुषार्थ ही भाग्य की कुंजी है। किसी विद्वान का कथन है - 'चरति चरतो भग:'। अर्थात्, जो चलता है, उसी का भाग्य चलता है। भगवान् का अर्थ भी पूर्ण भाग्यवान होता है। भक्त का अर्थ आंशिक भाग्यवान होता है।

किसी मनुष्य के सौभाग्य-दुर्भाग्य का निर्धारण उसके अपने दृष्टिकोण पर भी निर्भर है। जैसी जिसकी दृष्टि होती है, भाव होता है, उसे संसार वैसा ही दिखता है। मनुष्य केवल नाशवान शरीर नहीं है। आत्मा के सूक्ष्म अदृश्य शरीर में रहने के कारण ही वह अमर है अत: बाहुबल, धन बल को ही सौभाग्य मान लेना भ्रम है। ये सब तो पुरुषार्थ के साधन मात्र हैं।

तुलसीदास जी के अनुसार 'सबहि नचावट राम गोसाईं' किंतु श्री हनुमान जी ने पुरुषार्थ के बल पर असंभव को भीं संभव कर दिया। यह ईश्वर का स्मरण कर, उसी को समर्पित कर, उसी का काम मानकर करने से संभव हुआ।

"सुमिरि पवनसुत पावन नाम्।
अपने वश करि लीन्हें राम्॥"

यदि पुरुषार्थ में कुछ कमी भी रहे तो चिन्ता की कोई बात नहीं। वाल्मीकि जी के उद्धार के विषय में तुलसीदास जी ने लिखा है:-

उल्टा नाम जपत जग जाना।
वाल्मीकि भये ब्रह्म समाना।।

प्रस्तुत पुस्तक के माध्यम से लेखक ने जन्म कुण्डली की ग्रहस्थिति देखकर आध्यात्मिक तथा भौतिक सुख-दु:ख, सौभाग्य-दुर्भाग्य जानने का उपाय सुझाया है। इस पुस्तक में सरल समझने योग्य भाषा में अधिक से अधिक जानकारी देने का प्रयास किया गया है। पुस्तक के प्रकाशन में प्रकाशक, मुद्रक तथा उनके सभी सहयोगियों के योगदान के प्रति लेखक अपना आभार प्रकट करता है। पुस्तक में जिन लेखकों, प्रकाशनों से सम्बन्धित जानकारी का यत्र-तत्र उल्लेख किया गया है उनके प्रति भी लेखक अपना हार्दिक आभार प्रकट करता है।

इस पुस्तक की रचना तथा प्रकाशन में डॉ. सुनील जोगी के अमूल्य सहयोग तथा मार्गदर्शन के लिए उनके प्रति भी अपना आभार प्रकट करता हूँ। पाठकों की प्रतिक्रिया तथा सुझाव सादर आमन्त्रित हैं। सधन्यवाद।

- लेखक

अनुक्रमणिका

प्रथम अध्याय

कुण्डली से जातक के भाग्य का निर्धारण

जातक की कुण्डली उसके भाग्य का अल्ट्रासाउण्ड, एक्सरे, सिटीस्कैन सभी कुछ है। जीवन के सभी पक्षों से सम्बन्धित सुख-दुःख, अनुकूलता-प्रतिकूलता, सफलता-असफलता की जानकारी जातक की कुण्डली देखकर, उसकी गहराई से छानबीन करके की जा सकती है। जैसे शारीरिक रंग रूप, बनावट कद, शारीरिक क्षमता, मानसिक क्षमता, स्वभाव, अभिरुचि, विवाह, जीवनसाथी, सन्तान सुख, सम्पत्ति, धन, पद, नौकरी, व्यापार, पद-प्रतिष्ठा, माता-पिता, पुत्र-पुत्री, भाई-बहिन, निकट सम्बन्धी, मित्र-शत्रु, मालिक-नौकर, यश-अपयश, आयु, मृत्यु आदि सभी कुछ तो कुण्डली के 12 भावों में रहस्यों की भाँति भरा पड़ा है।

किंतु आवश्यकता तो बस इतनी है - 'जिन खोजा तिन पाइयाँ', तथा 'अतिशय रगड़ करै जो कोई' उसे ही इन रहस्यों की झलक मिलती है। जब रहस्य की सभी गाँठें खुल जाती हैं तो जातक के जीवन का चित्र खिंच जाता है। इसमें पिछले जीवन के संस्कारों का चित्र भी होता है तथा आगे भविष्य में जो परिवर्तन होना है उसका भी चित्र रहता है। यह परिवर्तन उत्थान अथवा पतन किसी भी ओर हो सकता है। यह स्वयं जातक की मनोवृत्ति पर निर्भर है कि वह सांसारिक भोगों में लिप्त मनुष्य बने रहना चाहता है। नीचे गिरकर राक्षस या शैतान बनना चाहता है अथवा ऊपर उठकर देवता बनना चाहता है।

कहते हैं 'पूत के पाँव पालने में ही दिख जाते हैं तथा 'होनहार बिरवान के होत चीकने पात' इन अस्पष्ट लक्षणों को कुण्डली का भाग्य प्रकट कर देता है। मानव जीवन एक सतत यात्रा है जो पिछले जन्म से अगले जन्म की ओर जाने का वृत्तान्त है किन्तु इसका आदि अन्त नहीं।

भाग्य के अन्तर्गत विचारणीय बिन्दु

भाग्य के दो रूप - (1) आध्यात्मिक पक्ष (2) भौतिक पक्ष

आध्यात्मिक पक्ष - मनुष्य केवल स्थूल शरीर न होकर आत्मा भी है जो सूक्ष्म शरीर में निवास करती है। अतः भौतिक सुख-दुःख की चिन्ता न कर आत्मा को ईश्वर भक्ति द्वारा बलवान बनाकर देवत्व की ओर बढ़ना ही मानव जीवन का उद्देश्य है। केवल इन्द्रिय सुख ही सब कुछ नहीं है। मनुष्य से देवता बनना ही परम सौभाग्य है।

भौतिक पक्ष - जन्म से मृत्यु तक मनुष्य के जीवन को उत्तरोत्तर उन्नति तथा विकास की ओर ले जाने के लिए भौतिक साधन, भोजन, वस्त्र, निवास, शिक्षा, वाहन, मनोरंजन, वाणी-शक्ति, विवेक, तर्क-शक्ति आदि साधनों की आवश्यकता होती है। ज्योतिष की सहायता से अपने भाग्य का पता करके इन साधनों को आध्यात्मिक उन्नति के लिए लगाना ही पुरुषार्थ है। इस प्रयत्न में ईश्वर की कृपा से ही सफलता मिलती है जैसा कि तुलसीदास जी ने कहा है:-

बिगड़ी जनम अनेक की सुधरहि अब ही आजु।
होई राम का नाम जपु, तुलसी तजि कुसमाजु।।

अतः कुसंगति छोड़कर भाग्योन्नति का प्रयास बिना किसी विलम्ब के प्रारम्भ कर देना चाहिए। केवल भाग्य के सहारे निष्क्रिय रहकर अमूल्य मानव जीवन व्यर्थ नष्ट करना बुद्धिमानी नहीं है।

भाग्य का निर्धारण

कुण्डली में सर्वप्रथम भाग्य भाव पर ही विचार करना चाहिए। इसके अन्तर्गत निम्नलिखित बातों का ज्ञान आवश्यक है:-

(1) अष्टम् भाव, अष्टम् भाव का अष्टम् भाव अर्थात् द्वितीय भाव तथा कुण्डली में शनि जिस भाव में स्थित हो उससे अष्टम् भाव से आयु का विचार किया जाता है। किसी जातक के अल्पायु होने पर उसके भाग्य पर विचार करने का कोई अर्थ ही नहीं है। अपवाद स्वरूप कुछ जातक अल्प जीवन काल में ही महान बनकर अमर हो जाते हैं; जैसे अभिमन्यु। अष्टमेश से अष्टम् भाव भी आयु के लिए विचारणीय है।

(2) तत्पश्चात् नवम् भाग्य भाव से भाग्य तथा धर्म कर्म की ओर रुचि का विचार करना चाहिए। नवम् भाव से नवम् भाव अर्थात् पंचम् भाव तथा बृहस्पति और शनि से नवम् भाव से भी भाग्य तथा धर्म का विचार किया जाता है। नवमेश जिस भाव में हो उससे नवम् भाव भी भाग्य के लिए विचारणीय है।

(3) नवम् से नवम् भाव अर्थात् पंचम् भाव एवं सप्तम् भाव से पंचम् भाव अर्थात् एकादश भाव से बुद्धि तथा सन्तान सुख का विचार होता है।

कुण्डली में बृहस्पति जिस भाव में स्थित हो उससे पंचम् भाव तथा पंचमेश जिस भाव में स्थित हो उससे पंचम् भाव भी इन मामलों में विचारणीय है।

(4) नवम् भाव से पंचम् भाव अर्थात् लग्न से भी भाग्य का विचार किया जाता है जैसे शारीरिक बनावट, शारीरिक क्षमता। इस दृष्टि से भाग्य भाव के बाद लग्न, लग्नेश पर विचार महत्त्वपूर्ण है। लग्न तथा लग्नेश निर्बल होने पर जातक को कदम-कदम पर संघर्ष और असफलता का सामना करना पड़ता है।

(5) नवम् भाव से द्वितीय भाव अर्थात् दशम् भाव, नवम् से एकादश अर्थात् सप्तम् भाव नौकरी, पद, सम्मान, व्यवसाय साझेदारी के विचार से देखना चाहिए। साथ ही सूर्य व बृहस्पति से दशम् भाव से भी व्यवसाय का विचार किया जाता है। दशमेश की स्थिति भी विचारणीय है। सप्तम्भाव से दाम्पत्य सुख का विचार किया जाता है। पत्नी सुख के मामले में शुक्र से सातवाँ स्थान एवं पति सुख के लिए बृहस्पति से सातवाँ स्थान देखना आवश्यक है।

(6) नवम् से तीसरा अर्थात् एकादश भाव, एकादश से 11वाँ अर्थात् नवम् भाव से आय का विचार होता है। साथ ही बृहस्पति से 11वाँ स्थान भी आय का होता है। एकादशेश से 11वाँ स्थान भी आय के लिए विचारणीय होता है। एकादश से सप्तम् स्थान अर्थात् पंचम् भाव से भी आय का विचार होता है जो बुद्धि का प्रतिनिधित्व करता है। बुद्धि के बिना भी आय नहीं हो सकती। बिना बुद्धि के शिक्षा, नौकरी, पद, यश, चुनाव में विजय कुछ भी नहीं मिलता। सप्तम् भाव जीवन साथी और साझेदारी के व्यवसाय का प्रतिनिधित्व करता है। व्यवसाय में इनकी सहायता ली जाती है। नवम् भाव से 12वाँ, 8वाँ भाव पड़ता है जो भाग्य के मामले में अति अशुभ भाव है।

(7) नवम् भाव से धर्म अध्यात्म, चरित्र का विचार होता है।

(8) नवम् से नवम् स्थान अर्थात् पंचम् भाव, मंत्रसिद्धि, उपास्य इष्ट देव का प्रतिनिधित्व करता है। बृहस्पति से पंचम् स्थान से भी इनका विचार किया जाता है।

(9) दशम् से पंचम् स्थान अर्थात् द्वितीय वाणी भाव विद्या, अचल सम्पत्ति का प्रतिनिधित्व करता है। पचम से दशम् स्थान भी द्वितीय भाव पड़ता है। अचल सम्पत्ति, वाणी तथा विद्या से व्यवसाय का स्वरूप निर्धारित होता है। बृहस्पति से दूसरे स्थान से भी इन सभी का विचार होता है।

(10) एकादश भाव का एकादश स्थान अर्थात् नवम् स्थान भी धन-लाभ तथा सन्तान-सुख का निर्णायक है।

(11) नवम् से सप्तम् स्थान अर्थात् तृतीय भाव पराक्रम पुरुषार्थ परिश्रम का है। पुरुषार्थ से ही भाग्य चलता है, प्रभावी होता है। तृतीय से तृतीय स्थान अर्थात् पंचम् स्थान भी इस मामले में महत्त्वपूर्ण है। मंगल और तृतीयेश भी विचारणीय हैं। मंगल से तीसरा स्थान भी देखना चाहिए। इससे भाई-बहिन का सुख भी देखा जाता है।

(12) लग्न से 2, 3, 6, 7, 8, 12वें स्थान मारक स्थान होते हैं। लग्न के एक ओर 12वाँ तथा दूसरी ओर दूसरा भाव होता है। अतः लग्नेश का द्वितीयेश द्वादशेश से युति संबंध, दृष्टिसंबंध, अशुभ योग, राशि परिवर्तन योग, उनकी राशि में स्थिति आदि होने पर भयंकर विपत्ति का योग बनता है किन्तु लग्न और लग्नेश के उच्चराशि, स्वराशि का होकर केन्द्र त्रिकोण में स्थित होकर बलवान होने से विपत्ति से रक्षा का योग बनता है।

(13) छठा भाव रोग और शत्रु का है। रोग और शत्रु का प्रकोप भाग्योन्नति में सबसे बड़ी बाधा है क्योंकि ये कदम-कदम पर आगे बढ़ने से रोकते हैं। ये शिक्षा, नौकरी, व्यवसाय, दाम्पत्य सुख को प्रभावित करते हैं तथा मृत्यु का भी कारण बनते हैं।

(14) नवम् भाव से माता-पिता के सुख, चतुर्थ भाव से माता के सुख तथा दशम् भाव से पिता के सुख का विचार किया जाता है। सूर्य से पिता और चन्द्रमा से माता का विचार किया जाता है।

(15) चतुर्थ भाव से मकान, मित्र, नौकर, वाहन, पारिवारिक सुख का विचार किया जाता है।

(16) एकादश से एकादश स्थान नवम् भाव होता है? अतः नवम् स्थान से धन लाभ तथा सन्तान सुख का विचार किया जा सकता है।

टिप्पणी:- विचार करते समय भावेश, उस भाव की स्थिति, ग्रह तथा राशि पर भी विचार कर लेना चाहिए।

भाग्य के विचार में अनुभव का महत्त्व

ज्योतिष शास्त्र मानव जीवन के तमाम रहस्यों को प्रकट करने की क्षमता रखता है। वास्तव में ज्योतिष कठिन साधना, त्याग तथा परिश्रम से ही सिद्धि देने वाला है अन्यथा नहीं। ज्योतिष की सार्थकता केवल इस बात में नहीं है कि ज्योतिष की सामान्य जानकारी प्राप्त कर किसी जातक की कुण्डली देखकर जैसी चाही भविष्यवाणी कर दी। भविष्यवाणी करने के पूर्व उसे तर्क की कसौटी पर परख लेना चाहिए तथा सम्बन्धित जातक की प्रतिक्रिया भी जानना चाहिए कि भविष्यवाणी का कितना अंश उस पर लागू हो रहा है। कुण्डली में पूरे जीवन काल की भविष्यवाणी होती है। किसी बच्चे की कुण्डली की भविष्यवाणी का अधिकतर भाग भविष्य में घटित होता है अतः किसी अपरिचित वयोवृद्ध की

कुण्डली बनाकर देखना चाहिए कि उसके सम्बन्ध में की गई भविष्यवाणी किस सीमा तक सही है।

उदाहरण:-

1. किसी महाशय ने लेखक को अपनी पुत्री की कुण्डली दिखाकर यह जानना चाहा कि पुत्री के कोई भाई होने का योग है या नहीं क्योंकि वे सज्जन दो भाई थे और दोनों के ही केवल पुत्रियाँ ही थीं कोई पुत्र नहीं था। उनके पास अपनी कुण्डली उपलब्ध नहीं थी। लेखक ने उनकी पुत्री की कुण्डली का विश्लेषण किया तो यह रहस्यमय स्थिति प्रकट हुई कि उन सज्जन के एक भाई तथा चार बहिनें थीं अर्थात् बहिनों की संख्या भाइयों की संख्या से अधिक थी। लेखक ने जब यह बात उनसे प्रकट की तो वे आश्चर्य में पड़ गए क्योंकि बात सही थी।
   इससे यह सिद्ध होता है कि कोई भी योग अचानक नहीं बनता वरन् उसका प्रारम्भ कई पीढ़ियों पहले हो जाता है अर्थात् क्रमश: भाइयों की संख्या कम होती जाती है जैसा कि इस उदाहरण में हुआ। इसके विपरीत भी स्थिति बन सकती है।
2. एक सज्जन का इकलौता पुत्र दुर्घटना में घायल हो गया। उसके पैर की हड्डी टूट गई। उन सज्जन ने उसकी कुण्डली लेखक को दिखाकर अशुभ ग्रह स्थिति जाननी चाही जिस कारण दुर्घटना घटित हुई। कुण्डली देखने पर कोई अशुभ ग्रहस्थिति नहीं मिली। लेखक ने उन सज्जन की अपनी कुण्डली दिखाने को कहा तो उन सज्जन ने आश्चर्य में पड़कर अपनी कुण्डली दिखाई और पूछ बैठे कि, "मुझे तो कोई चोट नहीं लगी अत: मेरी कुण्डली देखने की क्या आवश्यकता है।"

लेखक को भी कुण्डली देखकर आश्चर्य हुआ कि पिता की कुण्डली में मारकेश दशा चलते समय पुत्र दुर्घटनाग्रस्त हुआ। वास्तव में पुत्र का कष्ट पिता से नहीं देखा जाता । वह स्वयं अपना कष्ट सहन कर सकता है।

भाग्य निर्माण में जातक के अलावा अन्य लोगों का प्रभाव

पूर्व जन्मों तथा वर्तमान जन्म में जातक द्वारा किए गए कर्मों के फल से जातक के भाग्य का निर्माण होता है परन्तु जातक के भाग्य निर्माण में जातक के अलावा अन्य लोगों के कर्मों का भी योगदान रहता है। प्राय: लोग इस ओर ध्यान नहीं देते।

कहा जाता है कि - **'बाढ़हिं पुत्र पिता के धर्मा'**। पूर्वजों के कर्म भी उनकी सन्तानों के भाग्य को प्रभावित करते हैं। दशरथ ने श्रवण कुमार को बाण मारा जिसके फलस्वरूप माता-पिता के शाप के कारण पुत्र वियोग से मृत्यु का कर्मफल भोगना पड़ा; किन्तु इसका परिणाम तो उनके पुत्रों, पुत्रवधू समेत पूरे राजपरिवार यहाँ तक कि अयोध्या की प्रजा को भी भोगना पड़ा।

कहा जाता है कि **'संगति गुण अनेक फल'**। घुन गेहूँ की संगति करता है। गेहूँ की नियति चक्की में पिसना है। गेहूँ से संगति करने के कारण ही घुन को भी चक्की में पिसना पड़ता है। देखा जाता है कि किसी जातक के पीड़ित होने पर उसके सम्बन्धी तथा मित्र भी पीड़ित होते हैं।

इस दृष्टि से सज्जनों का संग साथ शुभ फल और अपराधियों दुष्टों का संगसाथ अशुभ फल की पूर्व सूचना है। किसी भी अपराधी से सम्पर्क उसका आतिथ्य या उपहार स्वीकार करना भयंकर दुर्भाग्य विपत्ति को आमन्त्रण देना है।

ऋषियों के सम्पर्क मात्र से वाल्मीकि जी का उद्धार हो गया। अत: यश-अपयश, उचित-अनुचित का हर समय विचार कर कोई काम करना चाहिए क्योंकि इन्हीं से सुखद-दु:खद स्थितियाँ बनती हैं। माता-पिता की कुण्डली से उनकी सन्तानों पुत्र-पुत्री के भाग्य के रहस्य प्रकट होते हैं। अत: कुण्डली देखते समय इन बातों का ध्यान रखना चाहिए।

ज्योतिष विद्या की गरिमा तथा महिमा इस बात में नहीं है कि किसी ज्योतिषी के कार्यालय में आने वालों की कितनी भीड़ लगती है अथवा उसकी ज्योतिष व्यवसाय से क्या आय है। ज्योतिष कुण्डली की भविष्यवाणी वही ज्योतिषी सही कर सकता है जो कुण्डली स्वयं बनाकर फलादेश निकालने की कला में कुशल हो।

कम्प्यूटर से बनी कुण्डली देखकर भविष्य वाणी करने, फल बताने वाले लाखों की संख्या में सभी नगरों में उपलब्ध हैं; किंतु गणना कार्य में दक्ष होकर स्वयं कुण्डली बनाकर सही फल की भविष्यवाणी करने वाले इने गिने विरले ही मिलते हैं। ऐसे लोगों की भी संख्या निरन्तर घटती जा रही है क्योंकि कुण्डली बनाना तथा उसका भविष्यफल निकालने का कार्य बहुत ही श्रम व समय माँगता है जिसकी कमी सभी को अनुभव होती है।

उदाहरण - एक नवदम्पति ने पुत्री को जन्म दिया। अभी जच्चा और बच्चा चिकित्सालय में ही थे। बच्ची के पिता बैंक में कार्यरत थे। वे बच्ची की कुण्डली बैंक कम्प्यूटर से निकालकर लेखक के कार्यालय में आए और बोले - पंडित जी! देखिए, मेरी बिटिया की कुण्डली में यह कितनी भाग्यशाली है। लेखक ने कारण पूछा तो उन्होंने तपाक से उत्तर दिया कि कुण्डली के दशम् भाव में मंगल स्थित है। बात अपनी जगह सही थी।

किंतु जब लेखक ने पंचाङ्ग में उस दिन की मंगल की भाव स्थिति देखी तो पाया कि मंगल तो उस दिन नवें भाव में ही स्थित था। लेखक ने पूरक प्रश्न किया कि 2 दिन पहले मंगल नवें भाव में था तो जन्म के दिन 10वें भाव में कैसे आ गया तो इस पर उन सज्जन ने मंगल की दैनिक गति बताकर गणना द्वारा अपनी बात सिद्ध करनी चाही।

लेखक ने उन्हें पंचाङ्ग दिखाकर बताया कि मंगल वक्री होने के कारण पीछे चल रहा है अतः उस दिन नवें भाव में ही है। उन सज्जन ने अपना सिर पीट लिया तथा कम्प्यूटर को कोसने लगे। लेखक ने उन्हें समझाया कि कुण्डली निकालने के लिए कोई ज्योतिषी ही कम्प्यूटर चला सकता है हर कोई नहीं। किसी गलती का सुधार भी ज्योतिषी ही कर सकता है। कम्प्यूटर अपनी गलती अपने आप नहीं सुधार सकता।

सुख का सही अर्थ

सुख का सही अर्थ इन्द्रिय भोग न होकर इन्द्रियों को शुभ कर्मों में लगाकर देवत्व की ओर बढ़ना है। इसी प्रकार दुःख का अर्थ है इन्द्रियों को आसुरी प्रवृत्तियों पाप कर्मों में लगाकर पतन के गर्त में गिरना है। सुख सभी चाहते हैं दुःख की इच्छा कोई नहीं करता।

महाभारत में एक अनोखा प्रसंग कुन्ती के विषय में है। महाभारत युद्ध समाप्त होने पर युधिष्ठिर हस्तिनापुर के राजा बने। कुन्ती ने संन्यास लेकर वन की ओर प्रस्थान किया। विदा करते हुए श्री कृष्ण ने कुन्ती से कहा, "राजमाता!, मैं आपके त्याग से प्रसन्न हूँ। आप कोई वरदान माँग लें।"

कुन्ती ने कहा, "कृष्ण! यदि वरदान देना है तो मुझे यह वरदान दे कि मेरे साथ दुःख सदैव लगा रहे।"

श्री कृष्ण ने आश्चर्य से पूछा, "राजमाता! ऐसा वरदान तो आज तक किसी ने नहीं माँगा। सब सुख माँगते हैं। आप दुःख क्यों माँगती हैं? दुःख तो बिना माँगे ही भाग्यवश मिलता है।"

कुन्ती ने उत्तर दिया, "जहाँ दुःख है वहीं ईश्वर का स्मरण है। सुख में तो सभी ईश्वर को भूल जाते हैं। मैं आपकी भक्त हूँ। अतः दुःख माँग कर मैंने आपको ही प्रकारान्तर से माँग लिया है। ईश्वर भक्त को आपके अलावा क्या चाहिए।"

कुन्ती के यह शब्द सुनकर श्री कृष्ण के मुख से अनायास निकल पड़ा, "वह भक्त भगवान से बढ़कर होता है जो भगवान को माँगता है।"

किसी ने कहा है:-

"साहब से सेवक बड़ो, जो निज धरम सुजान।
राम बाँधि उतरे उदधि, लाँघि गये हनुमान॥"

अहंकार, लोभ, मोह, मद, भोग से दूर रहकर, पाप अपराध से दूर रहकर ईश्वर की भक्ति उपासना ही सच्चा सुख है। घर, परिवार, गाड़ी, बँगला तो स्थूल शरीर के लिए सुख है। सूक्ष्म शरीर तथा आत्मा के लिए नहीं। आत्मा को केवल ईश्वर चाहिए। कुण्डली के विभिन्न भावों में ग्रहों की शुभ-अशुभ स्थितियाँ जातक को मिलने वाले शुभ-अशुभ फल का संकेत मात्र करती हैं। ग्रह स्वयं किसी जातक को दुःख पीड़ा नहीं पहुँचाते वरन् वे तो तटस्थ रहकर सूचना मात्र देते हैं।

9 ग्रह आकाश में हैं और 9 ग्रह मनुष्य के सूक्ष्म शरीर में भी हैं। कम्प्यूटर की भाँति उनमें सूचनाओं का आदान-प्रदान होता रहता है। प्रायः लोग समझते हैं कि छिपकर किए गए पाप कर्म ईश्वर नहीं देखता क्योंकि प्रत्यक्ष रूप से पाप कर्म से रोकने वाला उसे नहीं दिखाई देता। किन्तु यह उनकी भूल है। मानव शरीर के मन, विचार, वाणी, कर्म से जब भी कोई शुभ या पाप कर्म होता है तो सूक्ष्म शरीर का सम्बन्धित ग्रह तत्काल सूचना रिकॉर्ड करता है। मृत्यु के बाद इसी सूक्ष्म शरीर में मनुष्य के शुभ-अशुभ कर्म संचित हो जाते हैं, रिकॉर्ड हो जाते हैं। स्थूल शरीर नष्ट होने पर भी यह रिकॉर्ड सुरक्षित रहता है।

कर्मफल नियति के नियमों के अनुसार मनुष्य को जन्म जन्मान्तर तक भोगना पड़ता है। कुण्डली में स्वग्रह स्थिति शक्तिशाली हो तो अशुभ ग्रह स्थिति से बनी प्रतिकूल परिस्थिति कुछ भी अशुभ अनहोनी नहीं कर सकती। मनुष्य को कर्मफल अवश्य मिलता है, कभी जल्दी, कभी देर से। तुलसीदास जी के शब्दों में-

"जो जस करिअ सो तस फल चाखा।
को करि तर्क, बढ़ावहि शाखा॥"

शुभ कर्म का फल सुख और पाप कर्म का फल दुःख तो भोगना ही पड़ता है क्योंकि यही सभी प्राणियों की नियति या भाग्य है। देवता भी दुःख से नहीं बच सकते। पाप कर्मों का आधार स्वार्थ, भौतिक सुख, धन सम्पदा है। आध्यात्मिक शक्ति सम्पन्न व्यक्ति ईश्वर के चिन्तन स्मरण में अपना ध्यान लगाते हैं। अतः उनके मन में पाप का विचार ही नहीं आता। चंचल मन ही पाप की ओर प्रवृत्त करता है। मन के ऊपर बुद्धि की संकल्प शक्ति होती है और बुद्धि के ऊपर आत्मा का नियन्त्रण रहता है। आत्मा ईश्वर का अंश है। अतः वह पाप की स्वीकृति नहीं दे सकती। मन जब बुद्धि के नियन्त्रण से बाहर हो जाता है तभी पाप कर्म का रास्ता खुलता है।

किसी पड़ोसी परिचित की गाड़ी, बँगला, नौकर, मान प्रतिष्ठा, शान शौकत, तड़क भड़क देखकर चंचल मन विचलित हो जाता है और सांसारिक भोग की वस्तुओं साधनों को पाने की लालसा पैदा होती है। फिर व्यक्ति उनको पाने के लिए पागल हो उठता है। कुमार्ग अपराध, हत्या, लूट, ठगी के द्वारा धन सम्पदा इकट्ठा करता है। यह स्थिति मनुष्य को पतन के गर्त में ले जाती है जहाँ दुर्भाग्य ही दुर्भाग्य, दुःख ही दुःख है।

भाग्य के दो पहलू - सौभाग्य, दुर्भाग्य

अनुकूल परिस्थितियाँ सौभाग्य हैं और प्रतिकूल परिस्थितियाँ दुर्भाग्य हैं। यही सुख और दुःख के रूप में फल देते हैं। कुण्डली से अपने भाग्य का पता लगाकर मनुष्य अपने सदाचारी, पापरहित, निस्वार्थ, पवित्र जीवन से अपने भाग्य को सँवारकर सुख प्राप्त कर सकता है। सौभाग्य में वृद्धि तथा दुर्भाग्य में कमी का

यही एक उपाय है। पुरुषार्थ से भाग्य का निर्माण अवश्य हो जाता है तथा भाग्योन्नति के लिए, लक्ष्य को प्राप्त करने के लिए भी पुरुषार्थ का सहारा लेना पड़ता है; किंतु भाग्य को पलटा नहीं जा सकता। उसमें केवल सुधार किया जा सकता है। मनुष्य पाप कर्म के फल दु:ख से बच नहीं सकता। वह सुख-दु:ख, लाभ-हानि, मान-अपमान के प्रति एक समान दृष्टिकोण अपनाकर उसका सहर्ष सामना कर सकता है। दुर्भाग्य ईश्वर इच्छा से स्वयं घटित होता है। मनुष्य का उस पर कोई वश नहीं है।

मनुष्य का पुरुषार्थ कर्म पर चलता है। पुरुषार्थ के भाग्य बन जाने पर उसका फल घटित होने, न घटित होने या घटित होने के समय पर मनुष्य का नियन्त्रण नहीं है। यह ईश्वर की इच्छा व्यवस्था पर निर्भर है। किसी अशुभ घटना या अनहोनी के लिए किसी पुरुषार्थ या प्रयत्न की आवश्यकता नहीं पड़ती। पतन के लिए कोई प्रयास नहीं करना पड़ता वरन् वैसा ही संयोग बन जाता है।

कहा गया है कि:-

जैसी हो होतव्यता, वैसी बने सहाय।
आप न जाये ताहि पर, ताहि तहाँ लइ जाय॥

ज्योतिष का सामान्य परिचय

कुण्डली के 12 भावों का परिचय

भाव का भाव क्रमांक		भाव का नाम	भाव के स्वामी (भावेश) का नाम
1.	प्रथम	लग्न तनु	लग्नेश
2.	द्वितीय	धन	द्वितीयेश, धनेश
3.	तृतीय	सहज पराक्रम	तृतीयेश, सहजेश
4.	चतुर्थ	सुहृद सुख	चतुर्थेश, सुखेश
5.	पंचम्	बुद्धि सन्तान	पंचमेश, पुत्रेश
6.	षष्ठ	रोग रिपु	षष्ठेश, रोगेश
7.	सप्तम्	जाया पति पत्नी	सप्तमेश, जायेश
8.	अष्टम्	आयु मृत्यु	अष्टमेश
9.	नवम्	भाग्य धर्म	नवमेश, भाग्येश
10.	दशम्	कर्म	दशमेश, कर्मेश
11.	एकादश	आय लाभ	एकादशेश, आयेश, लाभेश
12.	द्वादश	व्यय	द्वादशेश, व्ययेश

टिप्पणी:-

(1) भाव को स्थान या घर भी कहा जाता है। भाव में जो राशि होती है उसका स्वामी (राशीश) भाव का स्वामी (भावेश) कहलाता है।

(2) जो ग्रह जिस राशि में बैठता है अपने गुण उसके राशीश को दे देता है। ग्रह बलवान होने पर राशि बलवान होकर राशीश या भावेश को भी बलवन बना देती है।

भावों की दिशाएं

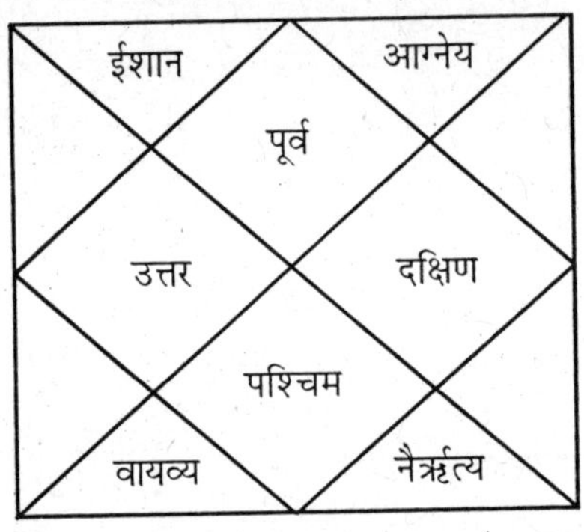

भावों से शरीर के अंगों का विचार

प्रथम भाव	–	आत्मा, शरीर, मस्तक, मस्तिष्क मुख, सिर, रूप, रंग, जाति
द्वितीय भाव	–	दायीं आँख; नाक, वाणी, कंठ, जीभ, बायाँ हाथ
तृतीय भाव	–	गला, कान, कंधा
चतुर्थ भाव	–	छाती, फेफड़े, हृदय, यकृत, अंत:करण
पंचम् भाव	–	पेट, पीठ
षष्ठम भाव	–	आँत, नाभि, दायाँ पैर
सप्तम् भाव	–	कमर, मूत्राशय, गुप्तांग, जननेन्द्रिय, योनि, लिंग, गुदा
अष्टम् भाव	–	इन्द्रिय, बायाँ पैर
नवम् भाव	–	पेट, पीठ
दशम् भाव	–	हृदय, छाती, फेफड़े
एकादश भाव	–	गला, दायाँ हाथ
द्वादश भाव	–	नेत्र, बायीं आँख

कुटुम्ब के सम्बन्धियों के लिए निर्धारित भाव

प्रथम भाव	-	जातक स्वयं, चाचा
द्वितीय भाव	-	मित्र, नौकर, पड़ोसी
तृतीय भाव	-	छोटा भाई, छोटी बहिन, नौकर, शत्रु
चतुर्थ भाव	-	माता, श्वसुर, दत्तक पुत्र, दासी
पंचम् भाव	-	पुत्र, पुत्री, प्रेमी, प्रेमिका, माता, पिता, इष्टदेव
षष्ठम भाव	-	मामा, मामी, मौसी, नाना, नानी, शत्रु
सप्तम् भाव	-	चाची, पति, पत्नी, प्रेमी, प्रेमिका
अष्टम् भाव	-	ससुराल पक्ष के सम्बन्धी, साला, साली
नवम् भाव	-	भाई, जीजा, साला, माता, पिता
दशम् भाव	-	पिता, सास, गुरु, दादा, दादी
एकादश भाव	-	मित्र, दामाद, पुत्र, पुत्रवधू, बड़ा भाई, बड़ी बहिन, भांजा, भांजी, भतीजा, भतीजी
द्वादश भाव	-	चाचा, चाची, विदेशी

भावों के प्रकार

शुभ भाव	-	केन्द्र, त्रिकोण 1, 4, 7, 10, 5, 9
केन्द्र स्थान	-	1, 4, 7, 10
त्रिकोण स्थान	-	1, 5, 9
त्रिक अशुभ भाव	-	6, 8, 12
मारक भाव	-	2, 3, 6, 7, 8, 12
पणफर	-	2, 5, 8, 11
आपोक्लिम	-	3, 6, 9, 12
उपचय	-	3, 6, 10, 11
अपचय	-	1, 2, 4, 5, 7, 8, 9, 12

शुभ अशुभ दोनों प्रकार के फल देने वाले भाव - 2, 7

भावों के अनुसार विचारणीय विषय

भाव	**विचारणीय विषय**
प्रथम (तनु)	रंग, रूप, आयु, आकृति, विवेक, आत्मा, स्वभाव, मस्तिष्क, सुख-दुःख, उन्नति, कार्यक्षमता, मस्तक, मुख, सिर, जाति, स्वयं जातक, चाचा
द्वितीय (धन)	कुल, कुटुम्ब, अचल सम्पत्ति, विद्या, सौंदर्य, संगीत प्रेम, सुख भोग, सत्यवादिता, पूँजी, क्रय-विक्रय, आभूषण,

	मित्र, मुख, वाणी, कंठ, दायीं आँख, नाक, बायाँ हाथ, पड़ोसी, मित्र, नौकर
तृतीय (सहज)	पराक्रम, शौर्य, यात्रा, संदेश, संचार, धैर्य गायन, औषधि, भौतिकी, कला, विज्ञान, सेना, गला, कान, कंधा, छोटे भाई, छोटी बहिन, नौकर, शत्रु
चतुर्थ (सुहृद सुख)	बाग, वाहन, भूमि, भवन, जनता, नेता, परोपकार, उदारता, छल, कपट, निधि, दया, सुख, शिक्षा, नौकरी, पशु, गृहविज्ञान, पाक कला, जीव विज्ञान, सामाजिक विज्ञान, छाती, हृदय, यकृत, अंतःकरण, माता, श्वसुर, दासी, दत्तकपुत्र, आकाश लोक
पंचम् (बुद्धि, पुत्र)	इष्ट देव, बुद्धि, शिक्षा, ज्ञान, सन्तान, पुत्र-पुत्री, विनय, नीति, माता का सुख, नौकरी छूटना, धन लाभ, देश भक्ति, बी.एड., देव भक्ति साधना, धर्म शास्त्र, वैयक्तिक सहायक, पेट, पीठ, प्रेमी, प्रेमिका, मामा, पिता, शिष्य
षष्ठ (रोग रिपु)	रोग शत्रु ऋण, चिन्ता, पीड़ा, यश, कानून, चिकित्सा, रसायन विज्ञान, आँत, नाभि, दायाँ पैर, मामा, मामी, मौसी, नाना, नानी, ननिहाल पक्ष
सप्तम् (जाया)	व्यवसाय, साझा, मृत्युकाल, चिन्ता, विवाह, पति-पत्नी, झगड़ा, चार्टर्ड एकाउन्टेन्ट, संगठन नियन्त्रक समिति, कमर, मूत्राशय, गुप्तांग, योनि, लिंग, गुदा, चाची, प्रेमी, प्रेमिका
अष्टम् (आयु मृत्यु)	आयु, मृत्यु, रोग, चिन्ता, ऋण, समुद्र, जन्तु विज्ञान, अज्ञात की खोज, यात्रा, संकट, इतिहास, भूगर्भ, ज्योतिष, गुप्त धन मिलना, इन्द्रिय, बायाँ पैर, ससुराल पक्ष, साला, साली
नवम् (भाग्य, धर्म)	भाग्य, धर्म, मानसिक वृत्ति, शील, विद्या, प्रवास, पुराण, तीर्थयात्रा, संस्कृत, वेद, उपनिषद, पेट, पीठ, भाई, जीजा, साला, माता, पिता, दैवी कृपा
दशम् (कर्म)	कर्म राज्य, सम्मान, प्रतिष्ठा, पुरस्कार, व्यवसाय, व्यापार, अधिकार, ऐश्वर्य, लाभ, राजनीति, नेतृत्व, प्रजातंत्र, चुनाव, संसद, विधायिका, लोक प्रशासन, हृदय, छाती, पिता, सास, गुरु, दादा, दादी, पाताल लोक
एकादश (आय, लाभ)	आय, लाभ, गज, अश्व, रत्न, मांगलिक कार्य, बैंकिंग, सम्पत्ति शांति, कर्त्तव्य, अर्थशास्त्र, वाणिज्य, गला, दायाँ हाथ, मित्र, दामाद, पुत्र, पुत्रवधू, बड़ा भाई, बड़ी बहिन
द्वादश (व्यय)	व्यय हानि, दान, दण्ड, रोग, व्यसन, मृत्यु, विदेश सम्बन्ध, विदेश यात्रा, विदेशी भाषा, शत्रु, षड्यन्त्र, बायाँ नेत्र, चाचा, चाची

तिथि परिचय

चन्द्रमा की एक कला को तिथि कहते हैं। तिथि की गणना शुक्ल पक्ष की प्रतिपदा से प्रारम्भ करते हैं। पूर्णिमा को 15 तथा अमावस्या को 30 मानते हैं।

नन्दा तिथियाँ	-	1, 6, 11
भद्रा तिथियाँ	-	2, 7, 12
जया तिथियाँ	-	3, 8, 13
रिक्ता तिथियाँ	-	4, 9, 14
पूर्णा तिथियाँ	-	5, 10, 15
पक्षरन्ध्र तिथियाँ	-	4, 6, 8, 9, 12, 14
सिद्धा तिथियाँ	-	मंगलवार 3, 8, 13
		बुधवार 2, 7, 12
		बृहस्पतिवार 5, 10, 15
		शुक्रवार 1, 6, 11
		शनिवार 4, 9, 14

नक्षत्र परिचय

आकाश की दूरी जानने का माध्यम नक्षत्र हैं। 27 नक्षत्र इस प्रकार हैं - अश्विनी, भरणी, कृत्तिका, रोहिणी, मृगशिरा, आर्द्रा, पुनर्वसु, पुष्य, आश्लेषा, मघा, पूर्वाफाल्गुनी, उत्तराफाल्गुनी, हस्त, चित्रा, स्वाति, विशाखा, अनुराधा, ज्येष्ठा, मूल, पूर्वाषाढ़ा, उत्तराषाढ़ा, श्रवण, धनिष्ठा, शतभिषा, पूर्वाभाद्रपद, उत्तराभाद्रपद, रेवती।

प्रत्येक नक्षत्र के 4 चरण होते हैं। इस प्रकार 27 नक्षत्रों में कुल 108 चरण होते हैं। 9 चरणों से एक राशि बनती है।

जन्म नक्षत्र से ग्रहों की विंशोत्तरी महादशानिर्धारण

जन्म नक्षत्र	ग्रह जिसकी महादशा में जन्म	ग्रह का दशावर्ष
कृत्तिका, उत्तरा फाल्गुनी, उत्तराषाढ़ा	सूर्य	6 वर्ष
रोहिणी, हस्त, श्रवण	चन्द्रमा	10 वर्ष
मृगशिरा, चित्रा, धनिष्ठा	मंगल	7 वर्ष
आर्द्रा, स्वाति, शतभिषा	राहु	18 वर्ष
पुनर्वसु, विशाखा, पूर्वाभाद्रपद	बृहस्पति	16 वर्ष
पुष्य अनुराधा, उत्तराभाद्रपद	शनि	19 वर्ष
आश्लेषा, ज्येष्ठा, रेवती	बुध	17 वर्ष

मघा, मूल, अश्विनी	केतु	7 वर्ष
भरणी, पूर्वाफाल्गुनी, पूर्वाषाढ़ा	शुक्र	20 वर्ष

टिप्पणी:- जन्म कालीन ग्रह की महादशा भोग्य अवधि के अनुसार कुल दशावर्ष की अवधि से कम हो सकती है।

जन्म नक्षत्र के अनुसार जन्मकालीन योगिनी दशा का निर्धारण

जन्म नक्षत्र	योगिनी	स्वामी	दशावर्ष
आर्द्रा, चित्रा, श्रवण	मंगला	चन्द्रमा	1 वर्ष
पुनर्वसु, स्वाति, धनिष्ठा	पिंगला	सूर्य	2 वर्ष
पुष्य, विशाखा, शतभिषा	धान्या	बृहस्पति	3 वर्ष
आश्लेषा, अनुराधा, पूर्वाभाद्रपद, अश्विनी	भ्रामरी	मंगल	4 वर्ष
मघा, ज्येष्ठा, उत्तराभाद्रपद, भरणी	भद्रिका	बुध	5 वर्ष
पूर्वाफाल्गुनी मूल, रेवती, कृत्तिका	उल्का	शनि	6 वर्ष
उत्तरा फाल्गुनी, पूर्वाषाढ़ा, रोहिणी	सिद्धा	शुक्र	7 वर्ष
हस्त, उत्तराषाढ़ा, मृगशिरा	संकटा	राहु केतु	8 वर्ष

टिप्पणी :- संकटा योगिनी दशा प्रथम 4 वर्ष राहु की तथा अंतिम 4 वर्ष केतु की होती है। मंगला धान्या, भद्रिका तथा सिद्धा शुभ और पिंगला, भ्रामरी, उल्का, संकटा अशुभ फलदायक मानी जाती हैं। संकटा योगिनी दशा अति मारक अशुभ मानी जाती है।

पंचक नक्षत्र

धनिष्ठा, शतभिषा, पूर्णाभाद्रपद, उत्तराभाद्रपद, रेवती

मूल नक्षत्र

ज्येष्ठा, आश्लेषा, मधा, रेवती, अश्विनी, मूल

इन नक्षत्रों में जन्म होने पर 27 दिन बाद उसी नक्षत्र के पुनः आने पर मूल शान्ति पूजा कराने से अशुभफल का बचाव हो जाता है।

मासानुसार अशुभ नक्षत्र

मास	अशुभ नक्षत्र	मास	अशुभ नक्षत्र
चैत्र	अश्विनी, रोहिणी	अश्विन	पूर्णाभाद्रपद
वैशाख	चित्रा, स्वाति	कार्तिक	कृत्तिका, मघा
ज्येष्ठ	पुष्य, उत्तराषाढ़ा	मार्गशीर्ष	चित्रा, विशाखा
आषाढ़	पूर्वाफाल्गुनी, धनिष्ठा	पौष	अश्विनी, आर्द्रा, हस्त
श्रावण	उत्तराषाढ़ा, श्रवण	माघ	मूल, श्रवण
भाद्रपद	शतभिषा, रेवती	फाल्गुन	भरणी, ज्येष्ठा

जाति के आधार पर नक्षत्रों के भेद

ब्राह्मण - पूर्वाफाल्गुनी, पूर्वाषाढ़ा, पूर्वा भाद्रपद, कृत्तिका
क्षत्रिय - उत्तरा फाल्गुनी, उत्तराषाढ़ा, उत्तराभाद्रपद, पुष्य
वैश्य - रेवती, अनुराधा, मघा, अश्विनी
शूद्र (सेवक) - मृगशिरा, ज्येष्ठा, चित्रा, धनिष्ठा
चांडाल - आश्लेषा, विशाखा, स्वाति, भरणी
उग्र जाति - मूल, आर्द्रा, स्वाति, भरणी

नक्षत्रों के गुण भेद

सात्विक - आश्लेषा, ज्येष्ठा, विशाखा, पुनर्वसु, पूर्वाभाद्रपद, रेवती
राजस - रोहिणी, भरणी, हस्त, श्रवण, कृत्तिका, पूर्वाफाल्गुनी, उत्तराषाढ़ा
तामस - चित्रा, धनिष्ठा, पुष्य, अनुराधा, उत्तरा भाद्रपद, अश्विनी, मघा, मूल, आर्द्रा, स्वाति, शतभिषा, मृगशिरा

नक्षत्रों के चरणाक्षर या नामाक्षर

चरणाक्षर	नक्षत्र
चू चे चो ला	अश्विनी
ली लू ले लो	भरणी
आ ई उ ए	कृत्तिका
ओ वा वी वू	रोहिणी
वे वो का की	मृगशिरा
कू घ ङ छ	आर्द्रा
के को हा ही	पुनर्वसु
हू हे हो डा	पुष्य
डी डू डे डो	आश्लेषा
मा मी मू मे	मघा
मो टा टी टू	पूर्वाफाल्गुनी
टे टो पा पी	उत्तरा फाल्गुनी
पू ष ण ठ	हस्त
पे पो रा री	चित्रा
रू रे रो ता	स्वाति
ती तू ते तो	विशाखा
ना नी नू ने	अनुराधा
नो या यो यू	ज्येष्ठा
ये यो भा भी	मूल

भू धा फा ढा	पूर्णाषाढ़ा
भे भो जा जी	उत्तराषाढ़ा
खी खू खे खो	श्रवण
गा गी गू गे	धनिष्ठा
गो सा सी सू	शतभिषा
से सो दा दी	पूर्वाभाद्रपद
दू थ झ ञ	उत्तराभाद्रपद
दे दो चा ची	रेवती

जन्म नक्षत्र फल

अश्विनी – सुन्दर, भाग्यवान, कार्यकुशल, स्थूल, मोटा शरीर, धनी, लोकप्रिय

भरणी – सत्यवादी, निरोग, विचारशील, सुखी, धुनी, दृढ़ प्रतिज्ञ

कृत्तिका – नीच प्रकृति, पापी, दुःखी, कृपण, दुष्कर्म में रुचि

रोहिणी – कृतज्ञ, तीव्र बुद्धि, धनी, राजमान्य, मधुरभाषी, सुन्दर, सत्यवादी, जीवन में आने वाले उतार चढ़ाव को सदैव तैयार, दूरदर्शी स्वाभिमानी, सुखी वैवाहिक जीवन, मनोरंजन के लिए यात्रा का शौकीन, दृढ़ निश्चयी, वीर, धन संग्रही, सम्पत्ति संग्रही लगनपूर्वक कार्य, सर्वगुण सम्पन्न

मृगशिरा – चतुर, चंचल, धैर्यवान, स्वार्थी, परद्वेषी, अभिमानी, ऊर्जावान, पवित्र निर्मल हृदय, संगीत प्रेमी, आकर्षक व्यक्तित्व, हमेशा सचेत सावधान रहने वाला, छल कपट धोखा देने वाले को सबक अवश्य सिखाना, बदले की भावना, बुद्धिमान, शारीरिक रूप से स्वस्थ, उतावलेपन के कारण बना काम बिगाड़ना, उतार चढ़ाव झेलने की क्षमता

आर्द्रा – अभिमानी, कृतघ्न, पापी, दुष्ट, धनधान्य से हीन

पुनर्वसु – सुखी, सुन्दर, भोगी, शान्त, लोकप्रिय, पुत्र सुखी

पुष्य – धार्मिक, देव पूजक, धनी, विद्वान, शान्त, पुत्रसुखी

आश्लेषा – निर्दयी, नीच, दुष्ट, झगड़ालू स्वभाव, कृतघ्न, राजनीति+कूटनीति में सफल, सफल व्यापारी, कुशल वक्ता, सफल अधिवक्ता, चतुर, चालाक, मीठा बोलकर अपना काम निकालने में कुशल, ईमानदार किंतु स्वार्थी, काम निकल जाने के बाद सम्बन्ध तोड़ लेना, हठी स्वभाव, किसी पर भी विश्वास न करना, बुद्धि तथा चतुराई से उन्नति, शारीरिक परिश्रम के बजाए बौद्धिक कार्य पसन्द, स्वादिष्ट भोजन का शौकीन, नशा से हानि, नौकरी की

बजाए व्यापार पसन्द, सफल अभिनेता, मोहक व्यवहार, धनी, भाग्यशाली

मघा – भोगी, धनी, नौकर सुखी, पिता का भक्त, परिश्रमी, शासक का प्रिय

पूर्वाफाल्गुनी – पशुधन सम्पन्न, विद्वान, गंभीर, स्त्रियों का प्रिय, सुखी

उत्तराफाल्गुनी– शूरवीर, सफल वक्ता, जितेन्द्रिय, लोकप्रिय, विद्याओं में निपुण, कलाकार

हस्त – ढीठ, नीच, अपराधी प्रवृत्ति, परस्त्रीगामी, मिथ्याभाषी

चित्रा – स्त्रीपुत्र से सुखी, धनी, सन्तुष्ट, देव ब्राह्मण भक्त

स्वाति – धर्मात्मा, कृपण, चतुर, लोकप्रिय, सुशील, देव ब्राह्मण भक्त

विशाखा – अभिमानी, निष्ठुर, लोभी, झगड़ालू, वेश्यागामी

अनुराधा – परिश्रमी, विदेश जाने में रुचि, सात्विक गुणों से युक्त, सुन्दर चेहरा, चमकीली आँखें, सक्रिय मस्तिष्क, कार्यकुशल, अपना लक्ष्य प्राप्त कर ही विराम लेना, चेहरा कठोर किन्तु दयालु हृदय, संघर्षशील, परिश्रमी, ईश्वर के प्रति आस्था, एकान्त पसन्द, किसी से मिलना जुलना पसन्द नहीं, शर्मीला स्वभाव

ज्येष्ठा – प्रसन्नचित्त, शर्मीला, संकोची स्वभाव, कविता में रुचि, अनेक मित्रों वाला, विद्वान धर्मात्मा, दानी

मूल – धन वाहन सम्पन्न, सुखी, क्रोधी, बलवान, शत्रुविजयी विद्वान

पूर्वाषाढ़ा – उपकारी, भाग्यवान, चतुर, लोकप्रिय

उत्तराषाढ़ा – मजबूत लम्बा शरीर, शत्रु विजयी, सुखी, विनम्र, वीर, मित्र सुखी

श्रवण – सुन्दर, दानी, गुणवान, कृतज्ञ, धनी, सन्तान सुखी

धनिष्ठा – धनी, संगीतज्ञ, लोकपालक, दिव्यशक्तियाँ जागृत करने की क्षमता, दृढ़ इच्छाशक्ति, नेतृत्व क्षमता, फुर्तीला, उदार, स्पष्टवादी, घोर स्वार्थी, शनि दशा अन्तर्दशा में मंगल बृहस्पति की युति गोचर भ्रमण में होने पर यश धन लाभ।

शतभिषा – धनी, कृपण, परस्त्रीगामी, विदेश, परदेश निवास में रुचि

पूर्वाभाद्रपद – सुखी, उत्तम वक्ता, सन्तान सुखी, अधिक सोने वाला, व्यर्थ समय नष्ट करने वाला

उत्तराभाद्रपद– गोरा रंग, धर्मात्मा, साहसी, शत्रुविजयी

रेवती – कार्य निपुण, पवित्रात्मा, सज्जन, वीर, विद्वान, धनी

योग

विषकुम्भ, प्रीति, आयुष्मान, सौभाग्य, शोभन, अतिगण्ड, सुकर्मा, धृति, शूल, गण्ड, वृद्धि, ध्रुव, व्याघात, हर्षण, वज्र, सिद्धि, व्यतीपात, वरीयान, परिघ, शिव, सिद्ध, साध्य, शुभ, शुक्ल, ब्रह्म, ऐन्द्र, वैधृति

करण

बव, बालव, कौलव, तैतिल, गर, वणिज, विष्टि या भद्रा शकुनि, चतुष्पद, नाग, किंस्तुघ्न

वार (दिन)

रविवार, सोमवार, मंगलवार, बुधवार, बृहस्पतिवार, शुक्रवार, शनिवार

टिप्पणी:- सोमवार, बुधवार, बृहस्पतिवार, शुक्रवार शुभ कार्य प्रारम्भ करने के लिए उत्तम होते हैं। शल्य क्रिया (सर्जरी) के लिए शनिवार शुभ होता है। विद्यारम्भ के लिए बृहस्पतिवार शुभ होता है। व्यापार वाणिज्य के लिए बुधवार उत्तम होता है।

12 राशियों का परिचय

राशि क्रमांक	राशि का नाम	स्वभाव तथा लक्षण
1.	मेष	चर, पुरुष, अग्नि तत्त्व, पूर्व दिशा की स्वामी, मस्तक की प्रतिनिधि, पृष्ठोदय, लाल पीला रंग, उग्र, कान्तिहीन, क्षत्रिय, पित्त प्रकृति, साहसी, स्वाभिमानी, मित्रों पर कृपा, स्वामी-मंगल
2.	वृषभ	स्थिर, स्त्री, भूमि तत्त्व, कान्तिहीन, शीतल, दक्षिण दिशा की स्वामी, रात्रि में बलवान, श्वेतरंग,वात प्रकृति, विषमोदयी, मध्यम सन्तान, शुभ वैश्य वर्ण, स्वभाव - सोच समझकर काम, स्वार्थी, व्यावहारिक, कार्यकुशल, कण्ठ, मुख, कपोलों का प्रतिनिधित्व, स्वामी-शुक्र
3.	मिथुन	हरा रंग, वायु तत्त्व, पश्चिम दिशा की स्वामी, पुरुष, मध्यम सन्तान, स्वभाव - पढ़ने में परिश्रमी, शिल्पकला में कुशल, हाथ, कन्धा, बाहु का प्रतिनिधित्व स्वामी - बुध
4.	कर्क	स्त्री, चर, कफ प्रकृति, जल तत्त्व, समोदयी, ब्राह्मण वर्ण, रात्रि में बलवान, उत्तर दिशा की स्वामी, लाल श्वेत मिश्रित रंग, बहु सन्तान, स्वभाव - सांसारिक सुख तथा उन्नति में रुचि, शर्मीला स्वभाव, समय पालन, पेट, वक्षस्थल, गुर्दे का प्रतिनिधित्व, स्वामी-चन्द्रमा

5.	**सिंह**	स्थिर, अग्नि तत्त्व, पुरुष, दिन में बली, पित्त प्रकृति, पीला रंग, पूर्व दिशा की स्वामी, क्षत्रिय वर्ण, मजबूत भरा शरीर, अल्प सन्तान, घूमने फिरने की शौकीन, स्वभाव उग्र साहसी, स्वाभिमानी, मित्रों से सहानुभूति, उष्ण, स्वतन्त्रता प्रेमी, उदार, हृदय का प्रतिनिधित्व, स्वामी - सूर्य
6.	**कन्या**	स्त्री, द्विस्वभाव, पिंगल रंग, रात में बली, दक्षिण की स्वामी, पृथ्वी तत्त्व, अल्प सन्तति स्वभाव पढ़ने शिल्प कला में रुचि, उन्नतिशील, स्वाभिमानी, पेट का प्रतिनिधित्व, स्वामी - बुध
7.	**तुला**	पुरुष, चर, पश्चिम दिशा की स्वामी, वायु तत्त्व, अल्प सन्तति, काला रंग, शीर्षोदयी, शूद्र, दिन में बलवान, स्वभाव क्रूर, विचारशील, पढ़ने में रुचि, कार्यकुशल, राजनीतिज्ञ, यात्रा में रुचि, नाभि के नीचे के अंगों का प्रतिनिधित्व, स्वामी–शुक्र
8.	**वृश्चिक**	सफेद रंग, स्त्री, स्थिर, उत्तर दिशा की स्वामी, जल तत्त्व, कफ प्रकृति, ब्राह्मण वर्ण, बहुसन्तान, स्वभाव घमंडी, हठी, दृढ़प्रतिज्ञ, स्पष्टवादी, निर्मल, कंद तथा जननेन्द्रिय का प्रतिनिधित्व, स्वामी - मंगल
9.	**धनु**	सुनहरा रंग, द्विस्वभाव, पुरुष, क्रूर, पित्त प्रकृति, दिन में बली, पूर्व दिशा की स्वामी, मजबूत शरीर, अग्नि तत्त्व, क्षत्रिय वर्ण, अल्प सन्तान स्वभाव अधिकार जताने वाली, दयालु, मर्यादाशील पैरों की सन्धि तथा जंघाओं का प्रतिनिधित्व, स्वामी - बृहस्पति
10.	**मकर**	स्त्री, पृथ्वी तत्त्व, चर, वात प्रकृति, रात्रि बली, पिंगल रंग, वैश्य, दक्षिण दिशा की स्वामी स्वभाव - महत्त्वाकांक्षी, घुटनों का प्रतिनिधित्व, स्वामी - शनि
11.	**कुम्भ**	स्थिर पुरुष, वायु तत्त्व, विचित्र रंग, त्रिदोष प्रकृति, दिन में बली, शीर्षोदय, पश्चिम दिशा की स्वामी, शूद्र, क्रूर, मध्यम सन्तान स्वभाव - शान्त प्रकृति, धार्मिक, विचारशील, नवीनता की पोषक, पेट के भीतरी अंगों का प्रतिनिधित्व, स्वामी - शनि
12.	**मीन**	स्त्री, कफ प्रकृति, द्विस्वभाव, जल तत्त्व, रात में बलवान, ब्राह्मण वर्ण, स्वभाव दयालु, दानी, पैरों का प्रतिनिधित्व, स्वामी - बृहस्पति

टिप्पणी: कुण्डली के भावों में राशि का नाम न लिखकर राश्यंक लिखा जाता है।

राशि स्वामी (राशीश)

राशि के स्वामी को राशीश कहते हैं।

राश्यंक	राशि	राशि स्वामी (राशीश)
1.	मेष	मंगल
2.	वृषभ	शुक्र
3.	मिथुन	बुध
4.	कर्क	चन्द्रमा
5.	सिंह	सूर्य
6.	कन्या	बुध
7.	तुला	शुक्र
8.	वृश्चिक	मंगल
9.	धनु	बृहस्पति
10.	मकर	शनि
11.	कुम्भ	शनि
12.	मीन	बृहस्पति

राशियों के तत्त्व

अग्नि तत्त्व राशियाँ	–	मेष, सिंह, धनु
पृथ्वी तत्त्व राशियाँ	–	वृषभ, कन्या, मकर
वायु तत्त्व राशियाँ	–	मिथुन, तुला, कुम्भ
जल तत्त्व राशियाँ	–	कर्क, वृश्चिक, मीन

राशियों की मित्रता

अग्नि तत्त्व राशियों तथा वायु तत्त्व राशियों में परस्पर मित्रता रहती है। पृथ्वी तत्त्व राशियों तथा जल तत्त्व राशियों में भी परस्पर मित्रता होती है।

राशियों की शत्रुता

अग्नि तथा वायु तत्त्व राशियों की पृथ्वी तथा जल तत्त्व राशियों से शत्रुता होती है।

टिप्पणी:- विवाह के लिए वर कन्या के गुण मिलाते समय उनकी राशि मित्रता पर विचार कर लेना चाहिए क्योंकि मित्र राशि वालों में परस्पर मेल रहता है तथा शत्रु राशि वालों में खटपट होती रहती है। राशि मित्रता न होने पर भी यदि दोनों के राशीश मित्र हों या दोनों की राशियों का स्वामी एक ही ग्रह हो तो भी दाम्पत्य जीवन निभाया जा सकता है।

दिशाओं की स्वामी राशियाँ

पूर्व दिशा की स्वामी	-	मेष, सिंह, धनु, अग्नि तत्त्व राशियाँ
पश्चिम दिशा की स्वामी	-	मिथुन, तुला, कुम्भ, वायु तत्त्व राशियाँ
उत्तर दिशा की स्वामी	-	कर्क, वृश्चिक, मीन, जल तत्त्व राशियाँ
दक्षिण दिशा की स्वामी	-	वृषभ, कन्या, मकर, पृथ्वी तत्त्व राशियाँ

मानव अंगों की प्रतिनिधि राशियाँ

राशि	-	**बाहरी भीतरी अंग का प्रतिनिधित्व करना**
मेष	-	सिर, मस्तक, मस्तिष्क
वृषभ	-	मुख, कंठ, टॉन्सिल
मिथुन	-	बाहु, वक्ष, बाजू, श्वास नली, फेफड़े
कर्क	-	हृदय, पाचन-शक्ति
सिंह	-	उदर, पेट, गर्भ, कोख, हृदय
कन्या	-	कमर, आँतें, पेट के नीचे के अंग
तुला	-	पेड़ू, मूत्राशय, गुर्दे, जननेन्द्रिय
वृश्चिक	-	लिंग, गुर्दा, योनि, मूत्रेन्द्रिय, जननेन्द्रिय
धनु	-	जंघा, कूल्हा, स्नायुतंत्र, रक्त नली
मकर	-	दोनों घुटने, हड्डी, अंगों के जोड़
कुम्भ	-	दोनों पिंडली, धमनी, रक्त-प्रवाह
मीन	-	दोनों पैर, कफ

फल के अनुसार राशियाँ

उभयोदय राशि	12	मध्यमफल
शीर्षोदय राशि में शुभग्रह	3, 5, 6, 7, 8, 11 में	अतिशुभफल
शीर्षोदय राशि में पापग्रह	3, 5, 6, 7, 8, 11 में	मध्यमफल
पृष्ठोदय राशि में शुभग्रह	1, 2, 4, 9, 10 में	मध्यमफल
पृष्ठोदय राशि में पापग्रह	1, 2, 4, 9, 10 में	अत्यन्त अशुभ फल
शीर्षोदय राशि में	जल्दी फल	
पृष्ठोदय राशि में	देर से फल	

चन्द्रराशि के अनुसार जातक का व्यक्तित्व तथा स्वभाव

मेष साहसी, दु:साहसी, धीरवीर, हर स्थिति में सन्तुष्ट, तुरन्त निर्णय, कम बोलना, जो सुनना उसका प्रचार न करना पचा जाना, व्यर्थ में समय नष्ट न करना, अपनी प्रशंसा से प्रसन्न, मेषराशि पुरुषों को स्पष्टवादी सीधे सरल स्वभाव का जीवनसाथी पसन्द।

वृषभ हृष्ट-पुष्ट, सुन्दर, परिश्रमी, प्रतिकूल परिस्थितियों में भी सफल, मित्रता करने में चतुर, वाचाल, अपनी मनमानी करना, अपनी बात पर अड़े रहना, धन संचयी, क्रोध आने पर एकदम उत्तेजित हो जाना, जीवनसाथी के चुनाव में सुन्दरता को ही महत्त्व देना, स्वादिष्ट भोजन का शौकीन, आराम पसन्द।

मिथुन विचारवान, सौम्य, द्विविधा में रहकर शीघ्र निर्णन न कर पाना, हर परिस्थिति में अपने को ढाल लेना, नियमानुसार योजना बनाकर काम करना पसन्द, अपने काम में न तो किसी का हस्तक्षेप चाहना और न किसी के काम में स्वयं हस्तक्षेप करना, नित्य नई नई योजनाएँ कार्यक्रम बनाते बदलते रहना, शारीरिक सौन्दर्य की बजाए जीवनसाथी में भावनात्मक लगाव को महत्त्व देना, प्रेम को महत्त्व देना, मुस्करा कर बात व्यवहार करना पसन्द व जीवनसाथी का दूर रहना पसन्द नहीं।

कर्क विद्वान, परिश्रमी, शारीरिक श्रम की बजाए बौद्धिक श्रम को महत्त्व देना, जीवन में संघर्ष झेलना परन्तु संभल जाना, दूसरे की राय एवं बहकावे में आकर आर्थिक हानि भी उठाना, मित्रों से हानि, उधार दिया गया पैसा वापस न होना, डूब जाना, अपनी निष्ठा तथा परिश्रम के बल पर उन्नति करना, जिंदादिल, स्वाभिमानी, आत्मविश्वासी, जीवन साथी की ओर आकर्षित होना क्योंकि वह स्वयं असुरक्षा की भावना से ग्रसित, आत्मीयता की भावना पसन्द।

सिंह दृढ़ निश्चयी, गंभीर, अपनी प्रतिस्पर्धा या अपने ऊपर किसी प्रकार का दबाव न सहन करना, अपना विशिष्ट महत्त्व समझना, कर्मठ, थोड़े परिश्रम से ही अपना कार्य सिद्ध कर लेना, योग्यता एवं परिश्रम से उच्चतम शिखर पर पहुँचना, तुरन्त निर्णय, स्वभाव से क्रोधी हठी, स्वाभिमानी, जीवनसाथी पसन्द, प्रसिद्ध तथा धनी जीवनसाथी पसन्द, उच्चकोटि का रहन सहन पसन्द, प्रदर्शन भी पसन्द।

कन्या महिलाओं के समान गुण स्वभाव, सरल, सौम्य, भावुक, मृदुभाषी, द्विविधा में फँसकर तुरन्त निर्णय न लेना, केवल काम की बात पसन्द करना, जीवन में बहुत से विरोध झेलना, न्यायप्रिय, छरहरे शरीर का जीवनसाथी पसन्द जो संकोची स्वभाव का न हो।

तुला शांति प्रिय, सच्चरित्र, परिश्रम से उन्नति प्राप्त करना, नाप तौल कर बात करना, बहुत सोच विचार कर कोई काम करना, मन मस्तिष्क में अस्थिरता बनी रहना, विरोधी निरन्तर सक्रिय रहना किन्तु व्यवहारकुशलता के कारण शत्रु अहित नहीं कर पाते, नित्य

नई-नई योजनाएँ, कार्यक्रम बनाते बदलते रहना, सन्तुलित व्यवहार, सुगन्ध का प्रयोग करने वाला जीवनसाथी पसन्द।

वृश्चिक अत्यन्त परिश्रमी व साहसी, जो कहना उसे करके दिखाना, प्रायः क्रोध न आना किन्तु यदि आ जाए तो जल्दी शान्त न होना, प्रतिशोध की प्रबल भावना, अपने विरोधी को नष्ट या पराजित करके ही शान्त होना, नटखट स्वभाव, आज्ञाकारी, मनमोहक मुस्कान वाला जीवन साथी पसन्द।

धनु स्वभाव से सौम्य, सहृदय, सफल सैनिक व तीरन्दाज, अपना लक्ष्य न भूलना, किसी के मनोभावों को तुरन्त भाँप लेने की क्षमता, भोग विलास में रुचि, धन संचय में कम रुचि, शारीरिक तथा बौद्धिक दोनों प्रकार के परिश्रम की क्षमता, अस्थिर विचार, सीधे सरल स्वभाव का जीवन साथी पसन्द।

मकर परिश्रमी, उद्यमी, सूझबूझ वाला, परिश्रम से उन्नति, स्वभाव से हठी, तुरन्त निर्णय, अपना लक्ष्य न भूलना, उद्दण्डता, स्वच्छन्दता संभव, मित्रों परिवार जनों से विचार कम मिलना, प्रशंसा सुनना पसन्द, अच्छे महँगे कपड़े पहनने वाला प्रशंसक, प्रेम करने वाला जीवनसाथी पसन्द।

कुंभ स्थिर एवं दृढ़ विचार किन्तु इनके हृदय की थाह पाना कठिन, मन की बात किसी को न बताना, कम सन्तान, पुत्र प्रेमी, चतुर, परिश्रम से उन्नति, एक साथ अनेक कामों में हाथ डालना, नित्य नई नई योजनाएँ कार्यक्रम बनना, किन्तु उन पर अमल न करने के कारण पूरी सफलता न मिलना, आस्तिक होकर भी विचारों में नवीनता, मन मस्तिष्क में अस्थिरता बनी रहना, शत्रु विजयी, धार्मिक, मिष्ठान्न प्रिय, मधुरभाषी, सौन्दर्य की बजाए आदर्शवादी बुद्धिमान, आत्मनिर्भर जीवनसाथी पसन्द, स्त्री जाति का सम्मान, उन्हें भोग का साधन न समझना।

मीन सज्जन, सरल, सुशील, न्याय व शुभ मार्ग से धनार्जन, यथास्थिति से सन्तुष्ट, धोखा छल कपट से दूर रहना, मित्र कम किन्तु पक्की मित्रता, अपने परिश्रम, योग्यता, सूझ बूझ से उन्नति के शिखर पर पहुँचना, समाज में सम्मानित जीवन व्यतीत करना, चमक दमक वाले कपड़े पहनने वाला नटखट जीवन साथी पसन्द।

राशियों का वर्गीकरण

विषम, पुरुष, क्रूर राशियाँ	-	1, 3, 5, 7, 9, 11
सम, स्त्री, सौम्य राशियाँ	-	2, 4, 6, 8, 10, 12
शुभग्रहों की राशियाँ	-	2, 3, 4, 6, 7, 9, 12
पाप ग्रहों की राशियाँ	-	1, 5, 8, 10, 11
चर राशियाँ	-	1, 4, 7, 10
स्थिर राशियाँ	-	2, 5, 8, 11
द्विस्वभाव राशियाँ	-	3, 6, 9, 12
दिवाबली राशियाँ	-	1, 2, 3, 4, 9, 10
रात्रिबली राशियाँ	-	5, 6, 7, 8, 11, 12

चन्द्रराशि के आधार पर शुभ अंक, शुभ दिन, शुभ रंग

चन्द्रराशि	शुभ अंक	शुभ दिन	शुभ रंग
मेष	1, 10	मंगलवार	लाल
वृषभ	5	शुक्रवार	सफेद
मिथुन	6	बुधवार	हरा
कर्क	3	सोमवार	सफेद
सिंह	7	रविवार	लाल
कन्या	6	बुधवार	हरा
तुला	5	शुक्रवार	सफेद
वृश्चिक	1, 10	मंगलवार	लाल
धनु	9	बृहस्पतिवार	पीला
मकर	1	शनिवार	नीला काला
कुम्भ	1	शनिवार	आसमानी नीला
मीन	9	बृहस्पतिवार	पीला

टिप्पणी:- जातक का जन्म दिनांक, जन्मतिथि, जन्मदिन सदैव शुभ माना जाता है। जिसका जन्मदिन शनिवार हो उसके सभी काम शनिवार को ही सफल सिद्ध होते हैं।

भाग्यांक (शुभ अंक) निकालने की अन्य विधि

उदाहरण -

जन्म दिनांक 17 जुलाई 2009 अर्थात् 17-12-2009

सभी अंकों का योग = 1+7+1+2+2+0+0+9 = 22

पुनः एकल अंक निकालने के लिए दोनों अंकों का योग करने पर= 2+2=4

इस प्रकार 4 भाग्यांक या शुभ अंक हुआ।

टिप्पणी- कुण्डली के भाग्येश का मूलांक भी जातक के लिए शुभ अंक होता है।

ग्रहों के मूलांक

ग्रह	मूलांक
राहु केतु	0
सूर्य	7
चन्द्रमा	3
मंगल	10 एकल करने पर 1
बुध	6
बृहस्पति	9
शुक्र	5
शनि	1

चन्द्रराशि के अनुसार शुभ जड़ी

चन्द्रराशि	चन्द्रराशि	कपड़े डोरे का रंग	बाँधने के लिए शुभ जड़ी	बाँधने के लिए शुभ दिन
मेष	मंगल	लाल	नागफनी की जड़	मंगलवार
वृषभ	शुक्र	सफेद	अनार, गूलर या अंडे की जड़	शुक्रवार
मिथुन	बुध	हरा	लटजीरा की जड़	बुधवार
कर्क	चन्द्रमा	सफेद	ढाक या खिन्नी की जड़	सोमवार
सिंह	सूर्य	लाल	मदार अकौड़ा की जड़	रविवार
कन्या	बुध	हरा	लटजीरा की जड़.	बुधवार
तुला	शुक्र	सफेद	अनार गूलर या अंडे की जड़	शुक्रवार
वृश्चिक	मंगल	लाल	नागफनी की जड़	मंगलवार
धनु	बृहस्पति	पीला	केले की जड़ या हल्दी के 3 टुकड़े	बृहस्पतिवार
मकर	शनि	नीला	शमी या छिकुरा की जड़	
कुम्भ	शनि	नीला	शमी या छिकुरा की जड़	
मीन	बृहस्पति	पीला	केले की जड़ या हल्दी के 3 टुकड़े	बृहस्पतिवार

राहु के लिए शुभ जड़ी -	दूब के 5 टुकड़े का छल्ला बनाकर पहनें	बुधवार
केतु के लिए शुभ जड़ी -	लवँग या कुश का छल्ला बनाकर पहनें	शनिवार

जड़ी बाँधने में सावधानियाँः-

1. यदि जड़ न मिल सके तो पतली टहनी का टुकड़ा भी बाँधा जा सकता है।
2. बाँधने से पूर्व जड़ी को गंगाजल में डुबो लें।
3. जिस ग्रह की जड़ बाँधना हो उसे गंगा जल में डुबोकर दाहिने हाथ की हथेली में रखकर मुट्ठी बंद कर लें तथा 21 बार उस ग्रह का मन्त्र उच्चारण करें। इस प्रकार जड़ी अभिमन्त्रित करके ही बाँधें।

ग्रहों के लिए मन्त्र

सूर्य	-	ॐ सूर्याय नमः
चन्द्रमा	-	ॐ चन्द्राय नमः
मंगल	-	ॐ मंगलाय नमः
बुध	-	ॐ बुधाय नमः
बृहस्पति	-	ॐ बृहस्पतये नमः
शुक्र	-	ॐ शुक्राय नमः
शनि	-	ॐ शनैश्चराय नमः
राहु	-	ॐ राहवे नमः
केतु	-	ॐ केतवे नमः

4. जड़ी दाहिने हाथ की बाजू, कलाई या अनामिका में धारण करें अथवा गले में धारण करें।
5. कुण्डली के लग्नेश, चन्द्रराशीश, भाग्येश चतुर्थेश, पंचमेश की ही जड़ बाँधनी चाहिए अर्थात् शुभ भावेशों की ही जड़ी बाँधें।
6. अशुभ भावेशों, मारकेशों की जड़ी बाँधना अशुभ फलदायक तथा खतरनाक होता है। जैसे द्वितीयेश, तृतीयेश, षष्ठेश, सप्तमेश, अष्टमेश, द्वादशेश।
7. दशमेश की जड़ी नौकरी व्यवसाय के लिए तथा एकादशेश की जड़ धन लाभ के लिए बाँधी जाती है। ध्यान रहे कि चर लग्न में एकादशेश तथा स्थिर लग्न में नवमेश (भाग्येश) मारकेश होता है अतः इनकी जड़ी न बाँधें।
8. कोई भी रत्न धारण करना बहुत खतरनाक हो सकता है। किसी भी दशा में मोती कदापि धारण न करें।

चन्द्रराशि के अनुसार घात चक्र अशुभ माह, नक्षत्र, तिथि, वारादि

राशि	मेष	वृषभ	मिथुन	कर्क	सिंह	कन्या
घातमास	कार्तिक	मार्गशीर्ष	आषाढ़	पौष	ज्येष्ठ	भाद्रपद
घाततिथि	1,6,11	5,10,15	2,7,12	2,7,12	3,8,13	5,10,15
घातवार	रवि	शनि	सोम	बुध	शनि	शनि
घात नक्षत्र	मघा	हस्त	स्वाति	अनुराधा	मूल	श्रवण
घात योग	विषकुंभ	शुक्ल	परिघ	व्याघात	वैधृति	शुक्ल
घात करण	वव	शकुनि	कौलव	नाग	बव	कौलव
घात प्रहर	1	4	3	1	1	1
घात चन्द्रमा (पुरुष)	मेष	कन्या	कुंभ	सिंह	मकर	मिथुन
घात चन्द्रमा (स्त्री)	मेष	धनु	धनु	मीन	वृश्चिक	वृश्चिक

राशि	तुला	वृश्चिक	धनु	मकर	कुम्भ	मीन
घातमास	माघ	अश्विन	श्रावण	वैशाख	चैत्र	फाल्गुन
घात तिथि	4,9,14	1,6,11	3,8,13	4,9,14	3,8,13	5,10,15
घात वार	बृह.	शुक्र	शुक्र	मंगल	बृह.	शुक्र
घात नक्षत्र	शतभिषा	रेवती	भरणी	रोहिणी	आर्द्रा	अश्विन
घात योग	शुक्ल	व्यतिपात	वज्र	वैधृति	गंड	वज्र
घात करण	तैतिल	गर	तैतिल	शकुनि	किंस्तुघ्न	चतुष्पद
घात प्रहर	4	1	1	4	3	4
घात चन्द्रमा (पुरुष)	धनु	वृषभ	मीन	सिंह	धनु	कुम्भ
घात चन्द्रमा (स्त्री)	मीन	धनु	कन्या	वृश्चिक	मिथुन	कुम्भ

टिप्पणीः- जन्म मास, जन्म तिथि, जन्मवार, जन्म नक्षत्र, जन्म योग, जन्म करण, जन्म प्रहर तथा जन्म चन्द्रमा सदैव शुभ होता है अतः घात चक्र में अशुभ होने पर भी अशुभ नहीं माना जाता है।

उदाहरणः- मेषराशि वाले जातक के लिए घात चक्र में रविवार अशुभ है किंतु जिस जातक का जन्म रविवार को हो उसकी मेष राशि होने पर भी रविवार अशुभ न होकर शुभ ही रहेगा।

ज्योतिष में सृष्टि का काल चक्र

भाग्यवृद्धि गणपति करें, मंगल करें गणेश।
दिव्य दृष्टि से भावी को, देख रहे विघ्नेश॥

पंचाङ्ग - काल रूपी ईश्वर के पाँच अंगों अर्थात् नक्षत्र योग, करण, तिथि, वार को पंचाङ्ग कहते हैं। ज्योतिष में समय का बड़ा ही महत्त्व है। कहा गया है कि:-

पुरुष बली नहिं होत है, समय होत बलवान।
भिल्लन लूटी गोपिका, वहि अर्जुन वहि बान॥

भाग्य से समय चक्र का उलटफेर राजा को रंक और रंक को राजा बना देता है। अतः मनुष्य को निराशा छोड़कर धैर्य रखना चाहिए। जैसा कि रहीम जी ने कहा है:-

रहिमन चुप होय बैठिए, देखि दिनन को फेर।
जब नीके दिन आइहैं, बनत न लगिहै देर॥
ज्योतिष में तीनो मिलें, ब्रह्मा, विष्णु, महेश।
जो आवे इसकी शरण, उसके मिटें क्लेश॥

ईश्वर (गॉड) के तीन अंश - गॉड शब्द के अक्षर जी का अर्थ जनरेटर, ओ का अर्थ ऑपरेटर तथा डी का अर्थ डेस्ट्रक्टर है अर्थात् सृष्टिकर्ता ब्रह्मा, पालनकर्ता विष्णु और विनाशकर्ता महेश हैं। ज्योतिष में सूर्य ब्रह्मा, चन्द्रमा विष्णु और शनि महेश हैं। अतः कहा जा सकता है कि:-

सूर्य सृष्टि का स्रोत है, चन्द्र है पालनहार।
शनि ही दण्डाधीश है, करता है संहार॥

सृष्टि के निर्माण में सूर्य की सहायता करने वाले ग्रह हैं - मंगल भौम अर्थात् भूमि का स्वामी, चन्द्रमा अर्थात् जल, अनाज, दूध, वनस्पति खाद्य पदार्थों का कारक स्वामी ग्रह

बुध - पृथ्वी तत्त्व तथा बुद्धि का प्रतीक

बृहस्पति - मर्यादा, सन्तुलन, पर्यावरण, आकाश तत्त्व का प्रतीक ग्रह, स्त्री वर्ग के विवाह का कारक जिसके बिना सृष्टि संभव ही नहीं है।

शुक्र - जल तत्त्व, कामेच्छा का प्रतीक तथा पुरुष वर्ग के विवाह का कारक ग्रह जिसके बिना भी सृष्टि संभव ही नहीं है।

केतु - कुल की उन्नति का कारक ग्रह

चन्द्रमा के पालन पोषण के कार्य में भी उपर्युक्त ग्रह सहायता करते हैं।

शनि की न्याय व्यवस्था दण्ड व्यवस्था विनाश एवं विखण्डन सम्बन्धी कार्यों में राहु, केतु सहायक बनते हैं।

ज्योतिष के विषय में कहा जा सकता है कि:-

होनी अनहोनी का इसमें मिल जाता संदेश।
कालचक्र से सभी बँधे हैं, बदल बदलकर आता वेश॥
सुख दु:ख समभाव से जो प्राणी लेता है भोग।
समय बदलते कट जाते हैं उसके सब ग्रह योग॥

शनि का यही सिद्धान्त है जिसके अनुसार काल चक्र अपना कार्य करता है।

कुण्डली के ग्रह संकेत

जातक की जन्म कुण्डली में ग्रहों की स्थिति पूर्व जन्मकृत शुभ अशुभ कर्मों के अनुसार शुभ अशुभ भाव में होती है जो भाग्य की सूचक है। ग्रह कुण्डली के शुभ अशुभ स्थानों में स्थित होकर भावी शुभ अशुभ फल भोगने का संकेत दे देते हैं। इन्हीं संकेतों को समझकर भाग्य के रहस्यों का पता लग सकता है। जन्म समय से कुण्डली के ग्रहों की शुभ अशुभ स्थिति निर्धारित होती है। जन्म समय और गर्भ में आने का समय भी भाग्य का संकेत देता है। देश, काल, परिस्थिति भी भाग्य को प्रभावित करती है। किसी जातक का जन्म मनोरम रमणीय स्थल पर होता है तो किसी का प्रतिकूल प्राकृतिक परिस्थितियों वाले स्थान पर जैसे भयंकर गर्मी, सर्दी, वर्षा वाले स्थान, मरुस्थल आदि में होता है।

किसी जातक का जन्म शान्त, समृद्ध, सुसंस्कृत समाज वाले देश में होता है तो किसी का जन्म गृह युद्ध, उथल पुथल वाले आतंकवाद से पीड़ित देश में। किसी का धनी परिवार में जन्म होता है जहाँ उसे उचित पालन पोषण, शिक्षा का अवसर मिलता है। किसी जातक का जन्म कंगाल भिखारी अतिनिर्धन के घर होता है जहाँ उसे उन्नति के साधन तथा अवसर नहीं मिल पाते। सब भाग्य के सितारों का खेल है। किसी की कुण्डली में सितारे बुलन्दी पर होते हैं अर्थात् वह सौभाग्यशाली होता है किसी के सितारे जन्म समय से आजीवन गर्दिश में बने रहते हैं।

उदाहरण :- यदि किसी जातक की कुण्डली में शनि और बुध दोनों ही मारकेश हों और बचपन से ही शनि की दशा प्रारम्भ हो जाए तो शनि की 19 वर्ष तथा बुध की 17 वर्ष कुल 36 वर्ष की मारकेश दशा उसका जीवन ही बर्बाद कर देगी।

ग्रहों का फल एक जैसा न होकर बदलता रहता है क्योंकि उसे गोंचर ग्रहों का भ्रमण प्रभावित कर देता है जो अनुकूल शुभ या प्रतिकूल अशुभ हो सकता है।

कर्मफल का समय

कर्म बीज है और भाग्य अर्थात् सुख दु:ख उसके फल हैं। फल मिलने में देर सवेर हो सकती है; किन्तु विधि के विधान में देर है अन्धेर नहीं है। पाप का घड़ा जब भर जाता है तभी विस्फोट करके फूटता है। किसी कार्य का फल कितने समय में मिलेगा यह निश्चित नहीं है तभी तो गीता में कहा गया है:-

'कर्मण्येवा ही अधिकारस्तु मा फलेषु कदाचन।'

अत: यह भी हो सकता है कि कभी सत्कर्मों के परिणाम देर से मिले और बुरे पाप कर्म करने वाले को लौकिक भौतिक समृद्धि सफलता शीघ्र मिल जाए; किन्तु अन्त बुरा ही होता है। मनुष्य को अपना विवेक जागृत कर, उचित-अनुचित, पुण्य पाप का ज्ञान होने का, अपने को सुधारने का अवसर अवश्य मिलता है। कठोर से कठोर न्याय व्यवस्था भी अपराधी को अपना पक्ष रखने, अपनी बात कहने का अवसर देती है। शनि भी दण्डाधीश होकर सुधरने का अवसर देने के लिए ही शनि की साढ़ेसाती तथा अढ़ैया लेकर आते हैं और जातक को तपा कर खरा सोना बना देते हैं।

झूठ बोलते ही यदि मनुष्य की जीभ कट जाती हो तो मनुष्य डरकर झूठ न बोलता परन्तु उसके मनुष्य होने की गरिमा झूठी हो जाती क्योंकि मनुष्य उत्थान कर देवत्व की ओर जा सकता है और पतन कर राक्षस भी बन सकता है। वह देवता बने या राक्षस यह मनुष्य को ही तय करना है न कि ईश्वर को। विरले भाग्यशाली व्यक्ति ही देवता बन पाते हैं। साधारण मनुष्य तो राक्षस बनकर इन्द्रिय योग में ही सुख सुविधा देखता है।

अत: सत्संग और ईश्वर स्मरण उपासना ही वह मार्ग है जिस पर चलकर कोई मनुष्य देवता बन सकता है। तुलसीदास जी ने कहा है-

बिनु सत्संग विवेक न होई।
राम कृपा बिनु सुलभ न सोई।
होइहै वही जो राम रचि राखा।
को करि तर्क बढ़ावहि शाखा।

यह कथन भाग्य की अटलता ही प्रकट करता है।

•

द्वितीय अध्याय

9 ग्रहों का परिचय

सूर्यादि 9 ग्रह अलग अलग लक्षण, स्वभाव, गुण, धर्म, प्रभाव रखते हैं तथा जातक पर ग्रहं स्थिति के अनुसार फल प्रकट होते हैं। जातक का स्वभाव, क्षमता, मनोभाव, आत्मबल, मनोबल आदि की दशा व दिशा भी ग्रह ही निर्धारित करते हैं। यह प्रभाव ग्रहों की राशि तथा भाव में स्थिति, उनके आपसी युति दृष्टि, योग सम्बन्ध आदि पर निर्भर क़रता है।

सूर्य – ग्रहों का राजा, तीव्र गतिक, पूर्व दिशा का स्वामी, अग्नि तत्त्व, पुरुष, लाल रंग, पित्त प्रकृति, आत्मा, शरीर, आरोग्यता, राज्य, देवालय, पिता का कारक, नेत्र, कलेजा, मेरुदण्ड, स्नायु पर प्रभाव, अपमान तथा कलह का विचार।

संबंधित रोगः सिरदर्द, अपचन, ज्वर, क्षयरोग, अतिसार, मन्दाग्नि, मानसिक रोग, मस्तिष्क सम्बन्धी रोग।

चन्द्रमा – राजा, अति तीव्र गतिक, वायव्य दिशा का स्वामी, जलतत्त्व, स्त्री ग्रह, मन, चित्तवृत्ति, भाव, विचार, माता, श्लेष्मा, रक्त, शारीरिक पुष्टि, शासक की कृपा, सम्पत्ति।

संबंधित रोगः पाण्डुरोग, जलज कफज रोग, मूत्ररोग, पीनसरोग, गुप्तांग रोग, मानसिक रोग, पागलपन, व्यर्थ घूमना, मस्तिष्क रोग, उदर रोग।

शुक्ल पक्ष की दशमी से कृष्ण पक्ष की पंचमी तक बली होने के कारण-शुभफलदायक

कृष्ण पक्ष की षष्ठी से शुक्ल पक्ष की नवमी तक निर्बल होने के कारण-अशुभफलदायक

मंगल (भौम)- तीव्र गतिक, युवराज, दक्षिण दिशा का स्वामी, पुरुष ग्रह अग्नि तत्त्व, पापग्रह, धैर्य, पराक्रम, भाई, बहिन, उत्तेजना, तृष्णा देकर परिणाम दुःखदायक है।

बुध – तीव्र गतिक, मन्त्री, उत्तर दिशा का स्वामी, नपुंसक ग्रह, त्रिदोष प्रकृति, पृथ्वी तत्त्व, शुभ ग्रह से युत होने पर शुभफलदायक तथा पापग्रह से युत होने पर अशुभफलदायक, ज्योतिष, चिकित्सा विज्ञान, शिल्प, कानून, वाणिज्य का कारक वाणी, जिह्वा तालु रोग, गुल्म रोग, संग्रहणी, पागलपन, बुद्धि भ्रम, मूक दोष, आलस्य, वातरोग, श्वेत कुष्ठ।

बृहस्पति – मन्दगतिक, ईशान दिशा का स्वामी, देव गुरु, भिक्षुक, पुरुष ग्रह, पीला रंग, आकाश तत्त्व, चर्बी, कफ, पुत्र-पौत्र, विद्या, धर्म, भाग्य, आध्यात्म, पुराण, धन-सम्पत्ति, लाभ, पारलौकिक सुख, मोक्ष।

शुक्र – दैत्यगुरु, शीघ्र गतिक ग्रह, स्त्रीग्रह, आग्नेय दिशा का स्वामी, जल तत्त्व, कफ वीर्य का कारक कामेच्छा पत्नी सन्तान सुख, संगीत, साहित्य, चित्रकला, पुष्प नेत्र, वाहन शय्या सुख, भवन सुख, सांसारिक सुख।

संबंधित रोगः जलज कफज रोग, सर्दी, जुकाम, खाँसी, मूत्ररोग।

शनि – मन्द गतिक, दान, दास, पश्चिम दिशा का स्वामी, नपुंसक ग्रह, वात श्लेष्मा, प्रकृति, शीतल वायु तत्त्व, आयु, मृत्यु, शारीरिक बल, उदारता, विदेश यात्रा, विदेशी भाषा, विपत्ति, प्रभुता, ऐश्वर्य, प्रजातंत्र, संसद, विधायिका, न्याय व्यवस्था, मोक्ष, यश, नौकरी का कारक दुःख देकर पाप मुक्त करता है। अतः परिणाम सुखदायक।

संबंधित रोगः मूर्च्छा, पेट रोग।

राहु – मन्दगतिक, नैर्ऋत्य दिशा का स्वामी, कन्या राशि स्थित भाव का उपस्वामी, पापग्रह, राहु जिस भाव में स्थित होता है और जिस पर दृष्टि डालता है उस भाव से सम्बन्धित मामलों की उन्नति रोकता है। शारीरिक बल, राजनीति, बाबा, दादा का कारक।

केतु – मन्दगतिक, पापग्रह पश्चिम दिशा का उपस्वामी, कुल की उन्नति, नाना का कारक।

संबंधित रोगः हाथ पैर, पाचन रोग, अंग-भंग, हड्डी टूटना, दुर्घटना, रोगी की जाँच में बाधा डालना।

ग्रहों के अन्य नाम

सूर्य – रवि, अर्क, आदित्य, जलजिनीश, पूषा, सविता, दिनेश, दिननाथ, भास्कर, भानु, मार्तण्ड।

चन्द्रमा – शीतकर, कुमुदेश, इन्दु, शशि, रात्रिनाथ, शीतभानु, शशाङ्क, शीत, रश्मि, हिमांशु, हरिणाङ्क, रजनीनाथ।

मंगल – कुज, भौम, भूमिपुत्र, पृथ्वीपुत्र, क्षितिपति, अवनिज, धरात्मज।

बुध – शशिपुत्र, शनिनन्दन, चान्द्रि, ज्ञान।

बृहस्पति – देवगुरु, जीव, भिक्षुक।

शुक्र – भृगु, दैत्यगुरु, भृगुतनय, भृगुनन्दन, भार्गव, काव्य, सित, भृगुसुत, कविनन्द, जनुषि।

शनि – सूर्यपुत्र, भानुसुत, मन्द, शनैश्चर, आर्क, सौरि, जलजिनी सुत, दाता।

राहु – चन्द्ररिपु, सोम रिपु, सिंहिकासुत, सिंहिकापुत्र, सर्प।

केतु – शिखी, राहुपुच्छ।

प्रतीक या प्रतिनिधि ग्रह

सौर मण्डल के 9 ग्रह निम्नलिखित विवरण के अनुसार प्रतीक या प्रतिनिधि होते हैं:-

ग्रह	प्रतिनिधि या प्रतीक
सूर्य	उच्चपद, आत्मा, शरीर, शौर्य, यश, प्रतिष्ठा।
चन्द्रमा	मन, सौम्यता, शीतलता, उच्चपद, माता।
मंगल (भौम)	धैर्य, बल, शौर्य, पराक्रम, कल्याण, भाई बहिन।
बुध	नपुंसकता, विकलांगता, बुद्धि, विवेक, सद्‌बुद्धि वाणिज्य।
बृहस्पति	पति, सन्तान का सुख, ज्ञान, धर्म, न्याय, शिष्य, पुराण, पारलौकिक सुख, नीति, नियम, गुरु।
शुक्र	पत्नी तथा सन्तान सुख, कला, सौन्दर्य, साहित्य, सांसारिक सुख, भवन वाहन।
शनि	कल्याण, धन लाभ, बड़ा भाई, धातु, रोग, व्याधि, विपत्ति।
राहु	बाहुबल, पापकर्म, दुर्गा जी, दुर्भाग्य, राजनीति, साहस।
केतु	कुल की उन्नति, दुःख, रोग, विष्णु जी, शोक दुर्घटना।

कालपुरुष के अंग

सूर्य – आत्मा, शरीर

चन्द्रमा – मन, भावना, चित्तवृत्ति, विचार

मंगल – बल

बुध – बुद्धि, वाणी

बृहस्पति – ज्ञान

शुक्र – सांसारिक सुख समृद्धि, नकद धन

शनि – दुःख

राहु - मद
केतु - मोक्ष

टिप्पणी:- आत्मा, शरीर, मन, भाव, विचार के कारण ही मनुष्य सजीव या जीवित कहलाता है।

ग्रहों के एक राशि में स्थित रहने की अवधि (राशि भोग)

शनि - 2 वर्ष 6 माह
राहु, केतु - 1 वर्ष 6 माह
बृहस्पति - 1 वर्ष 1 माह
मंगल - 1 माह 18 दिन
सूर्य - 1 माह
बुध, शुक्र - 28 दिन
चन्द्रमा - 2 दिन 6 घंटे

नैसर्गिक शुभ (सौम्य) तथा पाप (क्रूर) ग्रह

नैसर्गिक शुभ ग्रह-चन्द्रमा, बुध, शुक्र, केतु, बृहस्पति क्रम से अधिक शुभ ग्रह हैं। अर्थात्, चन्द्रमा सबसे कम शुभग्रह तथा बृहस्पति सबसे अधिक शुभ ग्रह हैं।

नैसर्गिक पापग्रह - सूर्य, मंगल, शनि, राहु क्रम से अधिक पापग्रह हैं। अर्थात्, सूर्य सबसे कम और राहु सबसे अधिक पापग्रह है।

टिप्पणी- चन्द्रमा बलहीन, नीचराशि, पापराशि, पापयुत, अस्तंगत, 6, 8, 12 में होने पर पीड़ित होकर पापग्रह बन जाता है। चन्द्रमा सूर्य से युत होकर तथा कृष्ण पक्ष में निर्बल होता है।

पुरुष तथा स्त्री संज्ञक ग्रह

पुरुष ग्रह - सूर्य, मंगल, बृहस्पति
स्त्री ग्रह - चन्द्रमा, शुक्र
नपुंसक ग्रह - बुध, शनि

टिप्पणी:- बुध, राहु, केतु पुरुष राशि में अथवा पुरुष ग्रह से युत होने पर पुरुष ग्रह जैसा फल देते हैं तथा स्त्री राशि अथवा स्त्री ग्रह से युत होकर स्त्री ग्रह जैसा फल देते हैं। शनि इस मामले में सदैव तटस्थ अथवा उदासीन रहता है।

शैक्षणिक विषयों के कारक ग्रह

ग्रह	विचारणीय विषय
सूर्य	प्रशासनिक व्यवस्था, दवा, रसायन, चिकित्सा।
चन्द्रमा	कृषि, मौसम, जल, जलवायु, दवा, समुद्र, दूध, अनाज, बगीचा, वनस्पति, वन, फल, होटल, मसाले, खाद्य पदार्थ, इत्र, सुगन्धित द्रव्य, सौन्दर्य प्रसाधन, लकड़ी, कपास, वस्त्र।

मंगल — भूमि, भवन, संगठन, गणित, लेखा, इंजीनियरी चिकित्सा, सर्जरी, शारीरिक शिक्षा, मशीन कलपुर्जे, बिजली, अर्थशास्त्र, भूगोल, सेना, पुलिस, कम्प्यूटर।

बुध — पत्रकारिता, बैंकिंग, ज्योतिष, वैज्ञानिक खोज, लेखा, संक्रामक रोग, त्वचा, गणना, विज्ञान, लेखन, मुद्रण, प्रकाशन, संक्रामक रोग।

बृहस्पति — वित्त, मुद्रा, मुद्रा का लेन-देन, बैंकिंग, बीमा, वाणिज्य, पत्रकारिता, भाषा, व्याकरण, उन्नति, ज्ञान, पुराण, धर्म, धर्मोपदेश, देवालय, कर्मकाण्ड, शिक्षण, अध्यापन, वकालत, कानून।

शुक्र — रसायन, कृषि, जीव विज्ञान, संगीत, चित्रकला, साहित्य, मनोरंजन, मूर्तिकला, फिल्म, नाटक, सिनेमा, फोटोग्राफी, कविता, कहानी, उपन्यास, लेखन, मुद्रण, प्रकाशन, सम्पादन, कलात्मक रुचि, कानून, नृत्य, अभिनय।

शनि — विज्ञान, न्यायालय, खनिज, धातु, लोहा, खनिज तेल, कम्प्यूटर, तकनीकी, गणित, राजनीति, पर्वतारोहण, कृषि, भूगर्भ, लकड़ी, विदेशी भाषा, पत्थर, बालू, सीमेन्ट।

राहु — राजनीति, विज्ञान, वैज्ञानिक आविष्कार।

केतु — विदेशी भाषा, विदेशी मामले, बहुराष्ट्रीय कम्पनी।

टिप्पणी:- द्वितीयेश, चतुर्थेश, पंचमेश, दशमेश ग्रह जिन विषयों के कारक होते हैं। जातक उन्हीं विषयों को पढ़ने सीखने में सफल होता है। यदि इन भावों में कोई ग्रह बैठा हो तो उसके कारकत्व के विषय भी पढ़े जा सकते हैं। इनमें सबसे अधिक बलवान ग्रह का प्रभाव सबसे अधिक रहता है। अत: वही निर्णायक भूमिका अदा करता है।

ग्रहों का शुभ तथा अशुभ योग सम्बन्ध

1. ग्रहों के बीच तिर्-एकादश तथा नवपंचक योग सम्बन्ध - शुभफलदायक
2. ग्रहों के बीच प्रतियोग, द्विद्वादश योग सम्बन्ध - अशुभ फलदायक
3. ग्रहों के बीच केन्द्र (समकोण) योग तथा षडाष्टक योग सम्बन्ध - अति अशुभ फलदायक
4. मित्र ग्रहों के बीच समसप्तक योग सम्बन्ध - शुभफलदायक
5. शत्रु ग्रहों के बीच समसप्तक योग सम्बन्ध - अशुभ फलदायक

नैसर्गिक कुण्डली के कारक ग्रह

मंगल	प्रथम अष्टम् भाव का	-	लग्नेश अष्टमेश
शुक्र	द्वितीय सप्तम् भाव का	-	द्वितीयेश सप्तमेश
बुध	तृतीय षष्ठ भाव का	-	तृतीयेश षष्ठेश
चन्द्रमा	चतुर्थ भाव का	-	चतुर्थेश
सूर्य	पंचम् भाव का	-	पंचमेश
बृहस्पति	नवम् द्वादश भाव का	-	नवमेश, द्वादशेश
शनि	दशम् एकादश भाव का	-	दशमेश, एकादशेश

नैसर्गिक कुण्डली

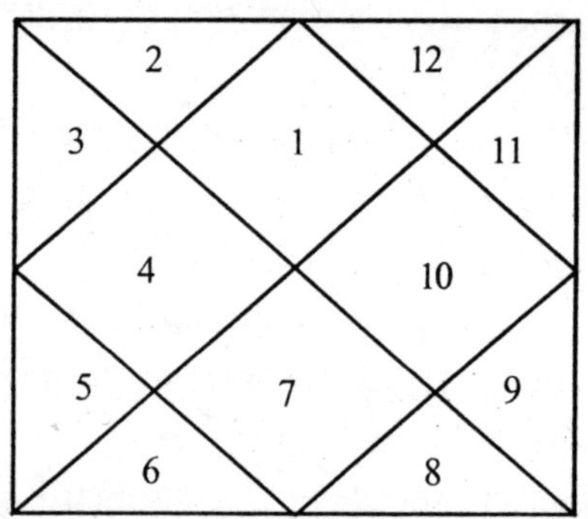

द्वादश भावों के स्थिर (अचर) कारक ग्रह

सूर्य	नवम् भाग्य भाव, दशम् कर्म भाव का।
चन्द्रमा	सुहृद, सुख भाव का।
बृहस्पति	धन, सन्तान, पुत्र, पंचम् भाव का, पति, सप्तम् भाव का भाग्य, धर्म, नवम् भाव का, कर्म दशम् भाव का सन्तान आय लाभ एकादश भाव।
मंगल	सहज पराक्रम तृतीय भाव का, रोग रिपु षष्ठ भाव का।
शुक्र	पत्नी सप्तम् जाया भाव का।
शनि	रोग, रिपु, षष्ठ भाव का, आयु, मृत्यु, अष्टम् भाव का, कर्म, दशम् भाव का, व्यय द्वादश भाव का।
राहु	व्यय द्वादश भाव का।
केतु	रोग, रिपु, षष्ठ भाव का।

मार्गी, वक्री, स्तम्भित ग्रह

किसी ग्रह के मार्गी, वक्री, स्तम्भित होने का पता पंचाङ्ग से चलता है।

मार्गी ग्रह - मार्गी ग्रह आगे सीधी ओर बढ़ता है। जैसे, 2 भाव से 3 भाव की ओर जाएगा। सूर्य चन्द्रमा सदैव मार्गी रहते हैं, जबकि मंगल, बुध, बृहस्पति, शुक्र, शनि कभी मार्गी रहते हैं, कभी नहीं।

वक्री ग्रह - वक्री ग्रह उल्टी दिशा में पीछे की ओर लौटता है। जैसे, 3 भाव से 2 भाव की ओर जाना।

(क) आन्तरिक वक्री ग्रह - बुध, शुक्र तब वक्री होते हैं जब वे पृथ्वी तथा सूर्य के मध्य होते हैं।

(ख) बाह्य वक्री ग्रह - मंगल, बृहस्पति, शनि तब वक्री होते हैं जब पृथ्वी उस बाह्य ग्रह तथा सूर्य के मध्य होती है।

राहु केतु सदैव वक्री ही रहते हैं। जब कोई ग्रह पृथ्वी के निकटतम होता है तब कुछ समय स्थिर या स्तम्भित होकर मार्गी से वक्री होता है। इसी प्रकार वक्री से मार्गी होते समय भी ग्रह कुछ समय स्थिर या स्तंभित होता है।

वक्री ग्रह यदि नीच राशि में न हो तो निर्बल हो जाता है तथा प्राय: पापग्रह की भाँति अशुभ फल देता है। सामान्यत: शुभग्रह वक्री होने पर पापग्रह की भाँति तथा पापग्रह वक्री होने पर शुभ ग्रह की भाँति आचरण करता है तथा स्थिति तथा दृष्टि का प्रभाव देता है।

स्थिर या स्तंभित ग्रह - जब कोई ग्रह गति नहीं करता। अर्थात्, स्थिर या स्तंभित रहता है तो उसे स्तंभित ग्रह कहते हैं। ऐसा ग्रह के मार्गी से वक्री होने तथा वक्री से मार्गी होने के समय होता है। स्तंभित ग्रह बलहीन होकर फलहीन हो जाता है।

जन्म समय के मार्गी, स्तंभित वक्री ग्रह जीवन भर प्रभावित करते हैं, किंतु दैनिक गोचर गति के अनुसार भी जो ग्रह मार्गी, वक्री स्तंभित ग्रह होते हैं। वे अपनी उस गति के अनुसार अलग से प्रभाव डालते हैं। अर्थात्, वे गोचरवश जिस भाव से गुजरते हैं। उसके फल को उतने समय के लिए प्रभावित करते हैं।

वक्री ग्रह का फल

वक्री ग्रह उच्च राशि में हो	नीचराशि के समान फल
वक्री ग्रह नीच राशि में हो	उच्चराशि समान फल
वक्री ग्रह अन्यत्र हो	उच्चराशि समान फल
वक्री ग्रह के साथ युति करने वाला ग्रह	मध्यम बली, मध्यम फल

टिप्पणी:-

1. वक्री ग्रह उल्टे क्रम में वृद्धि या हानि करते हैं। जैसे शुभग्रह वक्री होने पर पापग्रह बन जाता है तथा पापग्रह वक्री होने पर अधिक पापग्रह बनता है।

प्राय: वक्री ग्रह का फल अशुभ ही होता है क्योंकि उसका फल अनिश्चित हो जाता है।

2. शुभग्रह मार्गी हो तो जिस भाव में बैठता है उसे बिगाड़ता है; किन्तु जहाँ दृष्टि डालता है वहाँ शुभफल देता है। वक्री शुभग्रह इसके उल्टा पापग्रह की भाँति फल देता है। अर्थात्, जहाँ बैठता है उसे बिगाड़ता नहीं है वरन् जहाँ दृष्टि डालता है उसे बिगाड़ता है।

चर कारक ग्रह

8 चर कारक ग्रह, सूर्य से राहु तक 8 ग्रहों में से जो ग्रह -

1. सबसे अधिक अंशों वाला हो (इसमें राशि त्याग दें केवल अंश देखें वह ग्रह	आत्मकारक
2. उससे कम अंशों वाला ग्रह	अमात्य कारक
3. फिर उससे कम अंशों वाला ग्रह	भ्रातृकारक
4. इसी प्रकार उससे कम अंशों वाला ग्रह	मातृकारक
5. इसी प्रकार उससे कम अंशों वाला ग्रह	पितृकारक
6. इसी प्रकार उससे कम अंशों वाला ग्रह	पुत्रकारक
7. इसी प्रकार उससे कम अंशों वाला ग्रह	जातिकारक
8. सबसे कम अंशों वाला ग्रह	स्त्रीकारक

पीड़ित ग्रह

1. पापग्रह से युति दृष्टि, स्थान या राशि परिवर्तन सम्बन्ध होने या पापग्रह की राशि में स्थित होने पर ग्रह पीड़ित या निर्बल हो जाता है।
2. यदि ग्रह से अन्य ग्रह अशुभ योग सम्बन्ध बनाते हों तो भी ग्रह पीड़ित होकर निर्बल हो जाता है।
3. शत्रु ग्रह से युति, दृष्टि, सम्बन्ध होने अथवा शत्रु ग्रह की राशि में स्थित होने पर भी ग्रह पीड़ित होकर निर्बल हो जाता है।
4. 6, 8, 12 भावों में स्थित होने पर भी ग्रह पीड़ित होकर निर्बल हो जाता है। पापग्रह 6 में बलवान हो जाता है।
5. चन्द्रमा कृष्ण पक्ष की षष्ठी से शुक्ल पक्ष की नवमी तक पीड़ित होकर बलहीन हो जाता है।
6. जिस ग्रह की राशि में पापग्रह बैठ जाए वह ग्रह भी पीड़ित होकर निर्बल हो जाता है। उदाहरण के लिए सूर्य चन्द्रमा की राहु केतु से युति होने पर ग्रहण योग लगता है। साथ ही उनकी राशियों सिंह कर्क में राहु केतु होने पर भी ग्रहण योग बनता है। इस योग में भी सूर्य चन्द्रमा पीड़ित होकर निर्बल हो जाता है।

7. राहु केतु 5 भाव में हो और सूर्य 1 अथवा 11 भाव में न हो - सूर्य पीड़ित
8. बुध केतु 8 भाव में हो और मंगल 4 अथवा 7 भाव में न हो- मंगल पीड़ित
9. बुध, शुक्र; शनि 4 भाव में हो और चन्द्रमा भी 4 भाव में हो- चन्द्रमा पीड़ित
10. चन्द्रमा 3 या 6 भाव में हो और बुध 2 या 12 भाव में न हो- बुध पीड़ित
11. सूर्य चन्द्रमा राहु 2 या 7 में हो और शुक्र 1 या 8 में न हो - शुक्र पीड़ित
12. राहु 6 को छोड़कर किसी अन्य भाव में हो और सूर्य शुक्र या मंगल 12 भाव में हो - राहु पीड़ित
13. नीच ग्रह से युत दृष्ट होने पर सभी ग्रह पीड़ित होते हैं।

कुण्डली के अनुसार शुभ अशुभ भावेश ग्रह

पूर्णशुभ भावेश ग्रह - लग्नेश, चतुर्थेश पंचमेश, नवमेश (स्थिर लग्न छोड़कर), दशमेश, एकादशेश (चर लग्न छोड़कर)।

पूर्ण अशुभ भावेश ग्रह - षष्ठेश, अष्टमेश, द्वादशेश

आंशिक अशुभ भावेश ग्रह - द्वितीयेश, तृतीयेश, सप्तमेश

टिप्पणी:-

1. चर लग्न में एकादशेश तथा स्थिर लग्न में नवमेश मारकेश होता है। द्विस्वभाव लग्न में सप्तमेश मारकेश विशेष रूप से होता है।
2. द्वितीयेश धन अचल सम्पत्ति तथा विद्या लाभ छोड़कर अन्य मामलों में अशुभ होता है। सप्तमेश विवाह को छोड़कर अन्य मामलों में अशुभ होता है। तृतीयेश भाई बहिन के सुख को छोड़कर अन्य मामलों में अशुभ होता है।
3. नैसर्गिक पापग्रह शुभ भावेश होने पर कुछ कम शुभ फल देते हैं तथा नैसर्गिक शुभग्रह शुभ भावेश होने पर अधिक शुभफलदायक होते हैं।
4. इसके विपरीत नैसर्गिक शुभग्रह अशुभ भावेश होने पर कम अशुभ होते हैं तथा नैसर्गिक अशुभग्रह अशुभ भावेश होने पर अधिक अशुभ होते हैं।
5. कुण्डली के अशुभ भावेश स्वराशि में शुभ फलदायक किन्तु अन्यत्र अशुभ फलदायक होते हैं।

चेतावनी:-

1. कुण्डली में उच्चराशि, मूल त्रिकोण राशि उच्चभाव के एक से अधिक ग्रह होने पर वे आपस में ही वर्चस्व के लिए संघर्ष करते हैं। अत: जातक को भी जीवन भर संघर्ष करना पड़ता है। उसे सुख चैन नहीं मिलता। दो या तीन उच्च के ग्रह होने (उच्चराशि, मूल त्रिकोण राशि या उच्च भाव में) राजयोग बनाकर केवल उच्चपद का अवसर देते हैं; किन्तु जीवन संघर्षमय बना देते हैं।

2. शुभग्रह मार्गी हो तो जिस भाव में बैठता है उसे बिगाड़ता है; किन्तु जहाँ दृष्टि डालता है वहाँ के मामले में शुभ फल देता है। वक्री शुभ ग्रह इसके उल्टा पापग्रह की भाँति फल देता है। अर्थात्, जहाँ बैठता है वहाँ का शुभफल तथा जहाँ दृष्टि डालता है वहाँ का अशुभ फल देता है।
3. मार्गी पापग्रह जिस भाव में बैठता है वहाँ शुभफल देता है; किन्तु जहाँ दृष्टि डालता है उस भाव का अशुभ फल देता है। वक्री पापग्रह इसके विपरीत उल्टा, शुभग्रह की भाँति फल देता है।
4. दो या दो से अधिक पापग्रह (अशुभग्रह) युति करने पर अधिक अशुभ फल देते हैं।

उन्नति रोकने वाले मारकेश ग्रह

1. कुण्डली में द्वितीय, सप्तम्, अष्टम् स्थान मारक या उन्नति रोकने वाले होते हैं। अतः द्वितीयेश, सप्तमेश, अष्टमेश, मारकेश होकर अशुभ फलदायक उन्नैति में रुकावट डालने वाले होते हैं।
2. कुण्डली में तृतीय षष्ठ, द्वादश स्थान भी उन्नति रोकने वाले मारक होते हैं। अतः तृतीयेश, षष्ठेश, द्वादशेश भी मारकेश होते हैं।

मारकेश ग्रहों की मारक शक्ति

7, 3, 8, 2, 12 भावों के स्वामी (भावेश) आरोही (बढ़ते) क्रम में अधिक मारक होते हैं। यदि ये ग्रह नैसर्गिक पापग्रह भी हो तो अधिक मारक हो जाते हैं। नैसर्गिक शुभग्रह कम मारक होते हैं।

प्रथम श्रेणी के मारकेश (मारक ग्रह)

1. सप्तमेश की तुलना में द्वितीयेश अधिक मारक होता है क्योंकि सप्तम् भाव का अष्टम् भाव द्वितीय भाव होता है जो जीवन साथी की उन्नति में बाधा डालता है तथा उसके लिए उस समय मृत्युकारक बनता है। जब अन्य अशुभ ग्रह भी उससे सम्बन्ध बनाकर गंभीरता को बढ़ा दें।
2. द्वितीयेश धन विद्या वाणी शक्ति तथा सप्तमेश जीवनसाथी का सुख देता है; किन्तु अशुभ ग्रहस्थिति तथा अन्य मारक ग्रहों की संयुक्त मारकेश दशा से मेल का संयोग होने पर भारी दुःख, शोक मृत्यु का कारण भी बनते हैं। अर्थात्, रोग, कष्ट, शोक, दुर्घटना, विपत्ति, मृत्यु संभव है।
3. अल्पायु (असमय मृत्यु) भय का विचार अष्टम, अष्टमेश, तृतीय, तृतीयेश (अष्टमेश से अष्टम् भाव तृतीय भाव होता है) से विचार करते हैं। 12वें से 8वां भाव सप्तम् भाव होता है तथा तीसरे भाव से 12वाँ भाव द्वितीय भाव होता है। लग्न से द्वितीय तथा सप्तम् भाव मृत्यु तुल्य कष्ट देते हैं।

4. 12वें भाव से 8वाँ भाव सप्तम् भाव होता है तथा तीसरे भाव से 12वाँ भाव द्वितीय भाव होता है। अतः इनके स्वामी अर्थात्, द्वितीयेश सप्तमेश मारकेश होते हैं।
5. लग्न के दोनों ओर द्वितीय तथा द्वादश भाव होते हैं। अतः जीवन में सभी विपत्तियों का कारण इन्हीं दो भावों के संयोग से बनता है।
6. द्वितीयेश सप्तमेश, द्वितीय तथा सप्तम् में स्थित पापग्रह, द्वितीयेश सप्तमेश से युक्त पापग्रह भी मारक होते हैं।
7. 3, 8, 7, 12 के स्वामियों से युति दृष्टि सम्बन्ध रखने वाले पापग्रह भी मारक होते हैं।
8. बलवान पापग्रह की अशुभ दशा में मृत्यु संभव है।
9. लग्न से 12वाँ भाव आयु का व्यय करता है। अतः अशुभ होता है।

द्वितीय श्रेणी के मारकेश (मारक ग्रह)

1. षष्ठेश भाव में स्थित पाप ग्रह, चर लग्न में एकादशेश, एकादश भाव में स्थित पापग्रह, षष्ठेश एकादशेश से युत दृष्ट पापग्रह द्वितीय श्रेणी के मारकेश होते हैं।
2. चर लग्न (1, 4, 7, 10) में एकादशेश, एकादश भाव में स्थित पापग्रह, एकादशेश से युत दृष्ट पापग्रह द्वितीय श्रेणी के मारकेश होते हैं।
3. स्थिर लग्न (2, 5, 8, 11) में नवमेश, नवमभाव में स्थित पापग्रह तथा नवमेश से युत दृष्ट पापग्रह द्वितीय श्रेणी के मारकेश होते हैं।
4. द्विस्वभाव लग्न (3, 6, 9, 12) में सप्तम् भाव विशेष मारक होता है। अतः सप्तमेश, सप्तमभाव में स्थित पापग्रह तथा सप्तमेश से युत दृष्ट पापग्रह मारकेश होता है।

मारकेश दशा का प्रभाव - संशय, अस्थिरता, स्त्री भोग में रुचि, बौद्धिक विकास में बाधा आदि फल मिलते हैं।

तृतीय श्रेणी के मारकेश (मारक ग्रह)

1 तथा 10 भावों के स्वामी तृतीय श्रेणी के मारकेश होते हैं। इनमें स्थित पाप ग्रह भी तृतीय श्रेणी के मारकेश होते हैं

टिप्पणी :-

1. जब तक जीवन का अन्त (मृत्यु समय) न आया हो तब तक द्वितीयेश सप्तमेश की दशा अन्तर्दशा मृत्युदायक न होकर मृत्यु तुल्य कष्ट देती है।
2. मारकेश महादशा में शुभग्रह की अन्तर्दशा हो तो भी मृत्यु नहीं होती है।
3. मारकेश ग्रह की महादशा में मारकेश ग्रह की अन्तर्दशा हो तो मृत्युभय का योग बनता है।

4. मा़रकेश से शुभग्रह युति करे तो मारकेश की महादशा में शुभग्रह की अन्तर्दशा होने पर मृत्यु नहीं होती है।
5. द्वितीय और सप्तम् भाव में बैठा पापग्रह भी मारकेश प्रभाव डालता है। द्वितीयेश सप्तमेश से युति करने वाला ग्रह भी मारकेश होता है। इनकी दशा अन्तर्दशा अशुभ फलदायक होती है।
6. यदि शनि मारकेश से युति करे तो शनि मारकेश को हटाकर स्वयं मारकेश बन जाता है।
7. षष्ठेश पापग्रह हो या पापग्रह की राशि में बैठा हो अथवा पापग्रह से दृष्ट हो तो षष्ठेश भी मारकेश बन जाता है।
8. राहु केतु 1, 7, 8, 12 में से किसी भाव में स्थित हों अथवा मारकेश से युति करते हों तो मारक बन जाते हैं।
9. संकटा योगिनी दशा भी मारक होती है।
10. शनि की साढ़ेसाती या अढ़ैया के समय मारकेश ग्रह की मारक क्षमता बढ़ जाती है। मारकेश ग्रह की दशा में मारकेश ग्रह की अन्तर्दशा मृत्युकारक होती है।

मारक ग्रहों का विशेष ज्ञान

1. अष्टमेश बलवान होकर 3, 4, 6, 10, 12वें स्थान में हो - मांरक
2. अष्टमेश लग्नेश से अधिक बलवान हो - अष्टमेश की अन्तर्दशा मारक
3. शनि षष्ठेश या अष्टमेश होकर लग्नेश को देखता हो - लग्नेश भी मारक

टिप्पणी:- कन्या लग्न में शनि षष्ठेश होता है। मिथुन लग्न में शनि अष्टमेश तथा कर्क लग्न में शनि सप्तमेश होता है। अत: मारक होता है।

4. अष्टमेश सप्तम् भाव में बैठकर लग्न पर दृष्टि डाले - पापग्रह की दशा अन्तर्दशा मारक
5. मंगल की दशा में शनि की अन्तर्दशा - रोगकारक, मारक
6. शनि की दशा में मंगल की अन्तर्दशा - रोगकारक, मारक
7. अष्टमेश चतुर्थ स्थान में शत्रुराशि में हो - अष्टमेश मारक
8. सप्तम् भाव में स्थित पापग्रह - मारकेश
9. द्वितीयेश से 7वें स्थान में पापग्रह - मारकेश
10. सप्तमेश से 7वें स्थान में स्थित पापग्रह - मारकेश
11. यदि द्वितीयेश पापग्रह हो तथा पापंग्रह से दृष्ट हो- पहले द्वितीयेश ही मारकेश
12. सप्तमेश पापग्रह हो और पापग्रह से दृष्ट हो - द्वितीयेश के बाद सप्तमेश मारकेश
13. द्वितीय भाव में स्थित पापग्रह एवं सप्तम् भाव में स्थित पापग्रह तथा इनसे युति करने वाले पापग्रह - सभी मारकेश

14. शनि मारकेश से युति करे - मारकेश को हटाकर स्वयं मारकेश बन जाता है
15. द्वादशेश पापग्रह होने पर - मारकेश
16. षष्ठेश पापग्रह हो या पापग्रह की राशि में षष्ठेश बैठा हो अथवा पापग्रह से दृष्ट हो - षष्ठेश भी मारकेश

मारकेश ग्रहों का प्रभाव

12, 2, 8 भावों के स्वामियों का शुभ अशुभ फल उनकी संगति पर निर्भर करता है।

1. जिस भाव में ग्रह स्थित हो उसका फल देता है।
2. जिन ग्रहों से ग्रह युक्त दृष्ट हो उनका फल देता है।

अष्टमेश सबसे अधिक बली, उसके बाद द्वादशेश, फिर उसके बाद द्वितीयेश बली होता है। द्वादश भाव व्यय, मूल्य ह्रास तथा टूट फूट का होता है। अष्टम् भाव नवम् भाव का द्वादश भाव होता है। भाग्य के लिए अष्टम् भाव बहुत अशुभ होता है।

यदि अष्टमेश 3, 6, 11 का स्वामी भी हो तो वह अधिक अशुभ होता है।

लग्न	**ग्रह**	**भावेश**
वृषभ	बृहस्पति	8, 11
कन्या	मंगल	8, 3
मीन	शुक्र	8, 3

यदि अष्टमेश त्रिकोण स्थान (1, 5, 9) का स्वामी भी हो तो शुभ होता है। उसकी महादशा अन्तर्दशा का शुभफल मिलता है। सूर्य चन्द्रमा अष्टमेश होकर भी अशुभ नहीं होते हैं। अर्थात्, मृत्यु न देकर दोष मुक्त होते हैं; किंतु यदि उनका युति दृष्टि सम्बन्ध किसी अन्य मारकेश से हो तो वह अन्य मारकेश अशुभ फल देकर मृत्युदायक हो जाता है। यदि अष्टमेश शनि से युति करे तो शनि स्वयं मारकेश बन जाता है।

त्रिकोणेश केन्द्रेश का आपस में युति, दृष्टि, परिवर्तन सम्बन्ध शुभ फलदायक होता है। शुक्र मारकेश होने पर भी मृत्युदायक नहीं होता है; किन्तु अन्य मारकेश से युति, दृष्टि, राशि परिवर्तन सम्बन्ध होने पर अन्य मारकेश मृत्युदायक हो सकता है।

लग्नानुसार शुभ, अशुभ, मारक, राजयोग कारक ग्रह

जन्म लग्न या	राजयोग कारक ग्रह	-	सूर्य बृहस्पति
चन्द्रराशि मेष -	शुभग्रह	-	सूर्य, मंगल, बृहस्पति
	अशुभ ग्रह	-	शनि, बुध, शुक्र
	मारक ग्रह	-	शुक्र, शनि, बुध, शुक्र मारक किंतु मृत्यु नहीं देता

वृषभ	राजयोगकारक ग्रह	- शनि
	शुभ ग्रह	- सूर्य बुध शनि
	अशुभ ग्रह	- चन्द्रमा, बृहस्पति, शुक्र
	मारक ग्रह	- चन्द्रमा, मंगल, बृहस्पति
मिथुन	राजयोग कारक ग्रह	- शुभभावों में स्थित बुध और शुक्र - शुभभाव में शनि के साथ शुक्र अति उत्तम
	शुभ ग्रह	- बुध, शुक्र
	अशुभ ग्रह	- सूर्य, मंगल, बृहस्पति
	मारक ग्रह	- मंगल, बृहस्पति, चन्द्रमा, चन्द्रमा मारक होता है किन्तु मृत्यु नहीं देता
कर्क	राजयोग कारक ग्रह	- मंगल शुभ भाव 10 में, बृहस्पति 1, 5, 9, 10 में तथा मंगल की चन्द्रमा बृहस्पति से युति उत्तम
	शुभग्रह	- चन्द्रमा, मंगल, बृहस्पति
	अशुभ ग्रह	- बुध, शुक्र, शनि
	मारक ग्रह	- सूर्य, बुध, शुक्र, शनि, सूर्य मारक है किन्तु मृत्यु नहीं देता।
सिंह	राजयोग कारक ग्रह	- मंगल, आंशिक रूप से बृहस्पति शुक्र किन्तु इनकी युति से राजयोग नहीं बनता है।
	शुभ ग्रह	- सूर्य, मंगल, बृहस्पति
	अशुभ ग्रह	- बुध, शुक्र, शनि
	मारक ग्रह	- चन्द्रमा, बुध, शनि, चन्द्रमा, शनि मारक होकर भी मृत्यु नहीं देता है।
कन्या	राजयोग कारक ग्रह	- बुध, आंशिक रूप से बृहस्पति किन्तु इसकी युति राजयोग नहीं बनाती है।
	शुभ ग्रह	- बुध, शुक्र
	मारक ग्रह	- मंगल, सूर्य, सूर्य मारकेश होने पर भी मृत्यु नहीं देता है युति के अनुसार प्रभाव देता है।
तुला	राजयोगकारक ग्रह	- चन्द्रमा बुध, बुध शनि तथा शुक्र शनि की युति योगकारक
	शुभग्रह	- बुध, शनि
	अशुभ ग्रह	- सूर्य, मंगल, बृहस्पति

	मारक ग्रह	– मंगल, बृहस्पति, शुक्र अन्य मारक ग्रह का बल मिलने पर ही मारक
वृश्चिक	राजयोग कारक ग्रह	– सूर्य, चन्द्रमा
	शुभग्रह	– चन्द्रमा, बृहस्पति
	अशुभग्रह	– बुध, शुक्र, शनि
	मारक ग्रह	– मंगल, बृहस्पति, शुक्र अकेले मृत्यु नहीं देते, अन्य मारक शक्ति प्राप्त होने पर बृहस्पति शुक्र मृत्युदायक
धनु	राजयोग कारक ग्रह	– सूर्य बुध, मंगल बृहस्पति, सूर्य मंगल की युति राजयोगकारक
	शुभ ग्रह	– सूर्य, मंगल, बृहस्पति
	अशुभ ग्रह	– बुध, शुक्र, शनि
	मारक ग्रह	– शुक्र, शनि
मकर	राजयोग कारक ग्रह	– शुक्र, शुक्र + बुध
	शुभग्रह	– बुध, शुक्र
	अशुभ ग्रह	– चन्द्रमा, मंगल, बृहस्पति
	मारक ग्रह	– मंगल, बृहस्पति, शनि, शनि द्वितीयेश होने पर भी लग्नेश होने के कारण मृत्यु नहीं देता है।
कुंभ	राजयोग कारक ग्रह	– शुक्र, मंगल शुक्र की युति
	शुभग्रह	– शुक्र, शनि
	अशुभ ग्रह	– चन्द्रमा, मंगल, बृहस्पति
	मारक ग्रह	– सूर्य, मंगल, बृहस्पति
मीन	राजयोग कारक ग्रह	– मंगल, मंगल बृहस्पति, मंगल चन्द्रमा की युति
	शुभ ग्रह	– चन्द्रमा, मंगल, बृहस्पति
	अशुभ ग्रह	– शुक्र शनि
	मारक ग्रह	– बुध, शुक्र, शनि, मंगल तब तक मृत्यु नहीं देता जब तक अन्य मारकेश का सहयोग न मिले।

अन्य मारक ग्रहों का प्रभाव

(क) 6, 8, 12 भावों के स्वामी राशि परिवर्तन योग करें, अपनी राशि में न होकर एक दूसरे की राशि में हों

(ख) 6, 8, 12 भावों के स्वामी अपने भाव को छोड़कर अन्य के भाव में 6, 8, 12 भावों में हों

प्रभाव - षष्ठेश 6 में हो - संबंधियों से शत्रुता अन्य से मित्रता, धन का अपव्यय, रोग शत्रु भय, कंजूस, कष्ट, गन्दगी में निवास।

षष्ठेश 8 भाव में हो - रोग, शत्रुता, दूसरे की सम्पत्ति तथा पत्नी प्राप्त करने में रुचि, अपवित्र दीर्घ रोगी, क्षय रोग।

षष्ठेश 12 भाव में हो - जुआ, व्यसन, नशाखोरी में व्यय, विद्वान का निरादार, जीवों को कष्ट देने वाला, अन्य की स्त्री से सम्बन्ध।

अष्टमेश 8 में हो - दीर्घायु, चोर, दूसरों पर दोषारोपण, व्यापारी, स्वस्थ, प्रसिद्ध, कपटी, संदेहास्पद चरित्र की पत्नी, कमाने वाली पत्नी, पैतृक सम्पत्ति मिलना।

ग्रहों का बल (सबलता, निर्बलता)

1. **स्थान बल** - नैसर्गिक शुभग्रह तथा शुभ भावेश 1, 4, 5, 9, 10 भावों में बलवान तथा अन्यत्र निर्बल होते हैं। नैसर्गिक पापग्रह 3, 6, 11 भावों में बलवान होकर शुभ तथा अन्यत्र अशुभ होते हैं। उच्चराशि, उच्च भाव, मूल त्रिकोण राशि, स्वराशि तथा मित्र ग्रह की राशि में ग्रह बलवान होता है। नीचराशि, नीचभाव तथा शत्रुराशि, अस्त, अस्तंगत, सूर्य से युति करने पर, नीचयुत, वक्री ग्रह युत दृष्ट होने पर निर्बल तथा अशुभ होता है। चन्द्रमा शुक्र समराशियों 2, 4, 6, 8, 10, 12 में बलवान होते हैं। सूर्य, मंगल, बुध, बृहस्पति, शनि, राहु, केतु विषय राशि 1, 3, 5, 7, 9, 11 में बलवान होते हैं। कुण्डली में उच्च के एक से अधिक ग्रह कष्ट, संघर्ष तथा अशांतिदायक होते हैं। उच्च का पापग्रह अशुभ फल कम देता है।

2. **दिशा बल** - जन्मकुण्डली में प्रथम भाव पूर्व दिशा, चतुर्थ भाव उत्तर दिशा, सप्तम् भाव पश्चिम दिशा तथा दशम् भाव दक्षिण दिशा माना जाता है।

   बुध, बृहस्पति - लग्न प्रथम भाव में दिशाबली
   चन्द्रमा शुक्र - चतुर्थ भाव में दिशाबली
   शनि - सप्तम् भाव में दिशाबली
   सूर्य मंगल - दशम् भाव में दिशाबली

3. **प्रभाव बल** - शुभ ग्रह के प्रभाव में - बलवान
   पापग्रह के प्रभाव में - निर्बल

4. **चेष्टा बल** - मकरराशि से मिथुन राशि तक किसी भी राशि में रहने पर - सूर्य चन्द्रमा चेष्टाबली

चन्द्रमा के साथ युत रहने पर मंगल,
बुध, बृहस्पति, शुक्र, शनि - चेष्टाबली

5. **दृष्टिबल** - पापग्रह पर शुभग्रह की दृष्टि - पापग्रह दृष्टि बली

6. **नैसर्गिक बल** - शनि, मंगल, बुध, बृहस्पति, शुक्र, चन्द्रमा, सूर्य - ये ग्रह उत्तरोत्तर एक दूसरे से अधिक बली होते हैं। अर्थात्, शनि से अधिक मंगल, मंगल से अधिक बुध, इसी क्रम से सूर्य सबसे अधिक बलवान होता है।

7. **अंश बल**- कोई ग्रह 6 अंश से 25 अंशों के बीच रहने पर ही बलवान होता है। 6 अंशों से कम तथा 25 अंशों से अधिक होने पर वह निर्बल होता है।

टिप्पणी :- किसी भी प्रकार के बल को पाकर बलवान ग्रह जिस भाव में बैठता है, जिस भाव पर दृष्टि डालता है तथा जिस भाव का स्वामी होता है, अपने स्वभाव तथा स्थिति के अनुसार उसका फल जातक को देता है। किसी भाव के शुभ अशुभ फल की वास्तविक जानकारी प्राप्त करने के लिए राशि के स्वभाव, ग्रह के स्वभाव तथा स्थिति का समन्वय करके ही किसी निष्कर्ष पर पहुँचना चाहिए।

बलवान ग्रह जिस राशि में बैठता है उस राशि को बल देकर उसके राशीश या उस भाव के स्वामी को भी बलवान बनाकर फल पर प्रभाव डालता है।

ग्रहों की बलवृद्धि

सूर्य से शनि का, शनि से मंगल का, मंगल से बृहस्पति का, बृहस्पति से चन्द्रमा का, चन्द्रमा से शुक्र का, शुक्र से बुध का, बुध से चन्द्रमा का बल बढ़ता है। यह बल युति, दृष्टि, राशि परिवर्तन तथा शुभ योग सम्बन्ध से बढ़ता है।

ग्रहों की दृष्टि

सूर्य, चन्द्रमा, बुध, शुक्र अपने स्थान से 7वें स्थान पर दृष्टि डालते हैं। मंगल अपने स्थान से 4, 7, 8वें स्थान पर दृष्टि डालता है। बृहस्पति, राहु, केतु अपने स्थान से 5, 7, 9वें स्थान पर दृष्टि डालते हैं। राहु केतु अपने स्थान से 12वें स्थान पर भी दृष्टि डालते हैं। शनि अपने स्थान से 3, 7, 10वें स्थान पर दृष्टि डालता है।

यदि कोई ग्रह किसी ग्रह को देखे तो उस ग्रह के माध्यम से आगे के स्थानों पर दृष्टि डालता है। उदाहरण के लिए यदि शनि मंगल पर तीसरी दृष्टि डालता हो तो मंगल के माध्यम से चौथी तथा आठवीं दृष्टि भी मंगल के माध्यम से डालेगा किन्तु इसका प्रभाव कम होता है।

मार्गी, स्तम्भित तथा वक्री सभी ग्रह आगे की ओर ही दृष्टि डालते हैं भले ही वक्री ग्रह पीछे की ओर चलते हों।

द्वादश भावों के अचर (स्थिर) कारक ग्रह

	भाव	कारक ग्रह
1	लग्न	सूर्य
2	धन	बृहस्पति
3	पराक्रम सहज	मंगल
4	सुख	चन्द्रमा, बुध
5	बुद्धिसन्तान	बृहस्पति
6	रोगरिपु	मंगल, शनि
7	जीवन साथी जाया	बृहस्पति, शुक्र
8	आयु मृत्यु	शनि
9	भाग्य धर्म	सूर्य बृहस्पति
10	कर्म	सूर्य, बुध, बृहस्पति, शनि
11	आय लाभ	बृहस्पति
12	व्यय	शनि

टिप्पणी :-

1. जो ग्रह जिस भाव का कारक है यदि वह अकेला उस भाव में बैठे तो उस भाव को बिगड़ता है।
2. किसी भाव का पूर्ण फल तभी मिलता है जब भाव, भावेश तथा कारक बलवान तथा शुभ स्थिति में हों।

काल के विचार के निर्धारित भाव तथा ग्रह

काल	**भाव**
भूतकाल का विचार	12वें स्थान से
भविष्यकाल का विचार	दूसरे भाव से
भूतकाल के विषय का विचार	राहु से
भविष्यकाल का विचार	सूर्य से
वर्तमान काल के विषय का विचार	चन्द्रमा से

ग्रह और उनसे सम्बन्धित पदार्थ

ग्रह	सम्बन्धित पदार्थ
सूर्य	इमारती लकड़ी, राज्य शासन, सोना, कपास, अनाज।
चन्द्रमा	लकड़ी, कपास, वस्त्र, चाँदी, अनाज, फल, फूल, रासायनिक खादें।
मंगल	दवा, खाद्य पदार्थ, होटल, काँच के पदार्थ, औषधि, घड़ी, ईंट, गेहूँ, भूमि।
बुध	मूँग, रेशम, सूत, कापी, कलम, पुस्तक, लेखन सामग्री, प्रिंटिंग प्रेस, छपाई, प्रकाशन, पत्र पत्रिका।

बृहस्पति	किराना, वकालत, कानून, कानूनी पुस्तकें, व्यापार मुद्रा, पैसे का लेन-देन, बीमा, पत्रकारिता, वित्त।
शुक्र	प्रसाधन सामग्री, फूल, फिल्म, संगीत, साहित्य, वाहन, क्रय-विक्रय, रसायन।
शनि	लकड़ी, लोहा, सभी धातुएँ जूता चमड़ा कोयला, राजनीति।
राहु	राजनीति, अभ्रक, चावल, फिल्म उद्योग।
केतु	तेल, अलसी, चना, हड्डी का सामान।

पीड़ित ग्रह का विशेष ज्ञान

चन्द्रमा या मंगल 6 में हो और केतु 2 के अतिरिक्त अन्य किसी भाव में हो	- केतु पीड़ित
बृहस्पति केन्द्र में हो और शनि 2 भाव में हो	- बृहस्पति पीड़ित
बृहस्पति केन्द्र में हो और बुध 5 भाव में हो	- बृहस्पति पीड़ित
बृहस्पति केन्द्र में हो और शुक्र 3 या 6 भाव में हो	- बृहस्पति पीड़ित
4 भाव में केतु हो	- चन्द्रमा पीड़ित
4 भाव में बुध हो	- चन्द्रमा पीड़ित
3, 6 भाव में चन्द्रमा हो	- चन्द्रमा का नीच का फल तथा बुध पीड़ित

नीच ग्रह से युक्त या दृष्ट होने पर सभी ग्रह पीड़ित होते हैं।

टिप्पणी :- ग्रहों के पीड़ित होने पर उनके बल तथा शुभता में कमी आती है।

पीड़ित ग्रहों की पीड़ा का हस्तान्तरण अन्य ग्रहों को करने का फल

मंगल पीड़ित - 1, 6 भाव में सूर्य हो और 10 भाव में मंगल हो तो मंगल पीड़ित होकर केतु को पीड़ा देता है। फलस्वरूप जातक के पुत्र या भतीजे को महाकष्ट या मृत्यु का योग बनता है। नाना को भी कष्ट संभव।

शुक्र पीड़ित - शुक्र के शत्रु सूर्य चन्द्रमा द्वारा शुक्र से युति, दृष्टि, राशि परिवर्तन सम्बन्धी अशुभ योग सम्बन्ध बनाने पर शुक्र पीड़ित होकर चन्द्रमा पर पीड़ा डालता है। अत: जातक की माता की मृत्यु अथवा कष्ट का योग बनता है। शुक्र चन्द्रमा सम सप्तक योग में हों - माता मरती नहीं है। माता को आँखों का कष्ट होता है।

बृहस्पति पीड़ित - बृहस्पति पीड़ित होने पर केतु पर पीड़ा डालता है। बृहस्पति 5 भाव में हो तो बृहस्पति केतु की अन्तर्दशा में जातक के मामा को कष्ट का योग बनता है। केतु 6 में हो तो जातक के पुत्र तथा मामा दोनों को कष्ट का योग बनता है।

सूर्य पीड़ित - सूर्य पीड़ित होने पर पीड़ा केतु पर डालता है। फलस्वरूप जातक के मामा को कष्ट का योग बनता है। नाना को भी कष्ट संभव है।

शनि पीड़ित - शनि पीड़ित होने पर शुक्र पर पीड़ा डालता है अतः जातक की पत्नी को कष्ट मिलने का योग बनता है।

चन्द्रमा पीड़ित - चन्द्रमा पीड़ित होकर अपनी पीड़ा सूर्य, मंगल, बृहस्पति पर डालता है। अतः पति, पुत्र, भाई, बहिन, पिता तथा गुरु को कष्ट मिलता है।

बुध पीड़ित - बुध पीड़ित होकर अपनी पीड़ा शुक्र पर डालता है। अतः पत्नी को कष्ट मिलने का योग बनता है।

राहु-केतु पीड़ित - पीड़ा स्वयं सहते हैं।

टिप्पणी:-

1. पीड़ित ग्रह जिन ग्रहों पर पीड़ा डालते हैं। वे ग्रह जिस सम्बन्धी के कारक होंगे। जातक के उसी सम्बन्धी व्यक्तियों को पीड़ित कर अनिष्ट का शिकार बनाते हैं।
2. पीड़ित ग्रह अपने से 5वें स्थान पर स्थित ग्रह से सहायता लेते हैं। 5वें स्थान में स्थित ग्रह के सम्बन्धी जातक की सहायता करते हैं।

निष्फल ग्रह तथा विफल भाव

सूर्य के साथ चन्द्रमा	- चन्द्रमा निष्फल, जिस भाव में हो, वह भाव विफल
द्वितीय धन भाव में मंगल	- मंगल निष्फल, द्वितीय भाव विफल
पंचम् भाव में बृहस्पति	- बृहस्पति निष्फल, पंचम् भाव निष्फल
षष्ठ भाव में शुक्र	- शुक्र निष्फल, षष्ठ भाव निष्फल
सप्तम् भाव में शनि	- शनि निष्फल, सप्तम् भाव निष्फल
चतुर्थ भाव में बुध	- बुध निष्फल, चतुर्थ भाव निष्फल

ग्रहों की नैसर्गिक मित्रता शत्रुता

ग्रह	मित्र	शत्रु	सम
सूर्य	चन्द्र, मंगल, बृहस्पति	शुक्र, शनि	बुध राहु, केतु
चन्द्रमा	सूर्य, बुध	राहु, केतु	मंगल, बृहस्पति, शुक्र, शनि
मंगल	सूर्य, चन्द्र, बृह., केतु	बुध, शुक्र	शुक्र, शनि
बुध	सूर्य, शुक्र	चन्द्रमा	मंगल, बृह., शनि, राहु, केतु

बृहस्पति	सूर्य, चन्द्र, मंगल	बुध, शुक्र	शनि, राहु, केतु
शुक्र	बुध, शनि, राहु, केतु	सूर्य, चन्द्र	मंगल, बृहस्पति
शनि	बुध, शुक्र, राहु	सूर्य, चन्द्र, मंगल केतु	बृहस्पति
राहु	शुक्र, शनि	सूर्य, चन्द्र, मंगल केतु	बुध, बृहस्पति
केतु	मंगल, शुक्र	सूर्य, चन्द्र, शनि राहु	बुध, बृहस्पति

ग्रहों की उच्च, मूल त्रिकोण, स्वराशि, नीचराशि सूचक चक्र

ग्रह	**उच्चराशि**	**मूल त्रिकोण राशि**	**स्वराशि**	**नीच राशि**
सूर्य	मेष	सिंह 20 अंश तक	21 से 30 अंश तक	तुला
ग्रह	उच्चराशि	मूल त्रिकोण राशि	स्वराशि	नीच राशि
चन्द्रमा	वृषभ	3 अंश तक	वृषभ 4 से 30 अंश तक	कर्क वृश्चिक
मंगल	मकर	मेष 12 अंश तक	मेष 13 से 30 अंश तक	कर्क
बुध	कन्या	15 अंश तक	कन्या .16 से 20 अंश तक	मिथुन कन्या 21 से 30 अंश तक, मीन
बृहस्पति	कर्क	धनु 13 अंश तक	धनु 14 से 30 अंश तक	मकर
शुक्र	मीन	तुला 5 अंश तक	वृषभ, तुला 6 से 30 अंश	कन्या तक
शनि	तुला	कुंभ 20 अंश तक	मकर, कुम्भ 21 से 30 तक अंश	मेष
राहु	वृषभ, मिथुन	कर्क, कुम्भ	मेष, कन्या	धनु, मकर
केतु	वृश्चिक, धनु	सिंह, मकर	तुला, मीन	मिथुन, कर्क

ग्रहों के उच्च भाव

ग्रह	**उच्च भाव**
सूर्य	प्रथम, लग्न भाव
चन्द्रमा	द्वितीय भाव
मंगल	दशम् भाव
बुध	षष्ठ भाव
बृहस्पति	चतुर्थ भाव
शुक्र	द्वादश भाव
शनि	सप्तम् भाव
राहु	तृतीय भाव
केतु	नवम् भाव

टिप्पणी :-

1. उच्च राशि या भाव का ग्रह जिस स्थान में बैठा हो उससे चौथे, 7वें स्थान

या 10वें स्थान में उच्च के ग्रह का शत्रु ग्रह या नीच का ग्रह बैठा हो तो वह उच्च का फल शुभफल न देकर अशुभ फल देता हैं।

2. कुण्डली में एक से अधिक उच्च के ग्रह राजयोग उच्च पद योग तो बनाते हैं; किंतु जातक का सम्पूर्ण जीवन अशान्त, संघर्षमय, कष्टमय बनाते हैं तथा वह सुख चैन से नहीं रह पाता। अर्थात्, वे अशुभ फल देते हैं।

ग्रहों के नीच भाव

ग्रह	नीच भाव
सूर्य	सप्तम् भाव
चन्द्रमा	अष्टम् भाव
मंगल	चतुर्थ भाव
बुध	द्वादश भाव
बृहस्पति	दशम् भाव
शुक्र	षष्ठ भाव
शनि	प्रथम लग्न
राहु	नवम् भाव
केतु	तृतीय भाव

राजयोग के लिए ग्रहों का नीच भंग

किसी जातक की कुण्डली में 3 या 4 ग्रह उच्चराशि या उच्चभाव के होने पर उसे राजयोग उच्चपद मिलने का योग बनता है; किन्तु यदि कुण्डली में एक भी ग्रह नीच राशि या नीच भाव में हो तो राजयोग, उच्चपद योग भंग हो जाता है। अर्थात्, उच्च पद नहीं मिल पाता है। इस प्रकार राजयोग भंग हो जाने पर उच्च पद मिलने में बाधा पड़ती है। यदि नीच के ग्रह का नीचत्व भंग हो जाता है तो राजयोग अधिक प्रबल बन जाता है। राजयोग को छोड़कर अन्य मामलों में नीच भंग का प्रभाव नहीं पड़ता है। अर्थात्, अन्य फल नीच जैसा ही मिलता है।

किसी ग्रह का नीचत्व भंग निम्नलिखित स्थितियों में होता है-

1. कोई ग्रह नीच राशि या भाव में हो; किन्तु नीचस्थ ग्रह का नीचनाथ या उच्चनाथ चन्द्रमाया लग्न से केन्द्र 1, 4, 7, 10वें स्थान में स्थित हो तो नीच ग्रह का नीचत्व भंग हो जाता है।
2. नीचस्थ ग्रह के साथ नीचनाथ स्थित हो।
3. नीचस्थ ग्रह पर उसके नीचनाथ या अन्य नीचनाथ की दृष्टि हो।
4. एक ही भाव में एक नीचनाथ ग्रह व एक उच्चनाथ ग्रह की युति हो जैसे मीन में नीच का बुध तथा उच्च का शुक्र स्थित हो अथवा मकर में मंगल बृहस्पति स्थित हों।

5. बृहस्पति तथा शुक्र भी युति दृष्टि सम्बन्ध से नीच के ग्रह का नीचत्व कम करते हैं।
6. उच्च का चन्द्रमा या स्वराशि का चन्द्रमा स्वयं से केन्द्र 1, 4, 7, 10 में स्थित नीच ग्रहों को शक्ति प्रदान कर उनका नीचत्व भंग कर देता है।

टिप्पणी:- नीच के ग्रह को नीचस्थ ग्रह, नीचराशि के स्वामी या नीच भाव के स्वामी ग्रह को नीचनाथ कहते हैं। इसी प्रकार उच्च राशि या भाव के स्वामी ग्रह को उच्चनाथ कहते हैं।

उदाहरण - कर्क राशि में मंगल नीच राशि में माना जाता है। कर्क में मंगल स्थित हो या चतुर्थ भाव में स्थित मंगल नीचस्थ ग्रह कहा जाएगा। कर्क का स्वामी चन्द्रमा नीचनाथ कहलाएगा। इसी प्रकार चतुर्थ भाव में जो राशि हो उसका स्वामी नीचनाथ कहा जाएगा। इसी प्रकार मकर में मंगल उच्च का माना जाता है। अत: उच्चस्थ कहा जाएगा। मकर का स्वामी शनि उच्चनाथ कहा जायेगा। दशम् भाव में जो राशि होगी उसका स्वामी उच्चनाथ कहा जाएगा।

उच्चग्रह के शुभफल का नाश

उच्चराशि अथवा उच्च भाव का ग्रह निम्नलिखित स्थितियों में उच्च का फल नहीं देता है:-

1. उच्च का ग्रह 6, 8, 12 भावों में जाने पर शुभफल का नाश करता है।
2. उच्च के ग्रह अन्यायी, अत्याचारी, दुराचारी, हत्यारे, डाकू, अपराधी, ठग, स्त्री, बच्चों, वृद्धों, अपाहिजों, निर्धनों को सताने वालों, देव, ब्राह्मण, पूर्वज का अपमान करने वाले व्यक्ति को कभी भी उच्च का शुभ फल न देकर उल्टे तीव्र अशुभ फल ही देते हैं।
3. उच्च का ग्रह जिस भाव में स्थित हो उससे 7वें भाव में उस उच्च ग्रह का शत्रु ग्रह स्थित हो अथवा नीच का कोई ग्रह स्थित हो तो वह उच्च का शुभफल नहीं देता है।
4. उच्च का शनि नशा करने वाले; अपराधी, मांसाहारी, माता-पिता, चाचा-चाची आदि का अपमान करने वाले, उन्हें सताने वालों को शुभफल न देकर अशुभफल ही देता है। ऐसा व्यक्ति दुर्घटना ग्रस्त होकर अकालमृत्यु को प्राप्त होता है।
5. उच्च का चन्द्रमा दादी, माता, बहिन, बुआ, स्त्री, कन्या का अपमान करने, सताने वालों को शुभफल न देकर अशुभ फल देता है। ऐसा व्यक्ति पागलपन अथवा अवसाद से पीड़ित हो जाता है।
6. उच्च का बुध देवी, कन्या, बहिन, बुआ, स्त्री, अपंग, विकलांग, अपाहिज व्यक्ति का अपमान करने उसे सताने वाले को शुभफल न

देकर अशुभफल देता है। ऐसा व्यक्ति पागलपन, अवसाद अथवा अपंगता से पीड़ित हो जाता है।

7. उच्च का मंगल भाई बहिन, बालक, मित्र सम्बन्धी, गुरु का अपमान करने वालों को शुभफल न देकर अशुभ फल देता है।
8. उच्च का सूर्य पिता का अपमान करने वाले को शुभफल न देकर अशुभ फल देता है।
9. उच्च का बृहस्पति भिखारी, पिता, पुत्र, गुरु, पति का अपमान करने, सताने वाले को शुभफल न देकर अशुभफल देता है।
10. उच्च का शुक्र पत्नी, किसी स्त्री तथा ससुराल वालों का अपमान करने वाले को शुभफल नहीं देता है।

जन्म लग्न चन्द्र लग्न के अनुसार योगकारक शुभफलदायक

जन्म लग्न/ चन्द्र लग्न	**लग्नेश**	**पूर्ण योगकारक ग्रह**	**आंशिक योगकारक ग्रह**
मेष	मंगल	सूर्य, चन्द्रमा	मंगल, बृहस्पति, शनि
वृषभ	शुक्र	सूर्य	बुध, बृह., शुक्र, शनि
मिथुन	बुध	बुध	मंगल, बृह., शुक्र, शनि
कर्क	चन्द्रमा	चन्द्रमा, मंगल	बृहस्पति, शुक्र
सिंह	सूर्य	सूर्य, मंगल	बुध, बृह., शुक्र
कन्या	बुध	बुध, चन्द्रमा	बृह., शुक्र, शनि
तुला	शुक्र	चन्द्रमा, शनि	बुध, शुक्र
वृश्चिक	मंगल	सूर्य	मंगल, बुध, बृह., शनि
धनु	बृहस्पति	बृहस्पति, सूर्य	मंगल, बुध, शुक्र
मकर	शनि	शुक्र	मंगल, बुध, शनि
कुंभ	शनि	–	मंगल, बृह., शुक्र, शनि
मीन	बृहस्पति	चन्द्रमा, बृहस्पति	मंगल, बुध, शनि

टिप्पणी:-

1. योगकारक शुभ फलदायक केन्द्रेश (1, 4, 7, 10 भावों के स्वामी) त्रिकोणेश (1, 5, 9 भावों के स्वामी) केवल एक राशि में बने तथा दूसरी राशि में त्रिक अथवा मारक भाव (2, 3, 6, 8, 12) का स्वामी बन जाए तो वह ग्रह आंशिक योग कारक होता है क्योंकि मारकेश होने के कारण शुभता में कमी हो जाती है। भले ही, वह ग्रह लग्नेश ही क्यों न हो।
2. योगकारक ग्रह शुभ प्रभाव में शुभ युत, दृष्ट शुभ ग्रहों के मध्य में स्थित, उच्च राशि, उच्च भाव, स्वराशि स्वनवांश आदि में अति शुभफलदायक होता है।

3. चर लग्न में एकदशेश (लाभेश) तथा स्थिर लग्न में नवमेश (भाग्येश) मारकेश हो जाते हैं।
4. योग कारक ग्रह भी अशुभ प्रभाव में त्रिक भावों में स्थित होकर, त्रिक भावेशों से युत दृष्ट होने पर, पाप ग्रहों के मध्य स्थित होने पर, पाप युत दृष्ट होने पर अस्त या अस्तंगत होने पर, पापराशि, नीचराशि, नीच नवांश, शत्रु राशि में अथवा वक्री ग्रह के प्रभाव में होने पर अशुभ फलदायक हो जाते हैं।
5. एक साथ दोनों राशियों में केन्द्रेश त्रिकोणेश केवल 3 ग्रह मंगल, शुक्र, शनि निम्नलिखित लग्नों में पूर्ण योगकारक शुभफलदायक होते हैं:-
   कर्क लग्न में - मंगल पंचमेश, दशमेश होकर
   सिंह लग्न में - मंगल भाग्येश, सुखेश होकर
   तुला लग्न में - शनि सुखेश, पंचमेश होकर
   मकर लग्न में - शुक्र पंचमेश, दशमेश होकर

टिप्पणी :- मेष लग्न में शनि दशमेश होकर शुभ होता है; किन्तु एकादशेश होकर पाप मार्ग से कमाने वाले धन लाभ का भयंकर अशुभ फल देता है।

6. अशुभ ग्रह दोनों स्वराशि से 1, 2, 4, 5, 7, 9, 10, 11वें स्थान पर हो, तो शुभफलदायक होते हैं; किन्तु दोनों स्व राशि से 6, 8, 12वें स्थान में हो तो अशुभफलदायक होते हैं।

जातक के ग्रहों का शुभ अशुभ फल मिलने का समय

ग्रह	**शुभफल के समय**	**अशुभ फल के समय**
	जातक की आयु	जातक की आयु
सूर्य	22 वर्ष बाद	2, 8, 24 वर्ष के बाद
चन्द्रमा	24 वर्ष बाद	1, 25 वर्ष के बाद
मंगल	28 वर्ष बाद	6, 34 वर्ष के बाद
बुध	34 वर्ष बाद	2, 36 वर्ष बाद
बृहस्पति	16 वर्ष बाद	6, 22 वर्ष बाद
शुक्र	25 वर्ष बाद	3, 28 वर्ष बाद
शनि	36 वर्ष बाद	6, 42 वर्ष बाद
राहु	42 वर्ष बाद	2, 24, 48 वर्ष बाद
केतु	48 वर्ष बाद	3, 15 वर्ष बाद

अचर स्थिर कारक ग्रहों से विचारणीय विषय

प्रत्येक ग्रह अपने अधिकार क्षेत्र के विषयों का प्रतिनिधित्व करता है। अत: उस विषय का विचार उसी ग्रह की स्थिति परिस्थिति कुण्डली में देखकर करना चाहिए।

ग्रह	विचारणीय विषय
सूर्य	राजस्व, राज्य, वन, पर्वत, खेत, पिता।
चन्द्रमा	मन, गन्ध, रस, भाव, विचार, माता, गन्ना, गेहूँ, अनाज, खाद्यान्न, खाद्य पदार्थ, नमक, क्षार, पृथ्वी, ब्राह्मण, शक्ति, चाँदी, दूध, जल, मौसम, जलवायु, लकड़ी, कपास, वस्त्र।
मंगल	शत्रु, शक्ति, रोग, मकान, भूमि, शील, चोरी, बिजली, भाई, बहिन, पराक्रम, अग्नि, रक्त, फोड़े फुन्सी, वीर्य।
बुध	ज्योतिष, मामा, गणित विद्या, तर्क-शक्ति, चिकित्सा, अपंगता, पागलपन, लक्ष्मी, शिल्प।
बृहस्पति	यज्ञ, देवता, ब्राह्मण, धर्म, सोना, वस्त्र, पुत्र, मित्र, जाति, पति, नाना।
शुक्र	यौवन, सुख, पत्नी, रज, गति, कविता, साहित्य, संगीत, चित्रकला, मूर्तिकला, अभिनय, फिल्म, सिनेमा, नाटक, कहानी, उपन्यास, मनोरंजन, टेलीविजन, आकाशवाणी, चाँदी, वस्त्र, आभूषण।
शनि	भैंस, ऊँट, सवारी, वाहन, यन्त्र, उपकरण, तकनीकी, घोड़ा, हाथी, भूगर्भ, धातु, खनिज, लोहा, सीमेन्ट, बालू, पत्थर, शृंगार, यात्रा, मृत्यु, आयु, अस्त्र-शस्त्र, शूद्र, बाल, शिल्प, पुत्र, पीड़ा, बड़ा भाई, रोग, नौकर, दास, नीचता, श्मशान।
राहु	यात्रा, मृत्यु, माता, समय, सर्प, रात्रि, खोई वस्तु, छिपा धन, शेयर, सट्टा, राजनीति।
केतु	मोक्ष, घाव, चर्मरोग, पीड़ा, मूर्खता, दुःख, कुटुम्ब, रोग, दुर्घटना।

कारक ग्रह से भाव संख्यानुसार विचारणीय विषय

कारक ग्रह से	भाव संख्या	विचारणीय विषय
सूर्य से	9वाँ दसवाँ भाव	- पिता
मंगल से	तीसरा भाव	- छोटे भाई बहिन
मंगल से	11वाँ भाव	- बड़े भाई बहिन
चन्द्रमा से	चौथा भाव	- माता
बुध से	छठा भाव	- मामा
बृहस्पति से	पाँचवाँ भाव	- पुत्र
बृहस्पति से	सातवाँ भाव	- पति
शुक्र से	सातवाँ भाव	- पत्नी

ग्रहों की विंशोत्तरी महादशा अन्तर्दशा फल

प्रत्येक जातक की कुण्डली अन्य की कुण्डली से भिन्न होती है। अतः यह निश्चित रूप से बताना कि किस ग्रह की महादशा अन्तर्दशा का क्या शुभ अशुभ फल होगा, असम्भव हैं। यहाँ केवल सामान्य फल ही दिया जा सकता है। इस

फल को भी गोचर ग्रह चलन में प्रभावित कर देते हैं। अतः गोचर ग्रहों की स्थिति का ध्यान रखकर उस पर विचार कर ही भविष्यवाणी करनी चाहिए।

मार्गी ग्रह की दशा का फल	-	सम्मान, सुख, धन, यश, लाभ नेतागिरी, उद्योग
मार्गी ग्रह 6, 8, 12 भावों में स्थित हों या भावेशों से युति दृष्टि, परिवर्तन सम्बन्ध बनाते हों, नीच के ग्रह वक्री ग्रह शत्रुग्रह से सम्बन्ध बनाएं	-	अभीष्ट सिद्धि, सफलता में बाधा
वक्री ग्रह दशा का फल	-	स्थान हानि, धन हानि, सुख हानि, सम्मान हानि, परदेश गमन
नीचराशि ग्रह, शत्रुराशि ग्रह त्रिक भावेशों का फल	-	वियोग, व्यापार में हानि

टिप्पणी :- नीच के ग्रह, शत्रुराशि ग्रह, त्रिकस्थ अशुभ भावेश होने पर मार्गी ग्रह यदि शुभग्रह युत दृष्ट हो तो अशुभफल कुछ कम हो जाता है।

अन्तर्दशाफल

1.	पापग्रह की महादशा में पापग्रह की अन्तर्दशा का फल	धन हानि, शत्रुभय, कष्ट
2.	पाप ग्रह की महादशा में शुभ ग्रह की अन्तर्दशा का फल	पहला आधा भाग कष्टदायक दूसरा आधा भाग सुखदायक
3.	शुभग्रह की महादशा में शुभग्रह की अन्तर्दशा का फल	धन, सम्मान, सुख लाभ
4.	शुभग्रह की महादशा में पापग्रह की अन्तर्दशा का फल	पहला आधा भाग सुखदायक दूसरा आधा भाग दुःखदायक
5.	पापग्रह की महादशा में शत्रुग्रह युक्त पापग्रह की अन्तर्दशा का फल	विपत्ति
6.	जिस ग्रह की महादशा हो उससे 6, 8, 12वें स्थान में स्थित ग्रह की अन्तर्दशा का फल	मृत्यु, मृत्यु तुल्य कष्ट, भयानक रोग विपत्ति
7.	मकर कुंभ राशि का चन्द्रमा होने पर शनि की महादशा में सप्तमेश की अन्तर्दशा का फल	परम कष्टदायक
8.	शनि महादशा में चन्द्रमा की अन्तर्दशा का फल और चन्द्रमा महादशा में शनि की अन्तर्दशा का फल	आर्थिक कष्ट, माता को कष्ट

9.	बृहस्पति महादशा में शनि की अन्तर्दशा और शनि की महादशा में बृहस्पति की अन्तर्दशा का फल	पुत्र, पत्नी को कष्टदायक
10.	शनि महादशा में सूर्य की अन्तर्दशा और सूर्य की महादशा में शनि की अन्तर्दशा का फल	चिन्ता, गुरु पुत्र, पिता को कष्ट
11.	राहु केतु की महादशा अन्तर्दशा राहु केतु 3, 6, 11 भावों में स्थित होने पर फल	शुभफलदायक
	अन्यथा अन्यत्र होने पर	अशुभफलदायक

टिप्पणी :- प्रत्येक ग्रह अपने विशेष गुण स्वाभाविक शुभता-अशुभता तथा जिस भाव अथवा जिस राशि में स्थित होता है उसका स्वामी होने के फलस्वरूप अलग से देता है। अर्थात्, 1, 4, 5, 9, 10 के स्वामी की दशा शुभफल और 2, 3, 6, 7, 8, 12 भावों के स्वामी की दशा अशुभफल देती है।

चर लग्न में एकादशेश तथा स्थिर लग्न में लग्नेश की दशा अशुभ फलदायक होती है। मारकेश से सम्बन्ध रखने वाले पापग्रह की दशा भी अशुभ होती है। पापग्रह 3, 6, 11 में शुभ माने जाते हैं। अत: इन भावों में स्थित होने पर शुभफलदायक होते हैं। शुभ ग्रह 6, 8, 12 में स्थित होने पर अशुभफलदायक होते हैं।

अत: सही दशाफल अन्तर्दशा फल कुण्डली की विस्तार से व्याख्या करके गोचर ग्रहों का विचार कर समन्वय करके ही बताया जा सकता है।

9 ग्रहों की महादशा का फल

9 ग्रहों का महादशा फल यहाँ नैसर्गिक शुभ-अशुभ ग्रह के आधार पर दिया गया है। अलग-अलग लग्नों की कुण्डली में पूर्ण शुभ तथा आंशिक शुभग्रह, पूर्ण अशुभ ग्रह तथा आंशिक अशुभ ग्रह अलग-अलग होते हैं क्योंकि भावेश होने के आधार पर उनकी शुभता, अशुभता अलग से निर्धारित होती है। गोचर ग्रहों का भ्रमण इसे अलग से प्रभावित करता है।

सूर्य महादशा फल

यदि कुण्डली में सूर्य बलवान शुभ भावेश, शुभ स्थिति में अर्थात् 3, 6, 8, 12 में स्थित हो, पापग्रहों से युत, दृष्ट घिरा न हो तो इस अवधि में धन लाभ, यश लाभ, पुत्र जन्म, उच्च पद प्राप्ति, पिता का सुख, व्यवसाय में सफलता मिलती है तथा जिस भाव का स्वामी हो उससे सम्बन्धित सुख मिलता है।

अशुभ स्थिति में होने पर पित्त विकार, हृदय रोग, त्वचा रोग, नेत्र रोग, धन नाश, यश नाश, कारावास, पिता को रोग तथा परिवार को कष्ट जैसे फल मिलते हैं।

मेष में सूर्य	-	धनहानि, शासक से भय कष्ट, नेत्र रोग
वृषभ में सूर्य	-	पत्नी पुत्र के सुख में कमी, नेत्ररोग, हृदयरोग, मित्रों से कलह
मिथुन में सूर्य	-	धन धान्य सम्मान लाभ, साहित्य में रुचि, सुख भोग
कर्क में सूर्य	-	शासक से धन तथा सम्मान लाभ किन्तु कुटुम्ब से वियोग, वात पीड़ा
सिंह में सूर्य	-	उच्च पद प्राप्ति, शासक से सम्मान
कन्या में सूर्य	-	धर्म कर्म, पुत्री का जन्म
तुला में सूर्य	-	पत्नी पुत्र को चिन्ता, प्रवास
वृश्चिक में सूर्य	-	प्रसिद्धि, अग्नि तथा विष से हानि
धनु में सूर्य	-	शासक से सम्मान, प्रतिष्ठा, ज्ञान की प्राप्ति
मकर में सूर्य	-	धनहानि, पत्नी, पुत्र को कष्ट, चिन्ता, रोग
कुंभ में सूर्य	-	हृदयरोग, परिवार में झगड़ा
मीन में सूर्य	-	सम्मान, धन प्राप्ति, प्रसिद्धि, ज्वर पीड़ा

चन्द्रमा महादशा फल

कुण्डली में चन्द्रमा शुभ भाव 1, 4, 5, 9, 10, 11 का स्वामी हो, उच्च स्वराशि का होकर केन्द्र त्रिकोण में शुभयुत दृष्ट मध्य में हो - चित्त प्रसन्न, मन की शान्ति, विवाह, सन्तान का जन्म, व्यवसाय में लाभ, धन लाभ, सुख-अशुभ चन्द्रमा, अस्त, क्षीण, नीचराशि, शत्रुराशि, पापयुत, दृष्ट पापग्रहों के मध्य, अशुभ योग सम्बन्ध में, 6, 8, 12 के प्रभाव में ही - नींद न आना, मानसिक चिन्ता, कष्ट, दस्त, पेचिश, पीलिया, खून की कमी, माता को कष्ट, स्त्रीपक्ष के कारण धन यश हानि

चन्द्रमा उच्च का होकर शुभयुत दृष्ट, पूर्ण बली शुभ भाव में हो - सम्मान, उच्च पद, चुनाव में विजय, विद्यालाभ, धनलाभ

चन्द्रमा अशुभ प्रभाव में निर्बल, नीचराशि शत्रु राशि, पापराशि, पापग्रहों के मध्य पापयुत दृष्ट 8, 8, 12 के प्रभाव में हो - पारिवारिक कलह, पाप कर्म सिर रोग, नेत्ररोग, धन हानि।

मेष में चन्द्रमा	-	पत्नी सुख, प्रवास, सिरदर्द, झगड़ा
वृषभ में चन्द्रमा	-	धन लाभ, वाहनसुख, पत्नी सुख, माता पिता को कष्ट
मिथुन में चन्द्रमा	-	प्रवास, अचल सम्पत्ति लाभ
कर्क में चन्द्रमा	-	धन धान्य लाभ, कला में अभिरुचि, गुप्तरोग
सिंह में चन्द्रमा	-	सम्मान लाभ, कला में अभिरुचि, गुप्तरोग

कन्या में चन्द्रमा	-	स्त्री सुख या पति सुख, साहित्य प्रेम, प्रवास धन लाभ
तुला में चन्द्रमा	-	चिन्ता, अपमान, शत्रु वृद्धि, व्यापार से धन लाभ, गुप्तरोग
वृश्चिक में चन्द्रमा	-	मानसिक चिन्ता, धर्म कर्म में अरुचि रोग
धनु में चन्द्रमा	-	धन लाभ, वाहन सुख
मकर में चन्द्रमा	-	धन, पत्नी, पुत्र सुखों का योग, वायुरोग अपस्मार रोग
कुंभ में चन्द्रमा	-	बुरे व्यसन, ऋण, दर्द, दाँतरोग, नेत्र रोग
मीन में चन्द्रमा	-	धन लाभ, धन संग्रह, पुत्र सुख, शत्रु विजय

मंगल महादशा फल

मंगल शुभ भाव का स्वामी हो, उच्च स्वराशि का शुभयुत दृष्ट हो, 3, 6, 11 भावों में हो - न्यायालय में विजय, शत्रुओं पर विजय।

मंगल उच्च का स्वराशि का बली होकर शुभग्रहों के प्रभाव दृष्टि युति मध्य में हो - यश लाभ, पत्नी-पुत्र सुख, धन लाभ, पराक्रम, भूमि लाभ।

मंगल नीचराशि शत्रुराशि में पाप प्रभाव में पापयुत

दृष्ट मध्य में - अपमान, परिवार में दुःख, धन हानि, शत्रु पीड़ा, भाई-बहिन पर संकट, पारिवारिक कलह, दुर्घटना, उच्चाधिकारी का कोप, रक्तरोग, अग्नि पित्तरोग, रक्तचाप, ज्वर, नेत्ररोग।

मेष में मंगल	-	प्रसिद्धि, धनलाभ, अग्नि भय
वृषभ में मंगल	-	धन लाभ, दान, रोग
मिथुन में मंगल	-	प्रवास, अधिक व्यय, पित्त रोग, वायुरोग
कर्क में मंगल	-	धन लाभ, पत्नी पुत्र से वियोग, परदेस निवास
सिंह में मंगल	-	शासक से लाभ, अग्नि शस्त्र से कष्ट, धनहानि
कन्या में मंगल	-	पुत्रलाभ, भूमि लाभ, धन लाभ, धान्य सम्पन्नता
तुला में मंगल	-	धनहानि, पत्नी सुख में कमी, झगड़ा, कष्ट
वृश्चिक में मंगल	-	धनधान्य लाभ, शत्रु विजय
धनु में मंगल	-	शासक से धन सम्मान लाभ, शत्रु विजय
मकर में मंगल	-	बहुमूल्य वस्तु तथा अधिकार की प्राप्ति, कार्य में सफलता
कुंभ में मंगल	-	दुराचार, निर्धनता, रोग, अधिक व्यय, चिन्ता
मीन में मंगल	-	चिन्ता, ऋण, रोग, विशेषकर चर्मरोग

बुध महादशा फल

बुध केन्द्र त्रिकोण अर्थात् शुभ भाव का स्वामी हो, उच्च का, स्वराशि का शुभ युत दृष्ट केन्द्र त्रिकोण में हो तथा वक्री अस्तंगत पांप प्रभाव में न हो - प्रसिद्धि, शिक्षा में उन्नति, ज्ञान प्राप्ति, विद्वानों से आदर, खेल में पारितोषिक उच्चपद, व्यवसाय से धन लाभ, ज्योतिष खगोल शास्त्र, गणित में कुशलता।

बुध अशुभ स्थिति में - हृदय रोग, त्वचा रोग, मानसिक रोग, घबराहट, बड़ों की अप्रसन्नता, शिक्षा में बाधा, ननिहाल पक्ष से सम्बन्ध खराब होना।

उच्च का शुभ भाव शुभ प्रभाव में बुध - विद्यालय, धनलाभ, उन्नति, पत्नी पुत्र का सुख, रोग, पीड़ा।

बुध नीचराशि, शत्रुराशि, पाप प्रभाव में अशुभ भाव तथा स्थिति में - मानसिक चिन्ता, परिवार में कलह, पत्नी पुत्र की चिन्ता, विष से भय।

बुध मेष में	-	अनुचित व्यवहार, धनहानि
बुध वृषभ में	-	धनयश लाभ, पत्नी, पुत्र की चिन्ता, विष से भय
बुध मिथुन में	-	माता को सुख, साधारण कष्ट तथा धन लाभ
कर्क में बुध	-	धन लाभ, साहित्य में रुचि, विदेश में यश सम्मान
सिंह में बुध	-	यशलाभ, ज्ञानार्जन, धनहानि
कन्या में बुध	-	पुस्तक लेखन, उन्नति, धनालाभ, साहित्य में रुचि, परिवार का सुख, मनोरंजन
तुला में बुध	-	धन लाभ, व्यापार से लाभ
वृश्चिक में बुध	-	कामसुख में कमी, अत्याचार, धनहानि
धनु में बुध	-	शासक से उच्चपद प्राप्ति, अधिकार, चुनाव में विजय
मकर में बुध	-	नीच से मित्रता, धनहानि
कुंभ में बुध	-	भाई को कष्ट रोग, निर्धनता
मीन में बुध	-	रोग, शस्त्र, अग्नि विष से भय झगड़ा, कष्ट

बृहस्पति महादशा फल

बृहस्पति कुण्डली में शुभ भावेश केन्द्रेश त्रिकोणेश होकर उच्च का स्वराशि का शुभ युत दृष्ट हो, नीच का, शत्रु राशि का, अस्तंगत, पाप ग्रह, नीच ग्रह, वक्री ग्रह के प्रभाव में तथा 6, 8, 12 के प्रभाव में न हो- धन वृद्धि, व्यवसाय की उन्नति, प्रसिद्धि, गुरुजनों का स्नेह, सरकार की कृपा, पदोन्नति, सन्तान वाहन सुख।

बृहस्पति अशुभ भावेश, अशुभ भाव 6, 8, 12 में पापग्रह - पुत्र की मृत्यु, नीच का, नीच ग्रह, वक्री के प्रभाव में अस्तंगत हो, गायब होना, बदनामी, व्यवसाय में हानि, आँत रोग, मूर्च्छा, कर्णयोग, जिगर रोग, मधुमेह।

बृहस्पति उच्च का स्वराशि का शुभ भाव में शुभग्रह के प्रभाव में, शुभ स्थिति में हो - विद्यालय, धन धान्य लाभ, पति सुख, सन्तान सुख।

बृहस्पति नीच का शत्रुराशि में, अशुभ भाव तथा स्थिति में, पाप प्रभाव में - धनहानि, सम्मान हानि, पिता तथा गुरु को कष्ट, शिक्षा में बाधा, सन्तान अभाव, पति-पत्नी के सुख में बाधा।

बृहस्पति मेष में - उच्चपद प्राप्ति, विद्या लाभ, धन लाभ, पुत्र सुख, सम्मान

बृहस्पति वृषभ में - प्रवास, रोग, धनहानि

बृहस्पति मिथुन में - झगड़ा, शत्रुभय, कष्ट धनहानि

बृहस्पति कर्क में - शासक से धन सम्मान लाभ, प्रसिद्धि, मित्र का सुख, उच्च पद प्राप्ति

बृहस्पति सिंह में - शासक से सम्मान, पत्नी, पति, पुत्रसुख, धनलाभ सुख

बृहस्पति कन्या में - स्त्री से धनलाभ, शासन में अधिकार पद, विवाद झगड़ा

तुला में बृहस्पति - बुद्धि विवेक हीनता, चर्मरोग

वृश्चिक में बृहस्पति- रोग मुक्ति, धन लाभ, पुत्र लाभ

धनु में बृहस्पति - उच्च पद की प्राप्ति, सम्मान, चुनाव में विजय

मकर में बृहस्पति - धनहानि, गुप्तांग रोग

कुंभ में बृहस्पति - शासन से धन, सम्मान लाभ, ज्ञानार्जन, चुनाव में विजय

मीन में बृहस्पति - ज्ञानार्जन, धन लाभ, पत्नी पुत्र का सुख

शुक्र महादशा फल

शुक्र शुभ भावेश उच्च का, स्वराशि का केन्द्र त्रिकोण में शुभयुत दृष्ट, पाप प्रभाव 6, 8, 12 के प्रभाव में न हो, अस्तंगत न हो - धर्म, कर्म, विवाह, दाम्पत्य सुख, पुत्र जन्म, सरकार से लाभ।

शुक्र अशुभ स्थिति में अशुभ भावेश हो, नीच राशि शत्रुराशि 6, 8, 12, पापग्रह, वक्री ग्रह के प्रभाव में अस्तंगत हो - रोग, चरित्रहीनता, वेश्या, परायी स्त्री से सम्बन्ध, कमजोरी, वीर्य विकार, गुर्दा, गुप्तांग रोग, नेत्र रोग, शत्रु पीड़ा।

उच्चराशि स्वराशि का शुक्र पापग्रह के 6, 8, 12 के अशुभ पापग्रह प्रभाव में अस्तंगत हो - धनहानि, दाम्पत्य सुख में कमी, जीवन साथी से वियोग, कलह, मूत्ररोग, नेत्ररोग, गुप्तरोग, शत्रु पीड़ा।

मेष में शुक्र - विदेश प्रवास, मानसिक चंचलता, क्रोध, व्यसन, धनहानि

वृषभ में शुक्र - धनलाभ, विद्या लाभ, पुत्री जन्म

मिथुन में शुक्र - साहित्य में रुचि, धनलाभ, प्रवास, व्यापार में उन्नति

कर्क में शुक्र - व्यवसाय में धन लाभ, आभूषण सुख, स्त्री सुख

सिंह में शुक्र	– आर्थिक कष्ट, स्त्री की सहायता से धन लाभ, पशुलाभ, पुत्र को कष्ट
कन्या में शुक्र	– दु:ख, कष्ट, आर्थिक हानि, प्रवास, पत्नी पुत्र को कष्ट
तुला में शुक्र	प्रसिद्धि, यात्रा सुख, सम्मान
वृश्चिक में शुक्र	– प्रसिद्धि में कमी, अपमान
धनु में शुक्र	साहित्य में रुचि, उन्नति, शासक से धन लाभ, पुत्रसुख
मकर में शुक्र	– कष्ट रोग, चिन्ता
कुंभ में शुक्र	– रोग, व्यसन, धनहानि
मीन में शुक्र	– शासक से धन लाभ, व्यापार में उन्नति, चुनाव विजय

शनि महादशा फल

शनि शुभभावेश उच्च का स्वरारशि का, 3, 6, 11 में स्थिति हो, शुभयुत दृष्ट हो, पापग्रह के प्रभाव में न हो, नीचराशि, शत्रु राशि अस्तंगत न हो – उच्चपद, जनता पर प्रभाव, चुनाव में विजय, भूमि, खेती, पशु व्यापार से लाभ, नौकरों से धन लाभ।

शनि अशुभ भावेश स्थिति में नीचराशि, शत्रुराशि अस्त, पापयुत दृष्ट वक्री ग्रह के प्रभाव में हो – घर के बड़े बूढ़े की मृत्यु, नौकरों से कष्ट, अपंगता, गठिया, पेट रोग, कमजोरी, दुर्घटना, पत्नी बच्चों को रोग।

शनि नीच राशि पाप प्रभाव में निर्बल, अशुभ भावेश, अस्त हो – धनसम्पत्ति नाश, असाध्य रोग, अपमान, पराजय।

मेष में शनि	– प्रवास, गुप्त रोग, चर्म रोग, कुटुम्ब जनों का विरोध
वृषभ में शनि	– बेरोजगारी, वायुरोग, झगड़ा, पेटरोग, शासक से लाभ, शत्रु विजय
मिथुन में शनि	– कष्ट, चिन्ता, ऋण, बन्धन, कारावास
कर्क में शनि	– भाई से कलह, वियोग, माता को कष्ट नेत्र रोग, चर्मरोग, पारिवारिक कलह, आर्थिक हानि रोग
सिंह में शनि	– झगड़ा, पारिवारिक कलह, आर्थिक हानि रोग
कन्या में शनि	– भवन सुख, भूमि लाभ
तुला में शनि	– शत्रु विजय, सुख योग, धन धान्य सम्पन्नता
वृश्चिक में शनि	– यात्रा, कृपणता, नीच का संग, धनहानि
धनु में शनि	– शासक से सम्मान, प्रसिद्धि, धन यश लाभ
मकर में शनि	– शत्रु पीड़ा, आर्थिक कष्ट, कुसंग से हानि
कुंभ में शनि	– धन लाभ, पत्नी पुत्र से सुख, प्रसिद्धि, शत्रु विजय
मीन में शनि	– धन सम्मान लाभ, अधिकार प्राप्ति सुख, वैभव, उत्पत्ति

राहु महादशा फल

राहु उच्च का, स्वराशि का, बलवान, 3, 6, 11 भावों में शुभयुत दृष्ट हो पापग्रह के प्रभाव में न हो - धन लाभ विदेश यात्रा, सम्मान, चुनाव में विजय।

राहु नीच राशि, शत्रु राशि, निर्बल, पापयुत, दृष्ट केन्द्र में हो - धनहानि, मारा मारा, भटकना, कलह, निर्धनता, अपमान, पराजय, बन्धन, कारावास, दुर्घटना, रोग, पीड़ा, शत्रुपीड़ा, परिवार में मृत्यु, संक्रामक रोग।

मेष में राहु - धनलाभ, सफलता, पारिवारिक कलह

वृषभ में राहु - शासक से धनलाभ, अधिकार प्राप्ति

मिथुन में राहु - दशा के प्रारम्भ में कष्ट, मध्य में सुख, अंन्त में फिर कष्ट

कर्क में राहु - धन लाभ, पुत्र सुख, सफलता, धन संचय

सिंह में राहु - सम्मान, सफलता, रोग

कन्या में राहु - व्यापार से धनलाभ, व्यसन से धनहानि, नीच संगति

तुला में राहु - झगड़ा, परिवार से कलह, कष्ट, धन लाभ, यश लाभ

वृश्चिक में राहु - शत्रुभय, आर्थिक कष्ट

धनु में राहु - यशलाभ, धन लाभ, चुनाव में विजय

मकर में राहु - आर्थिक कष्ट, सिरदर्द

कुंभ में राहु - व्यापार से लाभ, शत्रु विजय

मीन में राहु - झगड़ा, शत्रु पीड़ा रोग

केतु महादशा फल

केतु शुभ स्थिति में उच्च का स्वराशि, मित्रराशि का शुभ युत दृष्ट 3, 6, 11 भाव में - धन लाभ, विजय, सम्मान, कीर्ति, सफलता, कारागार, दुर्घटना

केतु नीच का शत्रुराशि पापयुत दृष्ट केन्द्र में - धन नाश, अंगभंग, पराजय, अपमान, असफलता

केतु 8 भाव में - अत्यन्त दुःखदायी, जीवनसाथी से वियोग

केतु 7 भाव में - पति या पत्नी की मृत्यु, नीच संगति, चोरी

केतु मेष में - यश लाभ, धन लाभ, निरोगता

वृषभ में केतु - धन हानि, शारीरिक मानसिक कष्ट, चिन्ता

मिथुन में केतु - बन्धु से विरोध, शत्रुमय, रोग पीड़ा

कर्क में केतु - यश लाभ, पुत्र लाभ, मित्र सुख, दाम्पत्य सुख

सिंह में केतु - धन लाभ, सुख में कमी

कन्या में केतु - प्रसिद्धि, निरोगता, शुभकर्मों में रुचि

तुला में केतु - व्यसन से हानि, असफलता

वृश्चिक में केतु - सम्मान, धन लाभ, पुत्र सुख, दाम्पत्य सुख, कफ रोग, बन्धन, कारावास

धनु में केतु - नेत्ररोग, सिरदर्द, झगड़ा

मकर में केतु - धनहानि, असफलता

कुंभ में केतु - आर्थिक संकट, शारीरिक कष्ट, चिन्ता, परिवार से विरोध, प्रवास

मीन में केतु - धनलाभ, प्रसिद्धि, विद्या लाभ

भावेशों के अनुसार विंशोत्तरी दशाफल

लग्नेश की महादशा का फल - शारीरिक सुख, धन लाभ किंतु जीवनसाथी को कष्ट

धनेश (मारकेश) की महादशा का फल - धन लाभ किन्तु शारीरिक कष्ट धनेश पापग्रह युत दृष्ट होने पर पापग्रह के प्रभाव में होने पर मृत्यु अथवा मृत्यु तुल्य कष्ट

तृतीयेश की महादशा का फल - कष्ट, चिन्ता, साधारण आय, भाई का सुख

चतुर्थेश (सुखेश) की महादशा का फल - विद्या की उन्नति, विश्व विद्यालय डिग्री, विद्या द्वारा धन लाभ, बलवान चतुर्थेश शुभ युत दृष्ट या लग्नेश चतुर्थेश की चतुर्थ या दशम् भाव में युति - नया मकान, मिल, कारोबार किन्तु पिता को कष्ट भवन, वाहन, भूमि लाभ, माता मित्र का सुख, नया मकान

पंचमेश की महादशा का फल - विद्यालाभ, धन लाभ, विद्या से सम्मान, माता की मृत्यु या माता को कष्ट पीड़ा, पुरुष ग्रह पंचमेश - पुत्र जन्म, स्त्रीग्रह पंचमेश - पुत्री जन्म

षष्ठेश की महादशा का फल	– शत्रु भय, रोग, पीड़ा, पुत्र को कष्ट
सप्तमेश (मारकेश) की महादशा का फल	– शारीरिक कष्ट, आर्थिक कष्ट, अपमान, अवनति, व्यापार में हानि, साझेदारी टूटना, विवाह की आयु योग होने पर विवाह, पापग्रह सप्तमेश हो या पापग्रह से युत हो – जीवन साथी को कष्ट शुभयुत दृष्ट सप्तमेश, पत्नी को कुछ कम कष्ट, जातक को स्वयं भारी कष्ट
द्विस्वभाव लग्न में सप्तमेश की महादशा	– विशेष रूप से अशुभफल दायक मारक होती है।
अष्टमेश (मारकेश) की महादशा का फल	– मृत्यु भय, मृत्यु तुल्य कष्ट, जीवन साथी की मृत्यु का योग, अष्टमेश पाप ग्रह होने पर, द्वितीय भाव में स्थित होने पर – मृत्यु की प्रबल संभावना
नवमेश (भाग्येश) की महादशा का फल	– धर्म, कर्म, तीर्थ यात्रा, भाग्योदय, दान पुण्य, विद्या लाभ, सम्मान, शासन से धन सम्मान लाभ, किसी महान कार्य में सफलता, विजय स्थिर लग्न में नवमेश की महादशा विशेष रूप से अशुभ फलदायक मारक होती है।
दशमेश की महादशा का फल	– शासन से धन सम्मान लाभ, व्यापार से धन लाभ, माता पिता की मृत्यु का योग अथवा कष्ट
एकादशेश की महादशा का फल	– धन लाभ, प्रसिद्धि, व्यापार से धनलाभ, पिता की मृत्यु का योग, सन्तान लाभ, एकादशेश पर पापग्रहों का प्रभाव, युति दृष्टि, परिवर्तन योग सम्बन्ध होने पर रोग का भय चर लग्न में एकादशेश की महादशा विशेष रूप से अशुभ फलदायक मारक होती है।
द्वादशेश की महादशा का फल	– धनहानि, शत्रु पीड़ा, शारीरिक कष्ट, चिन्ता, व्याधि, परिवार के

	कष्ट, जीवनसाथी से अनबन, वियोग, परदेस गमन
नीचराशि, शत्रुराशि ग्रह की महादशा का फल	- परदेस निवास, वियोग, शत्रु से हानि, व्यापार से हानि, दुराग्रह रोग, विवाद, अनेक प्रकार की विपत्तियाँ यति शुभग्रह युत दृष्ट हो तो अशुभफल कुछ कम मिलता है।

विंशोत्तरी महादशा फल प्राप्ति का समय

मार्गी ग्रह	1 अंश से 10 अंश के बीच हो	महादशा के आरम्भ में फल
मार्गी ग्रह	11 अंश से 20 अंश के बीच हो	महादशा के मध्य में फल
मार्गी ग्रह	21 अंश से 30 अंश के बीच हो	महादशा के अन्त में फल
वक्री ग्रह	1 अंश से 10 अंश के बीच हो	महादशा के अन्त में फल
वक्री ग्रह	11 अंश से 20 अंश के बीच हो	महादशा के मध्य में फल
वक्री ग्रह	21 अंश से 30 अंश के बीच हो	महादशा के आरम्भ में फल

दशा फल का विशेष ज्ञान

1. स्वाभाविक शुभ अथवा पापग्रह 1, 5, 9वें स्थान का स्वामी हो - दशा अन्तर्दशा शुभफलदायक।

टिप्पणी:-

स्वाभाविक शुभग्रह	चं बु वृ शु
स्वाभाविक पापग्रह	सू मं श रा के

2. स्वाभाविक शुभग्रह केन्द्र 1, 4, 7, 10 के स्वामी हों - दशा अन्तर्दशा का शुभ फल अथवा अशुभ फल नहीं देता अर्थात् उदासीन रहता है।

   कोई ग्रह 1, 2, 6, 8 भाव का स्वामी है - वह ग्रह युति करने वाले ग्रह के अनुसार फल देता है।

टिप्पणी :- कोई ग्रह राशि परिवर्तन, युति दृष्टि सम्बन्ध बनाने के आधार पर बलवान होकर विशेष फल देता है।

ग्रहों की महादशाओं का प्रभाव व फल

1. सामान्य प्रभाव व फल - ग्रह की प्रकृति भाव स्वामित्व विशेषता के अनुसार फल।
2. विशेष प्रभाव व फल - ग्रह जिस राशि में स्थित हो उसके स्वामी जैसा व अन्य ग्रहों से युति ग्रह की दृष्टि के अनुसार फल तथा प्रभाव

2, 7, 8, 12 भावों के स्वामियों के शुभ अशुभ फल उनकी भाव स्थिति तथा ग्रह युति के अनुसार निर्भर करते हैं।

प्रभाव फल की दृष्टि से -

सबसे अधिक अशुभ ग्रह - अष्टमेश
उसके बाद अशुभ - द्वादशेश अशुभ
उसके बाद अशुभ - द्वितीयेश अशुभ
उसके बाद अशुभ - सप्तमेश अशुभ

अष्टम् भाव नवम् भाव का द्वादश भाव होता है जो मूल्य ह्रास, व्यय तथा टूट फूट से सम्बन्धित है। अतः भाग्य के मामले में अष्टम् भाव अत्यधिक अशुभ होता है।

द्वादश भाव लग्न का द्वादश होने के कारण अशुभ होता है। द्वितीय भाव नवम् भाव का षष्ठ भाव होता है जो रोग तथा शत्रु से सम्बन्धित है। अतः अशुभ होता है।

सप्तम् भाव अष्टम् आयु भाव का द्वादश भाव होता है। अतः अशुभ होता है।

●

तृतीय अध्याय

ग्रहों की महादशा में अन्तर्दशा का फल

सूर्यादि 9 ग्रह अपनी-अपनी महादशा का फल देते हैं साथ ही अन्य ग्रहों की महादशा में अपने-अपने अधिकार क्षेत्र के अनुसार उस विशेष अवधि में आन्तर्दशाकाल में विशेष फल देकर महादशा के फल को भी प्रभावित करते हैं। इन दोनों के अर्थात महादशा और अन्तर्दशा के फलों का समन्वय करके ही दशाफल निर्धारित होता है।

सूर्य महादशा में अन्य ग्रहों की अन्तर्दशा का फल

सूर्य में सूर्य - उच्च का सूर्य 1, 4, 5, 7, 9, 10वें स्थान में होने पर अन्तर्दशा में राज सम्मान, विवाह धन लाभ, कार्यसिद्धि यशलाभ।

सूर्य 8, 12 में हो - हानि, अपमान, अपयश, रोग, पदावनति।

सूर्य द्वितीयेश या सप्तमेश हो तो - अकाल मृत्यु का योग।

सूर्य में चन्द्रमा - चन्द्रमा केन्द्र त्रिकोण में हो तो - धन वृद्धि, विवाह, पुत्रलाभ, भवन निर्माण, भूमि वाहन सुख चन्द्रमा उच्च का स्वराशि का हो तो - स्त्री सुख, धन लाभ, पुत्र सुख, राज सम्मान।

निर्बल क्षीण चन्द्रमा नीचराशि, शत्रुराशि, पापयुत दृष्ट, पापग्रहों के मध्य में हो तो - धन नाश, कष्ट, शत्रुता, लग्नेश अथवा सूर्य से चन्द्रमा 6, 8, 12वें स्थान में हो - जल में डूबने का भय, मानसिक चिन्ता, रोग, पीड़ा, बन्धन, प्रवास, मूत्ररोग, मुकदमा, विवाद, पतन।

सूर्य में मंगल - उच्च का, स्वराशि का मंगल केन्द्र त्रिकोण में हो - धन लाभ, भूमि लाभ, भवन निर्माण, विजय सम्मान, भाई का सुख।

सूर्य लग्नेश या दशमेश से मंगल 6, 8, 12वें स्थान में हो या पापयुत हो - धनहानि, कष्ट, चिन्ता, भाई से शत्रुता, कारावास, बन्धन।

सूर्य में राहु - केन्द्र त्रिकोण में राहु, धन नाश, सर्प काटने का भय, पत्नी,

पुत्र को कष्ट, चोरी, राहु 3, 6, 11 में हो – धनलाभ, भाग्योदय, राज सम्मान किन्तु पत्नी को कष्ट पुत्र को कष्ट।

राहु सूर्य से 6, 8, 12वें स्थान में हो – कारावास, बन्धन, प्रवास, रोग।

सिंह लग्न तथा मीन लग्न में कन्या राशि 2, 7वें स्थान में होने पर अल्पायु मृत्यु योग क्योंकि कन्या का राहु इन भावों का उपस्वामी होता है।

सूर्य में बृहस्पति – बृहस्पति उच्च का, स्वराशि का केन्द्र त्रिकोण में हो – विवाह, नौकरी, धन, पुत्र लाभ।

बृहस्पति नवमेश, दशमेश हो – सुख।

बृहस्पति सूर्य से 6, 8, 12वें स्थान में नीच का पापयुत हो – धन हानि, पत्नी पुत्र को कष्ट, रोग, चिन्ता

सूर्य में शनि – केन्द्र त्रिकोण में शनि हो – शत्रु विजय, विवाह, पुत्र जन्म, धन लाभ।

सूर्य से शनि 6, 8, 12वें स्थान में नीच का, पापयुत हो – धन हानि, रोग, झगड़ा, बुरे कर्म।

शनि द्वितीयेश, सप्तमेश हो – अल्प मृत्यु।

सूर्य में बुध – उच्च का स्वराशि बुध केन्द्र त्रिकोण में हो – सुख धनलाभ।

शुभ राशि में बुध – पुत्र सुख, विवाह, सम्मान, प्रगति।

सूर्य से 6, 8, 12वें स्थान में बुध – रोग, पीड़ा, आर्थिक कष्ट, राजमान्य।

वृषभ लग्न में 2 भाव में मिथुन राशि तथा धनु लग्न में 7वें भाव में मिथुन राशि हो – ज्वर, घाव, रोग।

सूर्य में केतु – शारीरिक कष्ट धनहानि, मानसिक चिन्ता, विवाद, झगड़ा, शासक से हानि।

सूर्य से 6, 8, 12वें स्थान में केतु हो – दाँत, मूत्र रोग, प्रवास, शत्रुभय, पिता की मृत्यु

केतु 3, 6, 11वें स्थान में हो – सुखदायक।

केतु 2. 7 भावों में मिथुन राशि में उपभावेश हो – अल्पमृत्यु।

सूर्य में शुक्र – उच्च का स्वराशि का मित्रराशि का शुक्र केन्द्र त्रिकोण स्थान में हो – धन सम्पत्ति लाभ, यशप्राप्ति, सुख।

सूर्य से 6, 8, 12वें स्थान में शुक्र हो – शासक से कष्ट, पत्नी पुत्र को कष्ट, धनहानि।

शुक्र 6, 8वें स्थान में हो – अल्प, मृत्यु।

चन्द्रमा की महादशा में अन्य ग्रहों की अन्तर्दशा का फल

चन्द्र में चन्द्र - चन्द्रमा उच्च वृषभ का, कर्क का 1, 5, 9, 11वें स्थान में हो, भाग्येश से युत हो - धनधान्य सुख, यश लाभ, पुत्री का जन्म, शासक से सम्मान, विवाह।

चन्द्रमा नीच का पापयुक्त दृष्ट 6, 8वें स्थान में हो - धन हानि, पतन, चिन्ता, शोक, शासक से हानि, माता को कष्ट, कारावास, बन्धन, पत्नी की मृत्यु

चन्द्रमा द्वितीयेश, सप्तमेश हो - अल्पमृत्यु का भय।

चन्द्र में मंगल - केन्द्र त्रिकोण में मंगल हो - भाग्योदय, राज सम्मान, भूमि, मकान, सुख, विजय।

मंगल उच्च का मकर में, मेष वृश्चिक में हो - काम में सफलता।

धन लाभ, 6, 8, 12वें स्थान में पापयुत मंगल होने पर - भूमि भवन की हानि, भाई से वियोग, कष्ट।

चन्द्र में राहु - जन्म लग्न से केन्द्र त्रिकोण में राहु - शत्रु से पीड़ा, चोर से भय, सर्प काटने का भय, शासक से हानि, कुटुम्ब भाइयों का नाश, मित्र की हानि, अपमान, चिन्ता, शोक, दुःख, राहु 3, 6, 11 में शुभयुत दृष्ट हो - कार्य सिद्धि।

चन्द्रमा से 6, 8, 12वें स्थान में राहु हो - प्रवास; दुःख, पुत्र को कष्ट, भय, पत्नी को कष्ट।

चन्द्रमा से 4, 10 में राहु हो - शुभ फल।

चन्द्र में बृहस्पति - केन्द्र त्रिकोण में उच्च स्वराशि का बृहस्पति हो - शासक से सम्मान, धन लाभ, विवाह पुत्र सुख, चन्द्रमा से 6, 8, 12 स्थान में बृहस्पति हो या नीच का अस्त, शत्रुराशि में हो - अशुभ फलदायक, गुरु तथा पुत्र की हानि, पदावनति, दुःख, पारिवारिक कलह।

चन्द्रमा से 6, 8, 12वें स्थान में बृहस्पति - अल्पमृत्यु।

चन्द्र में शनि - 1, 4, 5, 7, 9, 10, 11 में शनि उच्च; स्वराशि का होकर शुभ युत दृष्ट हो - पुत्र सुख, धन लाभ, मित्र सुख व्यवसाय में लाभ, मकान, भूमि लाभ, शनि नीच का चन्द्रमा से 2, 6, 8, 12 स्थान में हो - तीर्थयात्रा, कष्ट, शस्त्र से चोट, पीड़ा।

चन्द्र में बुध - 1, 4, 5, 7, 9, 10, 11वें स्थान में बुध उच्च स्वराशि का हो - राजसम्मान, विद्या अर्जन, ज्ञानार्जन, धनलाभ, सन्तान सुख, व्यवसाय में धनलाभ, विवाह बुध 2, 11वें स्थान में हो - विवाह, विधानसभा सदस्य के चुनाव में विजय, रोग मुक्ति, सुखभोग।

चन्द्रमा से 6, 8, 12वें स्थान में बुध नीच का हो - कष्ट, धन नाश, भूमि नाश, कारावास, पत्नी तथा पुत्र को कष्ट।

बुध द्वितीयेश सप्तमेश हो - ज्वर रोग।

चन्द्र में केतु - 1, 3, 4, 5, 7, 9, 10, 11वें स्थान में केतु - धन लाभ, पत्नी पुत्र से सुख भोग।

चन्द्रमा से केन्द्र त्रिकोण 11वें स्थान में केतु हो - अल्पसुख।

चन्द्रमा से 6, 8, 12वें स्थान में केतु हो - झगड़ा विवाद

2, 7वें स्थान में मिथुनराशि में केतु - रोग व्याधि।

चन्द्र में शुक्र - केन्द्र त्रिकोण लाभ स्थान में शुक्र उच्च स्वराशि का हो - अधिकार प्राप्ति, राजसम्मान, प्रसिद्धि, उच्च पद, पत्नी पुत्र का सुख, नए घर का निर्माण, विवाह, रोगमुक्ति, लग्नेश से युत शुक्र हो, शारीरिक सुख, प्रसिद्धि, सुख सम्पत्ति लाभ, भूमि, कृषि से लाभ, नीचराशि, अस्तंगत शुक्र पाप युत दृष्ट हो - भूमि नाश, धन हानि, पुत्र, पत्नी, मित्र को कष्ट, शासक से हानि, धन स्थान में उच्च स्वराशि का शुक्र - गड़ा धन मिलना।

लग्नेश या दायेश (दशानाथ ग्रह) चन्द्रमा से 6, 8, 12वें स्थान में पापयुत दृष्ट शुक्र - परदेस में दुःख द्वितीयेश सप्तमेश शुक्र हो - अल्प मृत्यु।

चन्द्र में सूर्य - सूर्य उच्च स्वराशि का केन्द्र त्रिकोण स्थान में हो - धन लाभ, भवन सुख, उच्चपद, राज सम्मान, सन्तान, लग्नेश सुख या दायेश चन्द्रमा से 6, 8, 12वें स्थान में पापयुत दृष्ट सूर्य ही शासक तथा चोर से भय, सर्प काटने का भय, ज्वर पीड़ा, परदेस गमन।

सूर्य द्वितीयेश सप्तमेश हो - ज्वर रोग।

टिप्पणी:- दशा स्वामी को दायेश या दशानाथ भी कहते हैं।

मंगल की महादशा में अन्य ग्रहों की अन्तर्दशा का फल

मंगल में मंगल - मंगल केन्द्र त्रिकोण में लग्नेश से युत होने पर - धन लाभ, भूमि प्राप्ति, पुत्र जन्म, सुख भोग।

मंगल उच्च स्वराशि का - भूमि, भवन, धन लाभ।

लग्न या लग्नेश से 6, 8, 12वें स्थान में मंगल पापयुत दृष्ट - घाव, चर्मरोग, मूत्ररोग, सर्प कटने का भय, चोर से कष्ट, शासक से हानि।

मंगल द्वितीयेश सप्तमेश हो - शारीरिक कष्ट, अल्प मृत्यु।

मंगल में राहु - राहु उच्च मूल त्रिकोण स्वराशि का शुभयुत दृष्ट केन्द्र त्रिकोण स्थान में हो - शासक से सम्मान, भूमि भवन लाभ, विवाह पुत्र जन्म, नौकरी व्यवसाय में सफलता, परदेस गमन।

मंगल से 6, 8, 12वें स्थान में राहु पाप युत दृष्ट - सर्प, चोर, शासक से कष्ट, क्षय, विष, वात, पित्त रोग से भय, कारावास कष्ट।

राहु द्वितीय स्थान में हो - धन नाश।

द्वितीय सप्तम् भाव में कन्या राशि हो - अल्पायु मृत्यु

मंगल में बृहस्पति - बृहस्पति केन्द्र त्रिकोण 11वें स्थान में उच्च स्वराशि का शुभयुत दृष्ट हो - यश, सम्मान, धनधान्य का लाभ, अधिकार प्राप्ति, विवाह, पुत्र जन्म।

मंगल से 6, 8, 12वें स्थान में बृहस्पति नीच का, अस्तंगत, पाप युत दृष्ट हो - पित्त रोग, भाई की मृत्यु, चोर, पीड़ा, सर्पभय।

मंगल में शनि - शनि उच्च, मूल त्रिकोण राशि, स्वराशि में केन्द्र त्रिकोण 11वें भाव में हो - सम्मान, यशलाभ, पुत्र पौत्र जन्य, शनि नीचराशि, शत्रुराशि में होकर 8, 12वें स्थान में हो- धन नाश, व्यापार में हानि, कारागार, चोर, चिन्ता।

शनि द्वितीयेश सप्तमेश होकर मंगल से 8, 12वें स्थान में पाप युत दृष्ट हो - अल्प मृत्यु।

मंगल में बुध - बुध केन्द्र त्रिकोण में उच्च स्वराशि का हो - धर्म कर्म, पुत्र जन्म, यशलाभ, अच्छा भोजन।

बुध मंगल से 6, 8, 12वें स्थान में पापयुत, नीच, अस्तंगत हो - अपमान, हृदयरोग, कारावास, भाई की मृत्यु, पत्नी पुत्र को कष्ट, मृत्यु रोग पीड़ा।

मंगल में केतु - केतु केन्द्र त्रिकोण 11वें स्थान में दृष्ट हो - धनलाभ, भूमि लाभ, पुत्र जन्य, यशलाभ, सम्मान, उच्चपद प्राप्ति।

केतु मंगल से 8, 12वें स्थान में पापयुत दृष्ट हो - धनहानि रोग, पत्नी पुत्र को कष्ट।

मंगल में शुक्र - शुक्र केन्द्र त्रिकोण में उच्च स्वराशि का शुभयुत दृष्ट हो - भूमि लाभ, वस्त्राभूषण, पत्नी सुख।

लग्नेश से युत हो - विवाह, पुत्र जन्म, धन लाभ, साहित्य संगीत में रुचि।

शुक्र दशमेश से युत हो - कुआँ, तालाब, मन्दिर बनवाना परोपकारी कार्य, मंगल से 6, 8, 12वें स्थान में नीच का अस्तंगत हो - झगड़ा, सन्तान की चिन्ता, धनहानि, झगड़ा।

मंगल में सूर्य - सूर्य केन्द्र त्रिकोण में उच्च का स्वराशि का हो - यशलाभ, पुत्र जन्म, वाहन सुख, धन लाभ।

मंगल से 6, 8, 12वें स्थान में सूर्य पापयुत दृष्ट हो - शारीरिक कष्ट रोग, धनहानि, काम में असफलता।

मंगल में चन्द्रमा - चन्द्रमा उच्च का स्वराशि का शुभयुत दृष्ट केन्द्र त्रिकोण में हो - उच्च पद, सम्मान, भूमि लाभ, विवाह, उत्सव, पत्नी पुत्र का सुख, माता-पिता का सुख, इच्छा पूरी होना।

मंगल से 6, 8, 12वें स्थान में नीचराशि अस्तंगत हो - कष्ट रोग, धन हानि, भाई के सुख में कमी, झगड़ा, चिन्ता 7वें स्थान में चन्द्रमा - रोगकारक।

राहु महादशा में अन्य ग्रहों की अन्तर्दशा का फल

राहु में राहु - वृषभ, कर्क, कन्या, वृश्चिक, धनु में राहु - शासक से लाभ, सम्मान, व्यापार से धन लाभ।

राहु 3, 6, 11 में शुभयुत दृष्ट, उच्च स्वराशि का हो - शासन में उच्चपद पुत्र जन्म।

लग्न या लग्नेश से 8, 12वें स्थान में राहु पापयुत दृष्ट नीचराशि में - कष्ट, हानि, भाई से वियोग, झगड़ा, चिन्ता, 7वें स्थान में - रोग, धन हानि।

राहु में बृहस्पति - केन्द्र त्रिकोण में उच्च स्वराशि का बृहस्पति - शत्रु विजय, धर्म कर्म, राज सम्मान, धन लाभ, वाहन सुख, पुत्र जन्म, नीच का शत्रु राशि में अस्तंगत बृहस्पति राहु से 6, 8, 12वें स्थान में हो - रोग, कष्ट, असफलता, धनहानि, पत्नी पुत्र को कष्ट।

राहु में शनि - शनि केन्द्र त्रिकोण 11वें स्थान में उच्च स्वराशि का हो, धर्म कर्म उत्सव, धनलाभ, परोपकारी कार्य।

शनि नीचराशि शत्रुराशि में राहु से 6, 8, 12वें स्थान में - पत्नी पुत्र भाई की मृत्यु, झगड़ा, कष्ट, रोग।

शनि द्वितीयेश सप्तमेश हो - अकाल मृत्यु।

राहु में बुध - बुध केन्द्र त्रिकोण में उच्च स्वराशि का हो - धनलाभ, व्यापार में सफलता, शिक्षा प्राप्ति, विवाह, यशलाभ।

राहु से 6, 8, 12वें स्थान में बुध मकर कुंभ में पापयुत दृष्ट हो - धनहानि, झगड़ा, विपत्ति, शासक से हानि, पुत्र से वियोग।

बुध द्वितीयेश सप्तमेश हो - अल्प मृत्यु।

राहु में केतु - केतु 3, 6, 11वें स्थान में स्वराशि उच्च का शुभ युत दृष्ट हो - धन लाभ, भूमि लाभ, सुख सफलता सम्मान प्राप्ति, लग्न से 6, 8, 12वें स्थान में केतु हो महान कष्ट, रोग, दुःख।

राहु में शुक्र - शुक्र केन्द्र त्रिकोण 11वें स्थान में हो - राजसम्मान, धन लाभ, विवाह, पुत्र जन्म, उत्सव।

राहु से 6, 8, 12वें स्थान में नीचराशि शत्रु राशि में अस्तंगत शुक्र शनि मंगल से पापयुत हो - झगड़ा, वियोग, रोग, पत्नी, भाई पुत्र को पीड़ा, अचानक विपत्ति, झूठा दोषारोपण, प्रमेह रोग।

शुक्र द्वितीयेश सप्तमेश हो - अकाल मृत्यु।

राहु में सूर्य - सूर्य उच्च स्वराशि का होकर 5, 9, 11वें स्थान में हो शुभयुत दृष्ट हो - धन लाभ, कीर्ति-प्राप्ति, परदेस गमन, शासक से धनलाभ।

राहु से 6, 8, 12वें स्थान में सूर्य नीच का अस्तंगत पापयुत दृष्ट हो - रोग, ज्वर, झगड़ा, शासक से हानि, अग्नि पीड़ा।

राहु में चन्द्र - चन्द्रमा उच्च स्वराशि का केन्द्र त्रिकोण 11वें स्थान में शुभयुत दृष्ट हो - सुख, धन लाभ, समृद्धि।

राहु से 6, 8, 12वें स्थान में सूर्य पापयुत, दृष्ट अस्तंगत, नीच राशि शत्रु राशि में हो - कष्ट, धनहानि, झगड़ा, विवाद, मुकदमा।

राहु में मंगल - मंगल केन्द्र त्रिकोण 11वें स्थान में - जमीन भूमि कृषि, मकान सुख, सन्तान सुख, विपत्ति, शारीरिक कष्ट, नौकरी बदलना, उच्चपद प्राप्ति।

राहु से 6, 8, 12वें स्थान में मंगल पापयुत दृष्ट हो - पत्नी पुत्र को कष्ट, हानि भाई को कष्ट, संकट विवाद।

बृहस्पति की महादशा में अन्य ग्रहों की अन्तर्दशा का फल

बृहस्पति में बृहस्पति - बृहस्पति उच्च, स्वराशि का होकर केन्द्र स्थान में हो - धनलाभ, वस्त्र, आभूषण, वाहन, मकान, सुख।

बृहस्पति नवमेश दशमेश से युत हो - विवाह, धनलाभ, पुत्र जन्म, लग्न से 6, 8, 12वें स्थान में नीचराशि शत्रुराशि अस्तंगत पापयुत दृष्ट हो - दुःख, झगड़ा, धनहानि, शारीरिक कष्ट, पुत्र पत्नी से वियोग।

बृहस्पति 5 में हो - पुत्र पर संकट।

बृहस्पति 7 में हो - पत्नी पर संकट।

बृहस्पति 9 में हो - माता पिता पर संकट।

बृहस्पति में शनि - शनि उच्च स्वराशि का होकर केन्द्र त्रिकोण 11वें स्थान में हो - भूमि लाभ, वाहन सुख, धन लाभ, पुत्र जन्म, धनी व्यक्तियों से परिचय, पश्चिम दिशा की यात्रा में शुभफल।

बृहस्पति 6, 8, 12वें स्थान में शनि नीच का शत्रुराशि अस्तंगत हो - मानसिक कष्ट, दुःख, शोक, पत्नी को कष्ट, ज्वर, रोग, धन सम्पत्ति हानि।

शनि द्वितीयेश सप्तमेश हो - शारीरिक कष्ट, अल्प मृत्यु।

बृहस्पति में बुध - बुध उच्च स्वराशि का होकर केन्द्र त्रिकोण 11वें स्थान में हो - विधानसभा चुनाव में सफलता, उच्चपद सुख, पुत्र जन्म, धन लाभ।

बुध 6, 8, 12वें स्थान में नीच राशि शत्रुराशि अस्तंगत हो - रोग, कष्ट, जीवनसाथी की मृत्यु।

बुध द्वितीयेश सप्तमेश हो - मृत्यु या मृत्यु समान कष्ट।

बृहस्पति में केतु - केतु शुभयुत दृष्ट, 3, 4, 5, 6, 9, 10, 11वें स्थान में हो - सुख, धन लाभ, पशु लाभ।

केतु बृहस्पति से 6, 8, 12वें स्थान में नीच राशि, शत्रु राशि अस्तंगत हो - शासक शत्रु से हानि, कारावास, धन हानि, रोग।

बृहस्पति में शुक्र - शुक्र उच्च स्वराशि का होकर 5, 11वें स्थान में शुभयुत दृष्ट - परिवार सुख, धन लाभ, वाहन सुख, विवाह, पुत्र जन्म, परोपकारी कार्य।

बृहस्पति से 6, 8, 12वें स्थान में नीचराशि, शत्रुराशि शुक्र पाप युत दृष्ट हो - रोग, कष्ट, झगड़ा, कारावास, मानसिक चिन्ता।

शुक्र द्वितीयेश सप्तमेश हो - मृत्यु या मृत्यु तुल्य कष्ट।

बृहस्पति में सूर्य - सूर्य उच्च का स्वराशि का केन्द्र त्रिकोण 11वें स्थान में हो - राज सम्मान, धनलाभ, वाहन सुख, पुत्र जन्म सुख।

बृहस्पति से 6, 8, 12वें स्थान में सूर्य नीचराशि शत्रुराशि में पापयुत दृष्ट हो - सिर दर्द, ज्वर, पीड़ा, भाई का वियोग, पापकर्म।

सूर्य द्वितीयेश सप्तमेश हो - महाकष्ट अथवा अकाल मृत्यु।

बृहस्पति में चन्द्रमा - पूर्ण, उच्च स्वराशि चन्द्रमा केन्द्र त्रिकोण 11वें स्थान में हो - शुभकर्म, राज सम्मान, यश, पुत्र पौत्र सुख।

लग्नेश या दशानाथ बृहस्पति से 6, 8, 12वें स्थान में चन्द्रमा हो - पदावनति, मानहानि, माता को कष्ट, मामा की मृत्यु, दु:ख।

चन्द्रमा द्वितीयेश सप्तमेश होने पर - शोक कष्ट।

बृहस्पति में मंगल - उच्च स्वराशि का मंगल केन्द्र त्रिकोण में हो - कारखाना निर्माण, काम में सफलता, भूमि लाभ।

दशानाथ बृहस्पति से केन्द्र स्थान में शुभ ग्रह युत दृष्ट मंगल हो - भूमि लाभ, नया कार्य, यश, तीर्थयात्रा।

बृहस्पति से 6, 8, 12वें स्थान में मंगल पापयुत दृष्ट हो - धनहानि, मकान में आग लगना या नष्ट होना, फसल अनाज नष्ट होना।

बृहस्पति में राहु - राहु उच्च स्वराशि का 3, 6, 11वें स्थान में हो - सम्मान प्राप्ति, विद्या प्राप्ति, प्रसिद्धि, परदेस यात्रा, सम्पत्ति लाभ।

बृहस्पति से 6, 8, 12वें स्थान में राहु हो - भय, शोक, रोग, दु:ख, कष्ट।

शनि की महादशा में अन्य ग्रहों की अन्तर्दशा का फल

शनि में शनि - उच्च स्वराशि का शनि केन्द्र त्रिकोण 11वें स्थान में शुभयुत दृष्ट हो - प्रसिद्धि, शासन में उच्चपद, सम्मान, विदेशी भाषा का ज्ञान, विवाह, पुत्र जन्म।

शनि नीच का शत्रु राशि में पापयुत दृष्ट होकर 6, 8, 12वें स्थान में हो - हैजा, रक्त रोग, गुल्म रोग, हानि, शारीरिक कष्ट।

शनि द्वितीयेश सप्तमेश हो - अकाल मृत्यु।

शनि में बुध - बुध केन्द्र त्रिकोण में उच्च स्वराशि का शुभयुत दृष्ट हो - विद्यालाभ, धनलाभ, शारीरिक सुख, सम्मान, प्रसिद्धि, नया व्यापार।

शनि से 6, 8, 12वें स्थान में बुध नीच का शत्रुराशि में पापयुत दृष्ट हो - कार्यसिद्धि में बाधा, ज्वर, अतिसार रोग, अकाल मृत्यु।

शनि में केतु - केतु उच्चराशि स्वराशि का शुभयुत दृष्ट 3, 4, 6, 9, 11वें स्थान में हो - सुख, धन लाभ, परिवार वृद्धि।

शनि से 6, 8, 12वें स्थान में पापयुत दृष्ट केतु - कष्ट, धनहानि, पदावनति, परदेस गमन।

शनि में शुक्र - उच्च स्वराशि का शुक्र केन्द्र त्रिकोण 11वें स्थान में शुभयुत दृष्ट हो - धनलाभ, रोग मुक्ति, भाग्योन्नति, सम्मान सुख।

नीचराशि शत्रुराशि अस्तंगत होकर शुक्र, लग्न, लग्नेश या शनि से 6, 8, 12वें स्थान में पापयुत दृष्ट हो - पदावनति, पति या पत्नी की मृत्यु, ज्वर, पीड़ा, दुर्घटना, झगड़ा, शोक, चिन्ता।

शनि में सूर्य - सूर्य उच्च स्वराशि का भाग्येश से युत केन्द्र त्रिकोण 11वें स्थान में हो - पुत्र जन्म, पशुपालन से लाभ, पदोन्नति, यशलाभ।

सूर्य लग्न या शनि से 6, 8, 12वें स्थान में हो पापयुत दृष्ट नीचराशि शत्रुराशि में हो - अपमान हृदय रोग, पदावनति, दु:ख, शोक, सूर्य द्वितीयेश सप्तमेश हो - मृत्यु समान कष्ट।

शनि में चन्द्र - चन्द्रमा उच्च स्वराशि का बृहस्पति से दृष्ट होकर केन्द्र त्रिकोण 11वें स्थान में हो - माता पिता से सुख, भाग्योन्नति, नौकरी व्यापार में लाभ।

क्षीण, नीच शत्रुराशि में अस्त पापयुत दृष्ट चन्द्रमा लग्न या शनि से 6, 8, 12वें स्थान में हो - धनहानि, माता-पिता से वियोग, पुत्र को कष्ट, रोग, अधिक खर्च।

शनि में मंगल - उच्च स्वराशि मंगल केन्द्र त्रिकोण 11वें स्थान में शुभयुत दृष्ट हो - शासक से सम्मान, सुख, धन लाभ, सम्पत्ति लाभ, नया भवन निर्माण, नया कारखाना खुलना।

नीचराशि, शत्रुराशि, अस्तंगत मंगल लग्न या शनि से 8, 12वें स्थान में मंगल हो - धन हानि, अपमान, कारावास, परदेस गमन, मंगल द्वितीयेश सप्तमेश हो - अल्प मृत्यु।

शनि में राहु - झगड़ा, धन हानि, चिन्ता, दु:ख, पीड़ा, परदेस गमन

उच्चराशि स्वराशि राहु 11वें स्थान में - धन लाभ, सम्मान सुख।

शनि में बृहस्पति - उच्च स्वराशि बृहस्पति केन्द्र त्रिकोण 11वें स्थान में शुभ युत दृष्ट हो - इच्छा पूर्ति, सम्मान, पुत्र जन्म, कार्य में सफलता, पदोन्नति।

लग्न या शनि से 6, 8, 12वें स्थान में बृहस्पति नीचराशि अस्तंगत पापयुत दृष्ट हो - धन हानि, पुत्र को कष्ट, दण्ड, भाई से बैर।

बुध की महादशा में अन्य ग्रहों की अन्तर्दशा का फल

बुध में बुध - बुध उच्चराशि स्वराशि का होकर केन्द्र त्रिकोण 11वें स्थान में शुभयुत दृष्ट हो - धन लाभ, भाग्योन्नति, सुख, नौकरी, व्यापार, सन्तान लाभ, सम्मान।

बुध लग्न से 6, 8, 12वें स्थान में नीच राशि शत्रुराशि अस्तंगत पापयुत दृष्ट हो, कष्ट, झगड़ा, चिन्ता, शोक, रोग, भय, धन हानि।

बुध द्वितीयेश सप्तमेश हो - निकट सम्बन्धी की मृत्यु, शोक

बुध में केतु - लग्नेश या बुध से युत केतु शुभ युत दृष्ट हो - धन लाभ, सुख, विद्या-प्राप्ति, यश लाभ।

लग्न या बुध से 6, 8, 12वें स्थान में बुध नीच राशि, शत्रु राशि का होकर पापयुत दृष्ट हो - अनेक कष्ट, दु:ख।

बुध में शुक्र - शुक्र उच्चराशि स्वराशि का होकर केन्द्र त्रिकोण 11वें स्थान में शुभयुत दृष्ट हो - धन लाभ, विधालाभ, व्यवसाय में लाभ, धन संचय, भाग्योन्नति, समृद्धि।

लग्न या बुध से शुक्र 6, 8, 12वें स्थान में अस्तंगत, पापयुत, पाप दृष्ट नीच राशि, शत्रु राशि में हो- झगड़ा, पत्नी को कष्ट, भाई के सुख में कमी, चिन्ता, सन्ताप।

शुक्र द्वितीयेश सप्तमेश हो - अल्प मृत्यु।

बुध में सूर्य - उच्च राशि का सूर्य केन्द्र त्रिकोण 11वें स्थान में शुभ युत दृष्ट या लग्नेश युत हो - धन लाभ, भूमि लाभ।

सूर्य बुध से 6, 8, 12वें स्थान में पापयुत दृष्ट हो - अग्नि, शस्त्र, चोर से भय, पित्त रोग, सिर दर्द, कष्ट, चिन्ता, दु:ख।

सूर्य द्वितीयेश सप्तमेश हो - अल्प मृत्यु।

बुध में चन्द्र - उच्च स्वराशि पूर्ण चन्द्रमा केन्द्र त्रिकोण 11वें स्थान में शुभयुत दृष्ट हो, सुख, पुत्री जन्म, धन लाभ, पदोन्नति।

निर्बल अस्तंगत नीचराशि बुध 6, 8, 12वें स्थान में पाप युत दृष्ट हो - धनहानि, चिन्ता, दु:ख, राजदण्ड, पदावनति, झगड़ा।

बुध में मंगल - उच्च स्वराशि मंगल 3, 6, 11वें स्थान में शुभयुत दृष्ट हो - भूमि लाभ, नया मकान, पुस्तक रचना, यश कविता साहित्य में रुचि।

मंगल नीच का अस्तंगत, शत्रुराशि में बुध से 8, 12वें स्थान में हो - अग्नि, चोरी का भय, पदावनति, पुत्र, मित्रों से विवाद।

मंगल द्वितीयेश सप्तमेश हो - अल्प मृत्यु।

बुध में राहु - राहु 3, 6, 10, 11वें स्थान में शुभयुत दृष्ट उच्च राशि स्वराशि का हो - राजसम्मान, धनलाभ, नौकरी, व्यापार में उन्नति, यश, विदेश यात्रा।

राहु लग्न या बुध से 8, 12वें स्थान में नीचराशि शत्रु राशि में पापयुत दृष्ट हो - धन हानि, रोग, वात ज्वर।

बुध में बृहस्पति - उच्च स्वराशि बृहस्पति केन्द्र त्रिकोण में शुभ युत दृष्ट हो - सम्मान, पुस्तक रचना, धन लाभ, उत्सव, बृहस्पति लग्न या बुध से 6, 8, 12वें स्थान में पापयुत दृष्ट, नीचराशि शत्रुराशि में हो - धनहानि, अपमान, झगड़ा, पीड़ा, माता की मृत्यु, शारीरिक कष्ट।

बृहस्पति द्वितीयेश सप्तमेश हो - मृत्यु या मृत्यु समान कष्ट बुध में शनि - उच्चराशि स्वराशि शनि 3, 6, 11वें स्थान में शुभयुत दृष्ट हो - धन लाभ, यश लाभ, राज सम्मान, भाग्योन्नति।

लग्न या बुध से शनि 8, 12वें स्थान में पापयुत दृष्ट हो - दु:ख, कष्ट, परदेस गमन, भाई की मृत्यु।

शनि द्वितीयेश, सप्तमेश होकर 2, 3 स्थान में हो - मृत्यु केतु महादशा में अन्य ग्रहों की अन्तर्दशा का फल।

केतु महादशा में अन्य ग्रहों की अन्तर्दशा का फल

केतु में केतु - केतु केन्द्र त्रिकोण 11वें स्थान में शुभ युत दृष्ट हो - धन लाभ, भूमि लाभ, पशु लाभ, दाम्पत्य सुख, सन्तान सुख।

केतु 6, 8, 12वें स्थान में नीचराशि पापयुत दृष्ट हो - मानहानि, धन हानि, रोग, पत्नी, पुत्र को कष्ट।

द्वितीयेश सप्तमेश से युत केतु - अतिकष्ट।

केतु में शुक्र- शुक्र उच्च राशि स्वराशि का केन्द्र त्रिकोण 11वें स्थान में दशानाथ, भाग्येश, दशमेश लग्नेश से युत हो- शासक से लाभ, भाग्योन्नति, धन लाभ।

दशानाथ ग्रह से 6, 8, 12वें स्थान में पापयुत शुक्र हो - शासक से दण्ड, अपमान, पत्नी से विवाद, पदावनति, पुत्र को कष्ट।

केतु में सूर्य - सूर्य उच्च का स्वराशि का होकर केन्द्र त्रिकोण

11वें स्थान में हो - सभी प्रकार के सुख।

सूर्य नीच का अस्तंगत पापग्रह युत दृष्ट 6, 8, 12वें स्थान में हो - शासक से दण्ड, शारीरिक कष्ट, पीड़ा, माता-पिता का वियोग, परदेस गमन।

सूर्य द्वितीयेश सप्तमेश हो - विपत्ति कष्ट।

केतु में चन्द्रमा - चन्द्रमा उच्च स्वराशि का शुभ युत दृष्ट हो - धन लाभ, शासक से सुख, पुत्री का जन्म, भूमि लाभ, नौकरी व्यापार, धन्धे में सफलता, पुत्र सुख।

चन्द्रमा क्षीण, नीच का 6, 8, 12वें स्थान में पापयुत दृष्ट हो - रोग, कष्ट, चिन्ता, शासक से भय, झगड़ा, विवाद, मुकदमा।

केतु में मंगल - मंगल उच्च स्वराशि का केन्द्र त्रिकोण 11वें स्थान में शुभयुत दृष्ट हो - विजय, पुत्रलाभ, भूमि लाभ, व्यापार में उन्नति।

दशानाथ केतु से मंगल केन्द्र त्रिकोण में शुभयुत दृष्ट हो- राज सम्मान, प्रसिद्धि।

दशानाथ से 2, 6, 8, 12वें स्थान में मंगल पापयुत दृष्ट हो - पदावनति धनहानि, मृत्युभय, पागलपन, प्रमेह रोग, परदेस गमन, जननेन्द्रिय रोग।

केतु में राहु - राहु उच्च स्वराशि का मित्रराशि का होकर 3, 6, 11वें स्थान में शुभयुत दृष्ट हो - धन लाभ, भूमि लाभ, सुख, पदोन्नति।

राहु 7, 8, 12वें स्थान में पापयुत दृष्ट हो- पदावनति, धन हानि, प्रमेह, नेत्ररोग।

द्वितीय, सप्तम् भाव में कन्या राशि होने पर राहु द्वितीय सप्तम् भाव का उपस्वामी अर्थात् उपद्वितीयेश, उपसप्तमेश हो - दर्द, झगड़ा, शीत ज्वर, मृत्यु अथवा मृत्यु समान कष्ट।

केतु में बृहस्पति - बृहस्पति केन्द्र त्रिकोण 11वें स्थान में शुभ युत दृष्ट हो - विद्यार्जन, सम्मान, यश, पुत्र जन्म, परदेस गमन।

बृहस्पति नीचराशि अस्तंगत केतु से 6, 8, 12वें स्थान में पापयुत दृष्ट हो - धन हानि, चारित्रिक पतन, पत्नी से वियोग, कष्ट।

केतु में शनि - शनि उच्च स्वराशि का 3, 6, 11वें स्थान में शुभयुत दृष्ट हो - सुख कामना सिद्धि, सम्मान।

शनि केतु से 8, 12वें स्थान में द्वितीयेश सप्तमेश होकर नीच राशि शत्रु राशि अस्तंगत, पाप युत दृष्ट हो - रोग, धनहानि, मृत्यु।

केतु में बुध - बुध केन्द्र त्रिकोण में उच्च स्वराशि का होकर शुभ युत दृष्ट हो - धन लाभ, यशलाभ, सज्जनों की संगति, सुख।

बुध केतु से 6, 8, 12वें स्थान में नीचराशि अस्तंगत या द्वितीयेश सप्तमेश हो - अधिक खर्च, कारावास, झगड़ा, परदेस गमन।

शुक्र की महादशा में अन्य ग्रहों की अन्तर्दशा का फल

शुक्र में शुक्र - शुक्र केन्द्र त्रिकोण में उच्चराशि स्वराशि का होकर शुभ युत दृष्ट हो - नई पुस्तक का लेखन, धन लाभ, पुत्र जन्म, सम्मान प्राप्ति, अचानक धन लाभ, नया घर निर्माण, लग्न लग्नेश से 6, 8, 12वें स्थान में शुक्र नीचराशि अस्तंगत शत्रुराशि में पापयुत दृष्ट हो - कष्ट, रोग, शासक से हानि, अपमान, मृत्युभय।

शुक्र में सूर्य - सूर्य शुक्र से केन्द्र त्रिकोण में उच्चराशि, स्वराशि का होकर शुभयुत दृष्ट हो - धनलाभ, सम्मान, अधिकार प्राप्ति, माता-पिता का सुख।

सूर्य शुक्र से 6, 8, 12वें स्थान में नीचराशि शत्रु राशि पापयुत दृष्ट हो - झगड़ा, निर्धनता, कष्ट, पीड़ा, चिन्ता, रोग।

शुक्र में चन्द्रमा - चन्द्रमा उच्च स्वराशि में केन्द्र त्रिकोण 11वें स्थान में शुभयुत दृष्ट हो - पत्नी का सुख, पुत्र जन्म, पदोन्नति, धन लाभ।

शुक्र से 6, 8, 12वें स्थान में चन्द्रमा नीचराशि, पापयुत दृष्ट - कष्ट, धन हानि, रोग।

शुक्र से मंगल - मंगल केन्द्र त्रिकोण 11वें स्थान में उच्च स्वराशि का शुभ युत दृष्ट हो - इच्छापूर्ति, धन लाभ, सम्मान, उन्नति।

मंगल शुक्र से 6, 8, 12वें स्थान में नीचराशि, शत्रुराशि अस्तंगत पापयुत दृष्ट हो - कष्ट धनहानि, अग्नि, पीड़ा रोग, रक्त रोग।

शुक्र में राहु - राहु केन्द्र त्रिकोण 11वें स्थान में उच्च स्वराशि का शुभयुत दृष्ट हो - धनलाभ, कार्य में सफलता, व्यापार में सफलता, सुख।

राहु शुक्र से 7, 8, 12वें स्थान में नीचराशि पापयुत दृष्ट हो - कष्ट, दुःख, शोक, धन हानि, दुर्घटना।

शुक्र में बृहस्पति - बृहस्पति उच्चराशि स्वराशि का केन्द्र त्रिकोण में शुभ युत दृष्ट हो - धनलाभ, सम्मान, यश प्राप्ति, माता-पिता का सुख, परिवार दाम्पत्य-सुख।

शुक्र से 6, 8, 12वें स्थान में नीचराशि पापयुत इष्ट बृहस्पति हो - शारीरिक कष्ट, धनहानि, चोरी, पीड़ा, रोग, विवाद।

शुक्र में शनि - शनि 3, 6, 11वें स्थान में उच्च का स्वराशि का शुभयुत दृष्ट हो - सम्पत्ति लाभ, सम्मान, उन्नति।

शुक्र से 7, 8, 12वें स्थान में नीचराशि अस्तंगत पापयुत दृष्ट शनि हो - कष्ट, हानि, अधिक व्यय, पत्नी को कष्ट।

शनि द्वितीयेश, सप्तमेश हो - भयंकर रोग, अकाल मृत्यु।

शुक्र में बुध - उच्चराशि स्वराशि का बुध केन्द्र त्रिकोण में शुभयुत दृष्ट हो - साहित्य लेखन, यशलाभ, शुभ मार्ग से धन लाभ, सफलता, उन्नति।

बुध शुक्र से 6, 8, 12वें स्थान में नीच राशि, शत्रु राशि होकर पापयुत दृष्ट हो - अपयश, धनहानि विवाद, झगड़ा, अपमान।

शुक्र में केतु - केतु 3, 6, 11वें स्थान में उच्चराशि स्वराशि का शुभयुत दृष्ट हो - धन लाभ, परिवार सुख, पुत्र जन्म, विजय, रोगमुक्ति, सम्मान सुख।

केतु शुक्र से 7, 8, 12वें स्थान में नीचराशि, शत्रु राशि

पापयुत दृष्ट हो - झगड़ा, विवाद, भाई की मृत्यु, शत्रु से कष्ट, रोग, फोड़ा फुन्सी, सिर रोग, धनहानि, पीड़ा।

भाग्य के योग

भाग्य के अंतर्गत धन अचल सम्पत्ति, वाणी, भाई-बहिन, माता-पिता, भवन, वाहन, बुद्धि, सन्तान, आरोग्य, शत्रु विजय, जीवन साथी, विवाह, आयु, धर्म, सौभाग्य, व्यवसाय, नौकरी पद, शुभ मार्ग से आप तथा शुभ कर्म पर व्यय आते हैं। ईश्वर उपासना तथा आध्यात्मिक उन्नति परम सौभाग्य माना जाता है। परोपकारी कार्य जैसे देवालय, धर्मशाला, कुआँ, वृक्षारोपण भी परोपकारी लोगों के लिए शुभ कर्म माने जाते हैं। दीन दुखियों की सहायता भी मानव का पवित्र कर्त्तव्य माना जाता है। 2, 3, 7, 8, 12 भावों से विपत्ति योग बनते हैं। कुण्डली के ग्रहयोग इन सबकी स्थिति स्पष्ट करते हैं। चरलग्न के लिए एकादश और स्थिर लग्न के लिए नवम् भाव विपत्ति योग बनाते हैं।

धन अचल सम्पत्ति योग

1. द्वितीयेश शुभग्रह हो, शुभग्रह की राशि में हो, द्वितीय भाव में शुभग्रह बैठा हो या शुभग्रह से दृष्ट हो तो जातक धनवान सम्पत्तिवान होता है।
2. शुभ भावेशों, लग्नेश, पंचमेश, नवमेश, दशमेश, चतुर्थेश की युति होने पर जातक धन सम्पत्तिवान होता है - जैसे-

   क. भाग्येश की लाभेश, चतुर्थेश, पंचमेश, लग्नेश, दशमेश धनेश से युति

   ख. दशमेश की लाभेश, चतुर्थेश, पंचमेश, लग्नेश से युति

   ग. लाभेश की लग्नेश, चतुर्थेश, धनेश, पंचमेश से युति

   घ. लग्नेश की धनेश, चतुर्थेश पंचमेश से युति

   च. धनेश की चतुर्थेश पंचमेश से युति

   उपर्युक्त योग वाले ग्रह-

2, 4, 5, 7 भावों में हों	- पूर्णफल
8, 12 भावों में हों	- आधा फल
6 भाव में हो	- चौथाई फल
1, 3, 9, 10, 11 में हों	- निष्फल

धन लाभ कैसे होगा?

1. नवमेश, पंचमेश (नवम् भाव से नवम् भाव पंचम् भाव होता है) धन सम्पत्ति के कारक ग्रह होते हैं। नवमेश पंचमेश के साथ बैठे ग्रह अपनी दशा में धन लाभ कराते हैं।
2. कुण्डली में द्वितीयेश (धनेश) लग्न में हो तो जातक स्वयं या घर से धन लाभ करता है।
3. धनेश लग्नेश द्वितीय भाव में हो तो जातक कुटुम्ब तथा वाणी से धन लाभ करता है।
4. धनेश, लग्नेश तृतीय भाव में हो तो जातक भाई, नौकर, पराक्रम से धन लाभ करता है।

धन हानि कैसे होगी?

1. धन हानि कारक ग्रहों (मारकेश, षष्ठेश, अष्टमेश, द्वादशेश) जब लग्न, नवम, धन पंचम् भावों से गोचरवश गुजरते हैं तो जातक को धन सम्पत्ति की हानि होती है।
2. धन भाव में पाप ग्रह हो, धनेश पापग्रह युत हो, धनेश त्रिक स्थानों 6, 8, 12 में हो तो जातक को धन हानि का योग होता है।

   टिप्पणी :- लग्नेश, धनेश, पंचमेश, नवमेश, दशमेश, लाभेश की दशा में धनलाभ का योग बनता है तथा तृतीयेश, षष्ठेश, सप्तमेश, अष्टमेश द्वादशेश की दशा में धन हानि का योग बनता है।

3. राहु 2, 3, 4, 5, 6, 8, 9, 11, 12 भावों में अथवा 1, 2, 3, 4, 5, 6, 8 राशियों में हो तो जातक धनी होता है।
4. जन्म लग्न कुण्डली अथवा चन्द्र लग्न कुण्डली में सभी शुभग्रह बुध, बृहस्पति, शुक्र उपचय 3, 6, 10, 11 भावों में हो तो जातक अत्यन्त धनी होता है।
5. बली धनेश धन भाव, केन्द्र, त्रिकोण लाभ, भाव में हो तथा धन भाव में शुभग्रह हो तो जातक धनी होता है।
6. बृहस्पति तथा पूर्ण बली चन्द्रमा की किसी भाव में युति हो तो जातक धनी होता है।
7. सूर्य बुध की सप्तम् स्थान को छोड़कर अन्य किसी भाव में युति हो तो जातक बड़ा धनी व्यापारी होता है।
8. धन भाव के कारक बृहस्पति की महादशा में जन्म हो अथवा जब बृहस्पति की महादशा आती है तब जातक अवश्य धनी होता है।
9. धन योग अधिक व निर्धन योग कम हो तो जातक धनी होता है।
10. बलवान धनी योग कम निर्बल निर्धनता योग अधिक हो तो भी जातक धनी होता है।

निर्धनता योग

1. धनेश 6, 8, 12 भावों में पापयुत दृष्ट हो तथा धनभाव में भी पापग्रह स्थित हो तो जातक निर्धन होता है।
2. धनेश, लाभेश नीचराशि के हों, चन्द्रमा से पीछे कोई ग्रह न हो चन्द्रमा पापग्रह युत दृष्ट हो या 6, 8, 12 भावों में गया हो तो जातक निर्धन होता है तथा ऋण एवं आर्थिक संकट का सामना करता है।
3. निर्धनता योग अधिक तथा धनी योग कम हो तो जातक अल्पधनी होता है।
4. बलवान निर्धनता योग कम हो और निर्बल धनी योग अधिक हो तो जातक धनी होते हुए भी कुछ समय के लिए निर्धन हो जाता है।
5. जन्म लग्न या चन्द्रमा से केन्द्र स्थानों 1, 4, 7, 10 में पापग्रह हो तो जातक निर्धन होता है।

ससुराल से धन प्राप्ति योग

1. सप्तमेश द्वितीयेश की युति हो और उन पर शुक्र की दृष्टि हो।
2. चतुर्थेश सप्तम् भाव में हो और शुक्र चतुर्थ भाव में हो तथा इन दोनों में मित्रता हो।
3. शुक्र, सप्तमेश, नवमेश तीनों की युति हो।
4. बलवान धनेश, सप्तमेश, शुक्र से युत हो।

अकस्मात धन प्राप्ति योग

1. पंचम् स्थान में चन्द्रमा बैठा हो और शुक्र की उस पर दृष्टि हो तो जातक को शेयर, सट्टा, रेस, जुआ आदि से अचानक धन लाभ होता है।
2. द्वितीयेश, चतुर्थेश शुभग्रह की राशि में शुभ युत दृष्ट हो तो जातक की भूमि में गड़ी सम्पत्ति मिलती है।
3. राहु अष्टम् भाव में स्थित हो तो जातक को भूमि में गड़ा या पड़ा धन मिलता है।
4. एकादशेश, द्वितीयेश चतुर्थ स्थान में हो और शुभग्रह से युत दृष्ट हो तो जातक को अकस्मात धन लाभ होता है।
5. लग्नेश धन भाव में, द्वितीयेश लाभ भाव में तथा लाभेश लग्न में हो, तो जातक को भूगर्भ, खान से सम्पत्ति धन लाभ होता है।
6. शुभग्रह लग्नेश धनस्थान में स्थित हो और धनेश अष्टम् स्थान में स्थित हो तो जातक को गड़ा धन मिलता है।

अन्य धनी निर्धन योग

द्वितीय भाव में शुभग्रह	– धनी
द्वितीय भाव में पापग्रह	– निर्धन
द्वितीय में तथा केन्द्र में पापग्रह	– निर्धन
8वें मंगल, 5, 9 में नीच का सूर्य	– भिक्षुक
कन्या में राहु, मंगल, शुक्र, शनि	– अतिधनी
केन्द्र में सूर्य, चन्द्रमा पर बृहस्पति की दृष्टि हो	– धनी
बृहस्पति, बुध, शनि स्वराशि के हों	– दीर्घायु तथा धनी
लग्नेश लग्न में	– धनी
7 में मंगल, 8 में शुक्र, 9 में सूर्य हो	– धनी किन्तु अल्पायु
चन्द्रमा से युत मंगल हो तथा महीने के जितने दिन बीत जाने पर जातक का जन्म हुआ हो	– उतने ही वर्ष बीत जाने पर जातक को धन मिलने पर धनी
3 में चन्द्रमा केतु से युत हो	– धनी

सहज (भाई बहिन) विचार

3 में पापग्रह हो	- भाई का सुख नहीं
3 में शुभग्रह हो	- भाई का सुख
3 में चन्द्रमा से युत केतु हो	- भाई का सुख नहीं
3 में सूर्य हो	- बड़े भाई का सुख नहीं

3 में मंगल शनि हो	- छोटे भाई का सुख नहीं
3 में राहु हो	- बड़े छोटे भाई दोनों का सुख नहीं
किन्तु 3 में केतु होने पर	- भाई का सुख
3 में स्वराशि का राहु बुध बृहस्पति से युत हो	- भाई का सुख
1 में चन्द्रमा 2 में शुक्र, 12 में सूर्य बुध, 5 में राहु	- भाई को बन्धन कष्ट
2 में पापग्रह हो, शनि मंगल की युति किसी भी भाव में हो, राहु 3 में हो	- भाई का सुख नहीं
6 में मंगल, 7 में राहु, 8 में शनि	- भाई का सुख नहीं
1 में बृहस्पति, 2 में शनि, 3 में राहु	- भाई का सुख नहीं
3 में उच्च का पुरुष ग्रह	- भाई का सुख
3 में उच्च का स्त्री ग्रह	- बहिन का सुख

सहोदर भाई बहिन सुखयोग का विशेष विचार

1. तृतीयेश केन्द्र त्रिकोण में या 3, 11 भावों में स्थित हो किन्तु पापयुत, दृष्ट, अस्त, नीच राशि, नीचभाव, वक्री, निर्बल न हो तथा तृतीय भाव में पापग्रह की स्थिति दृष्टि न हो - भाई का सुख।
2. तृतीयेश पुरुष ग्रह हो, पुरुष ग्रह की राशि में हो, पुरुष ग्रह से युत दृष्ट हो - भाई अधिक।
3. तृतीयेश स्त्री ग्रह हो, स्त्री ग्रह के युति, दृष्टि, राशि प्रभाव में हो - बहिन अधिक

टिप्पणी :- जन्म लग्न कुण्डली, चन्द्र लग्न कुण्डली, सूर्य लग्न कुण्डली तथा भ्रातृकारक ग्रह मंगल का विचार करना चाहिए। यदि तीनों कुण्डली के तृतीयेश तथा मंगल सभी बलवान हों तो कई भाई बहिनों का सुख मिलता है। ये सभी निर्बल हों तो भाई बहिन का सुख नहीं मिलता है।

4. तीनों कुण्डलियों के सहजेश 6, 8, 12 में निर्बल नीचराशि, शत्रुराशि में, अस्त पापयुत दृष्ट हो तथा तृतीय भाव में पापग्रह की स्थिति हो तो भाई बहिन का सुख नहीं मिलता है।
5. तृतीयेश निर्बल हो, तृतीय भाव में पापग्रह हो किन्तु मंगल बलवान हो तो जातक के बाद की सन्तानों का गर्भ नष्ट होता है और उसके बाद की सन्तानें जीवित रहती हैं।
6. नवम् भाव में सिंह राशि में सूर्य हो - जातक का भाई जीवित नहीं रहता यदि जीवित रहे तो शासक होता है।

भाई बहिन संख्या विचार

1.	तृतीय भाव में जितने ग्रह स्थिति हों या उनकी दृष्टि हो	– उतने भाई बहिन
2.	पुरुष ग्रह से भाइयों, स्त्री ग्रह से बहिनों की संख्या का विचार किया जाता है।	
3.	जन्म कुण्डली के तीसरे भाव में सूर्य हो	– बड़े भाई को अशुभफल
4.	तीसरे भाव में शनि हो	– छोटे भाई को मारक अशुभ
5.	तीसरे भाव में मंगल	– सभी भाई बहिनों को मारक
	किन्तु उच्च का मंगल होने पर	– अनिष्ट न होकर भाइयों में कलह सम्बन्ध विच्छेद होता है।
6.	तृतीय स्थान में राहु केतु	– भ्रातृनाशक

जातक की माता को गर्भ धारण (भाई बहिन जन्म) का समय

1. सहजेश, लाभेश, द्वितीयेश, मंगल की दशा अन्तर्दशा होने पर तथा गोचर में बृहस्पति व मंगल की तृतीय भाव पर स्थिति दृष्टि होने पर तथा तृतीयेश शुभ स्थान में होने पर – जातक की माता को गर्भ धारण।
2. शुभ ग्रह की युति दृष्टि से भाई, स्त्रीग्रह की युति दृष्टि से बहिन का जन्म।

टिप्पणी :- स्त्री की कुण्डली में भाई बहिन के सुख का विचार चन्द्र कुण्डली से किया जाता है।

साहस योग

1. तृतीय स्थान में पापग्रह हो, तृतीयेश सूर्य, शनि या मंगल हो तथा वह बलवान भी हो – जातक साहसी, पराक्रम, धैर्यवान।
2. तृतीयेश अस्त नीच राशि निर्बल हो, तृतीय स्थान में पापग्रह हो – जातक दिखावे का ऊपर से साहसी, भीतर से डरपोक कायर।
3. तृतीय स्थान में शुभग्रह हो – जातक कायर डरपोक होता है। वह विवेकशील तथा सहनशील होने के कारण झगड़ा द्वेष शत्रुता मोल लेने से डरता है भले ही कुछ हानि हो जाए।
4. लग्न से 3, 6, 9, 12 उपचय भाव ग्रहों से रहित हों – महाप्रतापी।
5. तृतीयेश शुभग्रह होकर स्वराशि का हो तथा पापग्रह से युत हो – अत्यन्त साहसी।

सुख योग

1. लग्न में शुभ ग्रह हो तथा लग्न और चतुर्थ स्थान पर शुभ ग्रहों की दृष्टि हो - सुखी
2. 5 ग्रह स्वराशि में - परमसुखी
3. चतुर्थेश बृहस्पति पर दृष्टि डालता हो, चतुर्थ स्थान में शुभग्रह की राशि हो तथा शुभग्रह से दृष्ट हो - सुखी
4. चतुर्थेश शुभग्रहों के मध्य स्थित हो - सुखी
5. बलवान बृहस्पति चतुर्थेश से युत हो - सुखी
6. चतुर्थेश शुभग्रह से युत होकर 1, 4, 5, 7, 9, 10 स्थानों में स्थित हो-सुखी
7. लाभेश उच्च या स्वराशि का हो - सुखी
8. लग्नेश मित्रराशि में शुभग्रह से युत दृष्ट हो - सुखी
9. चन्द्रमा शुभग्रहों के मध्य में हो और वह 2, 3, 6, 10, 11 भावों में हो-सुखी
10. लग्नेश चतुर्थेश लग्न चतुर्थ भाव में पापग्रह से युक्त दृष्ट न हो - सुखी

दुःख योग

1. लग्नेश और चतुर्थेश, लग्न और चतुर्थ भाव पापग्रह से युक्त दृष्ट हो - दुःखी
2. लग्न चतुर्थ भाव में पापग्रह हो और बृहस्पति निर्बल हो तथा चतुर्थेश पापग्रह युक्त हो - धनी होकर भी दुःखी
3. चतुर्थेश पापग्रह के नवांश में हो, मंगल सूर्य से युक्त हो - दुःखी
4. सूर्य मंगल नीचग्रह पापग्रह की राशि में होकर चतुर्थ स्थान में स्थित हो - दुःखी
5. अष्टमेश 11वें भाव में स्थित हो - दुःखी
6. लग्न में शनि, 8 में राहु, 6 में मंगल स्थित हो - दुःखी
7. चतुर्थेश पापग्रहों के मध्य में स्थित हो - दुःखी
8. लग्नेश 12वें स्थान में हो, पापग्रह 10वें में हो - दुःखी
9. चन्द्रमा मंगल का योग किसी स्थान में हो - समृद्ध कामुक युति अथवा एक-दूसरे पर परस्पर दृष्टि हो - किन्तु दुःखी

मकान सुख योग

1. लग्न केन्द्र त्रिकोण में जिसने बलवान ग्रह हों - उतनी ही संख्या में अच्छे मकान का सुख
2. तृतीय भाव में शुभ ग्रह हो और चतुर्थेश बलवान होकर केन्द्र त्रिकोण में स्थित हो - उत्तम भवन का सुख
3. तृतीय भाव में शुभग्रह हो, चतुर्थेश बलवान हो, लग्नेश भी पूर्ण बलवान हो - उत्तम भवन का सुख
4. शुक्र बलवान होकर केन्द्र में हों - अनेक मकानों का सुख

वाहन सुख योग

1. चतुर्थेश चतुर्थ भाव में बली हो - वाहन सुख
2. सुखेश सुख भाव चतुर्थ में हो बुध से युत तथा शुभग्रहों से दृष्ट, शुभ ग्रह की राशि में हो - वाहन सुख
3. तृतीय चतुर्थ भाव में शुभराशि, शुभग्रह हो तथा शुभग्रह से युत हो - वाहन सुख
4. चतुर्थेश चन्द्रमा के साथ लग्न में हो या लग्नेश से युत हो या चतुर्थेश शुक्र से युत लग्न में हो - श्रेष्ठ वाहन सुख
5. शुक्र चन्द्रमा, चतुर्थेश, लग्नेश एक साथ हो - श्रेष्ठ वाहन सुख
6. बृहस्पति, चतुर्थेश, चन्द्रमा, शुक्र केन्द्र त्रिकोण में युति करें-श्रेष्ठ वाहन सुख
7. चतुर्थेश केन्द्र में हो और केन्द्रेश लग्न में हो - उत्तम वाहन सुख
8. दशमेश 11में हो और लाभेश 10 में हो - उत्तम वाहन सुख
9. बुध उच्च कन्या में स्थित होकर केन्द्र त्रिकोण में हो - विद्या, सम्मान वाहन सभी सुख
10. लग्न, 9, 10 में स्थित उच्च राशि का शुभ ग्रह लग्नेश से दृष्ट हो - वाहन सुख
11. चतुर्थेश दशमेश, बलवान होकर 11 भाव में स्थित हो तथा चतुर्थ स्थान पर दृष्टि हो - उत्तम वाहन सुख
12. चतुर्थेश, बृहस्पति, शुक्र बलवान होकर 9 भाव में स्थित हो तथा नवमेश केन्द्र त्रिकोण में स्थित हो - अनेक वाहनों का सुख
13. नवमेश चतुर्थेश बलवान होकर शुभग्रह से युत हो - वाहनसुख
14. शुक्र बलवान होकर केन्द्र त्रिकोण में स्थित हो तथा चतुर्थ भाव पर दृष्टि डालता हो - अनेक वाहनों का सुख

नौकर सुख योग

1. तृतीयेश, लग्नेश, परस्पर मित्र हो तथा केन्द्र त्रिकोण 11 भाव में हो - नौकर सुख
2. तृतीय भाव में पाप ग्रह हो - नौकर आज्ञा पालक किंतु नौकर को कष्ट मिलने का योग
3. षष्ठेश तृतीयेश की युति दृष्टि सम्बन्ध - नौकर से शत्रुता तथा हानि

अचल सम्पत्ति सुखयोग

1. चतुर्थेश केन्द्र त्रिकोण में बली हो तथा मंगल भी बली हो - मकान भूमि का सुख

2. लग्नेश चतुर्थेश से युत चतुर्थ भाव में हो - बिना प्रयत्न के ही मकान भूमि लाभ

टिप्पणी :-

1. अचल सम्पत्ति का कारक शनि है। अतः शनि उच्च का स्वराशि का 3, 6, 11 भावों में स्थित होने, शुभयुत दृष्ट होने पर अचल सम्पत्ति योग बनता है; किन्तु शनि पाप की कमाई से बनाई अचल सम्पत्ति नष्ट कर देता है। उसका भोग नहीं करने देता। केवल परिश्रम की कमाई ही स्थायी रहती है।
2. चतुर्थेश की दशा में भूमि का लाभ, क्रय अथवा चतुर्थेश को देखने वाले शुभग्रह की दशा में अथवा शुभग्रह गोचर से सुख भाव से जब गुजरे तब - भूमि सम्पत्ति लाभ

माता का सुख योग

1. चतुर्थेश केन्द्र त्रिकोण में होकर बली हो, शुभग्रह से युक्त दृष्ट हो, बुध व चन्द्रमा बलवान हो, शुभग्रह युत दृष्ट भी हो - माता का अच्छा सुख
2. चतुर्थेश 6, 8, 12 भावों में स्थित हो तथा चतुर्थ भाव में पापग्रह स्थित हो, बुध तथा चंन्द्रमा दोनों निर्बल नीच के पापग्रह से युत दृष्ट हो - माता की मृत्यु
3. चन्द्रमा 5, 10 भाव में स्थित हो - माता की मृत्यु
4. कर्क में राहु, मंगल, शनि हो - बचपन में ही माता
5. यदि सभी ग्रह पाप ग्रह के प्रभाव में निर्बल हों - रोगी माता
6. चन्द्रमा जिस राशि और नवांश में स्थित हो उनमें जो बलवान हो उससे 5, 9 राशि या स्थान में हो - माता की मृत्यु
7. चन्द्र लग्न से चतुर्थ भाव में पापग्रह हो तो सूर्य के गोचर में चतुर्थ भाव से जाने पर - माता की मृत्यु
8. चतुर्थ में पापग्रह हो, चतुर्थेश पापग्रह से युत दृष्ट हो - माता की बचपन में मृत्यु
9. चतुर्थ भाव में षष्ठेश, अष्टमेश, व्ययेश स्थित हो - माता की मृत्यु
10. दशम् भाव में समराशि हो और दशमेश पापग्रह हो या चन्द्रमा पापग्रह युत हो तथा चन्द्रमा से चतुर्थ स्थान में शनि राहु हो - माता का कम सुख

माता की मृत्यु का समय

चतुर्थ भाव में बैठे पाप ग्रह की दशा में माता की मृत्यु होती है। यदि पाप ग्रह नीचराशि का निर्बल हो तो माता की मृत्यु नहीं होती है। यदि चतुर्थ भाव पर शुभग्रह की दृष्टि हो तो भी माता की मृत्यु नहीं होती है।

सुख भाव का विशेष विचार तथा अन्य भावों से सुख का विचार

6, 8, 12 भावों में कोई ग्रह न हो	–	सभी सुखों का भोग
उपचय 3, 6, 9, 12 भावों में कोई ग्रह न हो	–	महाप्रतापी सदा सुखी
4 में पाप ग्रह हों	–	जातक माता को मारता है कष्ट देता है
4 में बलवान पापग्रह हो	–	माता की मृत्यु
4 में शुभग्रह हो	–	जातक माता को सुख तथा सम्मान देता है
4 में बलवान पापग्रह हो किन्तु केन्द्र में कोई ग्रह होने पर	–	माता की मृत्यु नहीं
2, 12 में पापग्रह हो	–	माता का अपमान, पीड़ा देना
4, 10 में पापग्रह हो	–	पिता का अपमान, पीड़ा देना
2, 12 में पापग्रह 1 में चन्द्रमा पापग्रह युत हो तथा 8 में शुभग्रह पाप ग्रह से युत हो	–	माता की मृत्यु
10 में पापग्रह	–	पिता की मृत्यु
7 में पाप ग्रह	–	जीवनसाथी की मृत्यु
सूर्य शनि और मंगल के बीच में हो	–	जातक पिता को मारता है
चन्द्रमा शनि और मंगल के बीच में हो	–	जातक माता को मारता है
चन्द्रमा से 8वें स्थान में पापग्रह स्थित हो, चन्द्रमा पापग्रह युत या बलवान पापग्रह से दृष्ट हो	–	माता की मृत्यु
1 में बृहस्पति, 2 में शनि, 3 में राहु हो	–	माता की मृत्यु
सिंह में मंगल, तुला में शनि, कन्या में शुक्र, मिथुन में राहु हो	–	माता की मृत्यु
11 में पापग्रह हो, 5 में शुक्र चन्द्रमा हो	–	जातक की माता को पहली सन्तान कन्या के जन्म के समय बहुत कष्ट मिलता है।
नीच चन्द्रमा शुक्र से युत हो	–	जातक का पापी महाक्रोधी होना तथा माता की मृत्यु
2 में राहु, बुध, शुक्र, शनि, सूर्य 5 ग्रह स्थित हों	–	जातक का मृत अवस्था में जन्म तथा जन्म समय माता की मृत्यु

6, 12 में पापग्रह हो	-	माता की मृत्यु
4, 10 में पापग्रह हो	-	पिता की मृत्यु
3, 7 में सूर्य 1 में मंगल हो	-	माता की मृत्यु
7, 8 में स्थित पापग्रह पर पापग्रह की दृष्टि	-	जातक तथा माता दोनों की मृत्यु
सूर्य का चन्द्रमा से युति दृष्टि सम्बन्ध	-	जातक की माता की मृत्यु जातक स्वयं धनी, गुणवान, सरल, विनम्र, शान्त स्वभाव का होता है।

सन्तान पुत्र सुख योग

5 में शुभ ग्रह हो	-	सन्तान सुख
5 में पापग्रह	-	जन्म लेते ही सन्तान की मृत्यु
5 में मंगल	-	पुत्रहीन या कुपुत्र का जन्म
स्त्री की कुण्डली में 5 में मंगल	-	पुत्रहीना
5 में सूर्य	-	सन्तानहीन अथवा शुभस्थिति में एक पुत्र का सुख
5 में चन्द्रमा	-	एक पुत्र का सुख शुभस्थिति में दो पुत्रों का सुख
उच्च या नीच का केतु 5वें स्थान में	-	सन्तान सुख नहीं, पुत्र शोक
चन्द्रमा या शुक्र को मंगल न देखे अथवामंगल को चन्द्रमा या शुक्र न देखे	-	सन्तानहीन
5 में सूर्य शुभस्थिति में	-	एक पुत्र का सुख
5 में चन्द्रमा शुभस्थिति में	-	एकपुत्र एक कन्या अथवा दो कन्याओं का सुख
5 में शुभस्थिति में मंगल	-	3 पुत्रों का सुख
5 में बुध	-	कन्या का सुख
5 में बृहस्पति	-	पुत्रसुख में बाधा विलम्ब
5 में शुक्र	-	पुत्र पुत्री सुख
सिंह या स्थिर राशि में सूर्य हो	-	सन्तान दीर्घायु, प्रसिद्ध, उच्च पदस्थ, सरकारी नौकरी या व्यवसाय में धनार्जन, आडम्बर पसन्द नहीं, सभी को प्रसन्न करने वाला, सम्मानित

सूर्य का मंगल से युति सम्बन्ध	- सन्तान पर विपत्ति
सूर्य का राहु से युति दृष्टि सम्बन्ध	-मूर्ख, अपंग, अंगहीन सन्तान
सूर्य का चन्द्रमा से युति दृष्टि सम्बन्ध	- जातक स्वयं धनी, गुणवान, सरल, विनम्र, शान्त किन्तु सन्तान के लिए अशुभ
5 में मंगल, बुध, शुक्र हो	- पुत्र मोह के कारण बदनामी
5 में सूर्य उच्च भाव में	- सन्तान सुख, 1 पुत्र, प्रथम सन्तान का नाश किन्तु पंचमेश के प्रभाव में पंचम् भाव पर शुभ ग्रह की दृष्टि होने पर अशुभ फल नहीं
5 में मेष का उच्च सूर्य भाग्येश	- कम सन्तान, प्रथम सन्तान नष्ट, किन्तु जो सन्तान जीवित रहती है उसका भविष्य अच्छा, जातक स्वयं शास्त्रज्ञ, महत्त्वाकांक्षी, परिश्रमी, सिद्धि प्राप्त, समाज में सम्मानित पद, वाकपटु, शुभ स्थिति में एक अथवा दो पुत्र
5 में मेष के उच्च भाग्येश सूर्य से मंगल का युति दृष्टि सम्बन्ध	- सन्तान सुखी, क्षमतावान, धनी, समृद्धि
5 में सूर्य का बृहस्पति से युति दृष्टि सम्बन्ध	- सन्तान प्राप्ति, ज्ञानी, लोकप्रिय
5 में सूर्य से शुक्र की युति दृष्टि सम्बन्ध	- धनी, विषय भोगी, सन्तान सुखी
5 में सूर्य से शनि की युति दृष्टि सम्बन्ध	- शारीरिक पीड़ा, सन्तान सुख, विवाह सुख में बाधा
निर्बल पंचम् भाव व शुक्र पर शनि की दृष्टि	- अविवाहित, सन्तानहीन
लग्न 4, 7, 10 केन्द्र में कोई ग्रह न हो	- उच्च का बृहस्पति नवम भाव में स्थित होकर भी लग्न को अपेक्षित बल नहीं दे पाता अत: विवाह व सन्तान सुख में बाधा
5 में उच्च मेष का सूर्य हो किन्तु पुत्रकारक बृहस्पति का पंचम् से अष्टम् भाव अर्थात् द्वादश भाव में स्थित होना	- दूसरे पुत्र का सुख न देना

नवांश कुण्डली में नीचराशि तुला
का सूर्य - केवल एक पुत्र का सुख,
पंचम् उच्च भाव में बलवान होता है बिना पढ़ा-लिखा होने पर भी
बुद्धिमान जैसा दिखाई पड़ना
5 में मेष के भाग्येश सूर्य से
बुध की - पुत्रसुख
युति अर्थात् बुधादित्य योग
5 में कर्क उच्च का बृहस्पति - सन्तान का पर्याप्त सुख
5 में सूर्य पर शुक्र शनि का प्रभाव -पुत्र के लिए अशुभ फल
किन्तु कन्या सन्तान के लिए अशुभ
फल नहीं, कन्या के बाद जन्म लेने
वाला पुत्र सुरक्षित रहता है।
5 में बृहस्पति पुरुष ग्रह युत दृष्ट हो -पुत्र सुखी
5 में शुक्र - पुत्री सुखी
5 में शनि - गर्भपात
5 में राहु - गर्भ न ठहरना
5 में 2 अथवा उपाग्रह हो या पापग्रह - स्त्री पुरुष दोनों
की दृष्टि हो सन्तान पैदा करने के अयोग्य
स्त्री की कुण्डली में जिस
अवधि में मंगल की 5वें - उस अवधि में गर्भ
भाव पर दृष्टि हो धारण
पुरुष ग्रह लग्नेश की पंचमेश पर
दृष्टि तथा - सन्तान जन्म में
चन्द्रमा पापग्रह युत होकर केन्द्र में हो बाधा
5, 7 स्थानों में शुभ भावेश
स्थित हो तथा - जीवनसाथी तथा
शुभग्रहों से दृष्ट हो अथवा
5 में चन्द्रमा पुत्र दोनों का सुख
7 में शुभ भावेश में युति
दृष्टि में हो
उपर्युक्त ग्रह योग न होने पर - जीवनसाथी तथा
पुत्र दोनों का अभाव
5 में मंगल - पुत्र की मृत्यु
1, 2, 3 में लग्नेश हो - प्रथम सन्तान पुत्र

4 में लग्नेश हो – प्रथम सन्तान पुत्री

इसी प्रकार 5, 6, 7 में लग्नेश हो –प्रथम सन्तान पुत्र

8 में लग्नेश हो – प्रथम सन्तान पुत्री

9, 10, 11 में लग्नेश हो – प्रथम सन्तान पुत्र

12 में लग्नेश – प्रथम सन्तान पुत्री

5 में सूर्य – प्रथम सन्तान नष्ट

किन्तु यदि लग्नेश नवमेश
शुभग्रह हो तथा – बाद की सन्तानें
पंचमेश बलवान हो जीवित रहना

पापग्रह 1, 7, 9, 12 में शत्रुराशि
में स्थित हो – वंश विच्छेदक दत्तक पुत्र योग

5 में चन्द्रमा – पुत्रियाँ अधिक

5 में बुध मिथुन, कन्या, मकर, कुंभ
राशि में हो तथा बुध शनि से युत – दत्तक पुत्र योग
दृष्ट हो

5 में निर्बल अस्त चन्द्रमा – पुत्री होकर मर जाना

पंचमेश मंगल हो – पुत्रसुख

मंगल निर्बल, पापग्रह युत दृष्ट
या पापग्रहों के – सन्तान सुख की
मध्यस्थित हो हानि

5 में निर्बल, नीच का वक्री
अस्तग्रह हो – सन्तान सुख हेतु हानिकारक

बृहस्पति 5 पर दृष्टि डाले किन्तु 5 में – पुत्रसुख
पुरुष राशि भी हो

पंचमेश शुक्र हो, 5 में शुक्र हो या शुक्र – पुत्री का सुख
की दृष्टि हो

5 में शनि की स्थिति दृष्टि हो – गर्भ व सन्तान की हानि

शनि षष्ठेश, अष्टमेश, व्ययेश होकर 5 में – गर्भ के कारण
स्थित हो या पंचमेश से युत हो स्त्री की मृत्यु

5 में राहु केतु स्थित हो या दृष्टि हो – सन्तान हानि

पंचमेश एकादशेश होकर कोई पापग्रह – सन्तान सुख
भी पंचम् भाव में बैठा हो

पंचम् भाव में जितने पुरुष ग्रह स्थित हों या– उतने पुत्रों का
उनकी दृष्टि हो सुख

पंचम् भाव में जितने स्त्री ग्रह स्थित हों या उनकी दृष्टि हो	-	उतनी पुत्रियों का सुख
पंचम् भाव में पापग्रह स्थित हो, बृहस्पति से पंचम् स्थान में शनि स्थित हो	-	दूसरी या तीसरी पत्नी से सन्तान
पंचमेश व बृहस्पति पुरुष राशि या पुरुष राशि के नवांश में स्थित हो	-	पुत्रों की संख्या अधिक
पंचमेश व बृहस्पति स्त्री राशि या स्त्री राशि के नवांश में स्थित हो	-	पुत्रियों की संख्या अधिक
बृहस्पति से 5वें 10वें स्थान में पापग्रह हो	-	पुत्र की मृत्यु, पुत्र सुख की कमी
शनि से 5वें 10वें स्थान में पापग्रह हो	-	पुत्र की मृत्यु, पुत्र सुख में कमी
बुध और लग्नेश दोनों लग्न के अलावा अन्य केन्द्र में है	-	पुत्र सुख में बाधा

पुरुष की कुण्डली में विलम्ब से सन्तान प्राप्ति का योग

1. लग्नेश, पंचमेश, नवमेश तीनों शुभग्रह से युत होकर 6, 8, 12वें में स्थित हों
2. 10 में सभी शुभग्रह हों और 5 में सभी पापग्रह हों

3. पापग्रह की राशि लग्न में है, सूर्य पापग्रह से युत होकर निर्बल हो और मंगल समराशि 2, 4, 6, 8, 10, 12 में स्थित हो	-	30 वर्ष की आयु में सन्तान सुख
4. कर्क चन्द्रमा पापग्रह युक्त दृष्ट हो और सूर्य पर शनि की दृष्टि हो	-	60 वर्ष की आयु के बाद वृद्धावस्था में पुत्र सुख
5. पंचमेश व बृहस्पति 1, 4, 7, 10 में हो	-	36 वर्ष की आयु के बाद सन्तान सुख
6. बृहस्पति 9 में हो और बृहस्पति से 9वें स्थान अर्थात् 5वें भाव में शुक्र लग्नेश में युत हो	-	40 वर्ष की आयु के बाद सन्तान सुख
7. राहु, सूर्य, मंगल तीनों 5 में हों	-	सन्तान का अभाव

8. पंचमेश नीचराशि में हो, लग्नेश लग्न में हो और बुध केतु 5 में हो - कठिनाई कष्ट से पुत्र प्राप्ति

स्त्री की कुण्डली में सन्तान अभाव का योग

1. 7 में शनि 1 में सूर्य हो
2. सूर्य शनि 7 में, चन्द्रमा 10 में हो तथा बृहस्पति इन दोनों भावों पर दृष्टि न डालता हो
3. षष्ठेश, सूर्य, शनि तीनों ग्रह 6 में हो और चन्द्रमा 7 में बुध से दृष्ट न हो
4. शनि मंगल 6 और 4 स्थान में हो
5. 6, 8, 12 के स्वामी 5 में हो या पंचमेश 3, 6, 12 भावों में हो, पंचमेश नीच का या अस्तंगत हो
6. 4, 8, 10, 12 राशियों का बृहस्पति 5 भावों में हो
7. तृतीयेश 1, 2, 3, 5 में हो तथा शुभग्रह से युत दृष्ट न हो
8. द्वितीयेश पंचमेश निर्बल हो और पंचम् स्थान पर पापग्रहों की दृष्टि हो
9. पंचम् भाव में पापग्रह हो और पंचमेश नीच का हो तथा उसे शुभग्रह न देखते हों बृहस्पति दो पापग्रहों के बीच में हो एवं पंचमेश जिस स्थान में स्थित हो उससे 6, 8, 12वें स्थानों में पापग्रह स्थित हों।

पुत्र प्राप्ति का समय या गर्भधारण का समय

1. लग्न, चन्द्रमा से 5वें स्थान, बृहस्पति से 5वें स्थान पुत्रदायक होते हैं। इन पर से गोचरवश जब बृहस्पति या कोई शुभग्रह गुजरता है या उसकी दशा अन्तर्दशा आती है तब पुत्र जन्म का योग बनता है।
2. (क) पंचमेश या लग्नेश, (ख) बृहस्पति, (ग) पंचम् भाव पर दृष्टि डालने वाला ग्रह तथा (घ) पंचम् भाव में स्थित ग्रह, ये चारो में से जो ग्रह पूर्णबली और शुभग्रह युत दृष्ट हों तो अपनी दशा अन्तर्दशा में पुत्र लाभ देता है।
3. लग्नेश व पंचमेश के राशि अंश जोड़ने पर जो राशि अंश बनता हो उस पर जब गोचरवश का बृहस्पति आए तब पुत्र जन्म।
4. बृहस्पति की दशा में - सन्तान का गर्भ में आना या सन्तान का जन्म
5. लग्नेश की दशा में - सन्तान का गर्भ में आना या सन्तान का जन्म
6. एकादशेश की दशा में - सन्तान का गर्भ में आना या सन्तान का जन्म
7. गोचरवश बृहस्पति की जन्म लग्न, चन्द्र लग्न, सूर्य लग्न के 5वें या 11वें भाव में स्थिति अथवा दृष्टि गोचर गमनवश हो - सन्तान जन्म

सन्तान पुत्र प्राप्ति के उपाय

चन्द्रमा, बुध, शुक्र सन्तान सुख में बाधक हो - रुद्राभिषेक पूजन से लाभ

बृहस्पति सन्तान सुख में बाधक हो - मन्त्र-तन्त्र, औषधि प्रयोग से लाभ, सन्तान गोपाल मन्त्र से लाभ, हरिवंश पुराण की कथा से लाभ

सन्तान सुख में शनि, राहु, केतु, मंगल, बाधक हो - कुल देवता की पूजा, कुलदेवी की पूजा, 5वें भाव में जो राशि हो उसकी संख्या के बराबर हरिवंश पुराण कथा का पारायण प्राचीन देव स्थान में पति पत्नी करें अथवा सन्तान गोपाल मन्त्र का पाठ करें। पंचमेश अथवा बृहस्पति की जड़ी पूजा कर निर्धारित दिन निर्धारित रंग के कपड़े में दाहिने हाथ में बाँधने से भी लाभ होता है। लग्नेश की जड़ी भी इसी विधि से धारण की जा सकती है।

टिप्पणी :-

1. उपर्युक्त सभी उपाय पूर्ण श्रद्धा तथा विश्वास के साथ किए जाएँ। सफलता निश्चित है।
2. सन्तान पुत्र-पुत्री सुख का विचार पति पत्नी दोनों की कुण्डली देखकर करना चाहिए।
3. उपाय, पूजा-पाठ, जड़ी धारण आदि पति-पत्नी दोनों मिलकर करेंगे तभी सफलता मिलेगी अन्यथा नहीं।
4. जड़ी धारण पति-पत्नी की अलग-अलग कुण्डली पर विचार कर अलग-अलग ग्रह की धारण की जाएगी।

विद्या, बुद्धि, शिक्षा, पढ़ाई योग

पंचम् भाव बुद्धि का तथा द्वितीय भाव विद्या तथा वाणी वाक्शक्ति का है। अतः द्वितीय भाव, द्वितीयेश, द्वितीय भाव में स्थित ग्रह तथा द्वितीय भाव पर दृष्टि डालने वाले ग्रह एवं पंचम् भाव, पंचमेश, पंचम् भाव में स्थित ग्रह तथा पंचम् भाव पर दृष्टि डालने वाले ग्रह का विद्या, बुद्धि, शिक्षा, पढ़ाई का सौभाग्य देते हैं। इनकी बलवान तथा शुभ स्थिति से ही पढ़ाई, लिखाई, नौकरी, व्यवसाय, रोजगार का योग बनता है। पंचम् से पंचम् स्थान भाग्य नवम् स्थान होता है। अतः सभी कुछ वहीं से भी निर्धारित होता है क्योंकि नवम् का नवम् स्थान भी पंचम् भाव है।

इन सभी योगकारक ग्रहों में जो ग्रह सबसे अधिक बलवान, शुभ स्थिति में तथा प्रभावशाली होता है। वही शिक्षा के मामले में निर्णायक भूमिका अदा करता है। बुध बृहस्पति बुद्धिदायक ग्रह हैं। अतः इनकी बलाबल, शुभाशुभ की स्थिति शिक्षा को प्रभावित करती है।

बलवान बुध का पंचम् भाव पर प्रभाव जातक को प्रखर बुद्धि देकर गणित तथा गणना में तेज बनाता है। यही बात बृहस्पति के लिए भी सही है क्योंकि

बृहस्पति भाषा, ज्ञान का कारक है। शनि राहु विदेशी भाषा के कारक तथा विदेश में शिक्षा के कारक हैं। अतः इनका भी शिक्षा के क्षेत्र में योगदान है।

1. पंचमेश, बुध बृहस्पति की उत्तम स्थिति उच्च राशि स्वराशि का होकर केन्द्र त्रिकोण में शुभ युत दृष्ट हों तथा 6, 8, 12 पापग्रह वक्री, नीचग्रह, शत्रुग्रह के प्रभाव न हों – जातक बुद्धिमान

2.	द्वितीय चतुर्थेश, बुध, बृहस्पति, पंचमेश अशुभ स्थिति में निर्बल 6, 8, 12 पाप, नीच, ग्रहों के प्रभाव में हो	– बुद्धिहीन शिक्षा में बाधा
3.	द्वितीयेश, पंचमेश व बुध, केन्द्र त्रिकोण में शुभ युत दृष्ट हों	– विद्या बुद्धि की उन्नति
4.	पंचम् भाव, पंचमेश, बृहस्पति से प्रभावित युत दृष्ट हो या उसकी राशि में हो	– संस्कृत व्याकरण, भाषा, न्याय, धर्म, नीति, उपदेश की शिक्षा प्राप्त करने में उन्नति अध्यापन, शिक्षा, वित्त, बीमा, पत्रकारिता, वाणिज्य का ज्ञान
5.	पंचम् भाव पंचमेश, बुध से प्रभावित हो	– ज्योतिष, गणित, लेखा, पत्रकारिता विज्ञान, कानून की शिक्षा में उन्नति मुद्रण, प्रकाशन का ज्ञान
6.	पंचम् भाव पंचमेश शुक्र से प्रभावित हो	– कविता, साहित्य, ज्योतिष, फोटोग्राफी, नाटक, फिल्म, मुद्रण, प्रकाशन, रसायन, प्लास्टिक, रेशम, विज्ञान, जीव विज्ञान, संगीत, अभिनय चित्रकला की शिक्षा प्राप्त करने में सफलता, वकालत में सफलता
7.	पंचम् भाव पंचमेश शनि से प्रभावित हो	– विदेशी भाषा, विज्ञान, तकनीकी इंजीनियरी, भूगर्भ, खनिज, लोहा, धातु, पत्थर सीमेन्ट, बालू, पेट्रोलियम, कोयला, वाहन, इतिहास, सामाजिक विज्ञान, यातायात, कृषि, पशुपालन, कानून न्यायशास्त्र, न्यायालय, कम्प्यूटर, संसद, विधानसभा सम्बन्धी विषयों की शिक्षा में सफलता, राजनीति में सफलता
8.	पंचम् भाव पंचमेश सूर्य से प्रभावित हो	– प्रशासन, सरकारी व्यवस्था, चिकित्सा, दवा, कृषि सम्बन्धी शिक्षा

9.	पंचम् भाव पंचमेश चन्द्रमा से प्रभावित हो	- जल, जलवायु, जल परिवहन, वन, वनस्पति, उद्यान, फल, कृषि, अनाज, दवा, चिकित्सा, रसायन, सुगन्धित द्रव्य, सौन्दर्य प्रसाधन, होटल, पर्यटन, खाद्य, मसाले, दूध, कपास, वस्त्र सम्बन्धी शिक्षा
10.	पंचम् भाव पंचमेश मंगल से प्रभावित	- भूमि, भवन, निर्माण, संगठन, चिकित्सा, सर्जरी, गणित, इंजीनियरी, लेखा, बिजली, वाहन, मशीन, कलपुर्जे, सेना, पुलिस फोर्स सम्बन्धी विषयों की शिक्षा
11.	पंचम् भाव पंचमेश राहु से प्रभावित हों	- विदेशी भाषा, विदेशी विनिमय, विदेश व्यापार, राजनीति सम्बन्धी विषयों की शिक्षा

टिप्पणी :-

1. उपर्युक्त ग्रहों में जो ग्रह उच्च स्वराशि का केन्द्र त्रिकोण में स्थित हो, केन्द्रेश त्रिकोणेश हो, शुभ युत दृष्ट हो तथा पापग्रहों 6, 8, 12 के प्रभाव में न हो अर्थात् सबसे अधिक बलवान हो उसी से सम्बन्धित विषय पढ़ने में जातक को सफलता मिलती है। द्वितीयेश, चतुर्थेश, पंचमेश, दशमेश तथा इन भावों में स्थित ग्रह इनमें से जो सबसे अधिक बलवान तथा शुभ स्थिति में हो उसी के कारकत्व के विषय पढ़ने में जातक को सफलता मिलती है।
2. केतु का द्वितीय, चतुर्थ, पंचम, दशम् भाव से सम्बन्ध हो तो जातक कम्प्यूटर में सफल होता है।

शिक्षा के विषय निर्धारण का विशेष ज्ञान

शनि का बुध, बृहस्पति, चतुर्थ भाव से सम्बन्ध	- इतिहास
बुध का चन्द्रमा, शुक्र शनि से सम्बन्ध हो	- गणित, अर्थशास्त्र, मंगल
शनि	- भूगर्भ
मंगल, राहु, शनि बलवान होकर परस्पर सम्बन्ध बनाएं तथा बुध से युत हो	- भूगोल
राहु, शुक्र, शनि, सूर्य, बुध की युति	- अंग्रेजी भाषा
मंगल, शनि	- यांत्रिकी, इंजीनियरी विद्युत इंजीनियरी
शुक्र	- सिविल इंजीनियरी

बुध	–	योजना, नियोजन सांख्यकी, गणना, लेखा
मंगल	–	ऊर्जा
बृहस्पति शनि	–	अन्तरिक्ष, वायुमंडल
चन्द्रमा	–	जलस्रोत, समुद्र, नदी, कुआँ, नहर, तालाब
मेष, कर्क, तुला, मकर, राशियाँ	–	सफल इंजीनियर, वैज्ञानिक
केन्द्र त्रिकोण में बधु, शुक्र, शनि राहु	–	सिविल इंजीनियरी
मंगल, शनि का दशम् भाव पर प्रभाव	–	यांत्रिक इंजीनियरी
बलवान, सूर्य, मंगल, बृहस्पति	–	चिकित्सा में सफल
मंगल	–	शल्य चिकित्सा, अस्थि चिकित्सा
सूर्य, चन्द्रमा, बुध	–	मानसिक चिकित्सा
चन्द्रमा बुध	–	मस्तिष्क रोग चिकित्सा
शुक्र	–	कानून की शिक्षा, वकालत
दशम् पर सूर्य, मंगल, बुध, बृहस्पति का प्रभाव	–	प्रबन्ध की योग्यता, एम.बी.ए.
2, 10, 11 भावों पर सूर्य, बुध, बृहस्पति, शनि का प्रभाव	–	व्यापार

टिप्पणीः– विषयों के योगकारक ग्रह यदि कमजोर और अशुभ स्थिति में हों तो उनके कारकत्व के विषयों की ओर केवल झुकाव हो सकता है; किन्तु सफलता नहीं मिल पाती है।

कुण्डली में शिक्षा के अन्य योग

चन्द्रमा मन तथा बुध बुद्धि का प्रतिनिधित्व करता है, कारक है। बुध तथा बृहस्पति विद्या एवं वाणी के भी कारक हैं। लग्न तथा लग्नेश का भी शिक्षा के क्षेत्र में उन्नति के मामले में प्रभाव रहता है। यदि लग्न, द्वितीय, पंचम् भाव बलवान तथा शुभस्थिति में हो तथा चन्द्रमा, बुध, बृहस्पति लग्न, लग्नेश, द्वितीय द्वितीयेश, पंचम् पंचमेश भी बलवान तथा शुभ स्थिति में होने पर पढ़ाई अच्छी होती है। कुण्डली में ऊपर लिखे योगकारक ग्रह नीच के, 6, 8, 12 तथा पापग्रहों से पीड़ित होने पर पढ़ाई में बाधा पड़ती है।

शिक्षा पढ़ाई के लिए शुभ ग्रह स्थितियाँ तथा भावानुसार विषय

1. लग्न में बुध बृहस्पति स्थित हों तो बृहस्पति की पंचम् भाव पर दृष्टि होती है तथा सप्तम् रोजगार भाव पर दोनों की दृष्टि होती है। अत: जातक अनेक विषय पढ़ने की क्षमता रखता है तथा पढ़ने में तेज होता है।
2. द्वितीय भाव भाषा, साहित्य, लिपि, कण्ठ, वाणी, संगीत, भाषण कला, नेत्र, चित्रकला, गणित, अर्थशास्त्र से सम्बन्धित होता है।
3. तृतीय भाव भौतिकी, चित्रकला, सैन्य विज्ञान, विज्ञान से सम्बन्धित होता है।
4. चतुर्थ भाव गृह विज्ञान, जीव विज्ञान, सामाजिक विज्ञान, वाहन इंजीनियरी, एरोनाटिकल इंजीनियरी, भूगर्भ इंजीनियरी, सिविल इंजीनियरी, भूगोल, समाजशास्त्र, वास्तुकला से सम्बन्धित होता है।
5. पंचम् भाव अध्यापन, प्रशिक्षण, बी.एड., शिक्षण, मन्त्र शास्त्र, वैयक्तिक सहायक, आशुलिपिक, टाइपिस्ट से सम्बन्धित होता है।
6. षष्ठ भाव न्यायालय, कानून, वकालत, सेना, पुलिस, चिकित्सा, रसायन से सम्बन्धित होता है।
7. सप्तम् भाव चार्टर्ड एकाउन्टेन्ट, बैंकिंग, लेखा, विदेशी विनिमय से सम्बन्धित होता है। इससे राजनयिक सम्बन्ध अन्तर्राष्ट्रीय सम्बन्ध का भी विचार होता है।
8. अष्टम् भाव जन्तु विज्ञान, इतिहास, भूगर्भ, ज्योतिष से सम्बन्धित होता है।
9. नवम् भाव धर्म, पुराण, उपदेश, संस्कृत, वेद, उपनिषद, पूजा-पाठ, धर्म-कर्म, कर्मकाण्ड, पुरोहित कर्म से सम्बन्धित है।
10. दशम् भाव राज्य प्रशासन, व्यापार, राजनीति, प्रजातन्त्र, निर्वाचन, संसद, विधायिका तथा लोक प्रशासन से सम्बन्धित है।
11. एकादश भाव रत्न, बैंकिंग, वाणिज्य, पत्रकारिता, मुद्रा, वित्त विज्ञापन, मीडिया, आकाशवाणी, दूरदर्शन, संचार, रेल, डाक, यातायात, वाहन से सम्बन्धित है। इसमें वाणित्य अर्थशास्त्र का भी विचार किया जाता है।
12. द्वादश भाव दण्ड, विदेश सम्बन्ध, विदेशी व्यापार, विदेशी विनिमय, विदेशी भाषा, षड्यंत्र, गुप्तचर सेवा से सम्बन्धित है।

टिप्पणी :- कुण्डली के जिस भाव में उस भाव का स्वामी, कारक, उच्च का स्वराशि का शुभयुत दृष्ट ग्रह बैठा हो तो जातक उस भाव से सम्बन्धित विषय पढ़ने में सफल होता है। जिस भाव में 6, 8, 12 के भावेश तथा पाप ग्रह बैठे हों या नीच का ग्रह, वक्री ग्रह बैठा हो उस भाव के विषय पढ़ने में कठिनाई आती है।

शिक्षा और पढ़ाई के योग का निर्धारण

यदि पंचमेश नीचराशि, वक्री, स्तम्भित, अस्त या 6, 8, 12 के प्रभाव में हो तो शिक्षा पढ़ाई में विघ्न बाधा पड़ने का योग बनता है। यदि उच्चराशि स्वराशि का बृहस्पति लग्न में बैठा हो तो शिक्षा के मार्ग में आने वाली बाधाएँ दूर होती हैं। उच्चराशि, स्वराशि पंचमेश केन्द्र त्रिकोण में शुभयुत दृष्ट हो तथा 6, 8, 12 एवं नीचराशि, पापग्रह वक्री ग्रह के प्रभाव में न हो तथा पंचम् पर दृष्टि डालता हो तो अच्छी उच्च शिक्षा प्राप्त करने का योग बनता है।

शिक्षा में बुध तथा बृहस्पति की स्थिति का विशेष प्रभाव रहता है। साथ ही द्वितीय भाव द्वितीयेश, चतुर्थ भाव चतुर्थेश, पंचम् भाव पंचमेश तथा दशम् भाव दशमेश और चन्द्रमा का सम्मिलित प्रभाव पड़ता है क्योंकि यदि चन्द्रमा नीचराशि वृश्चिक में, कृष्ण पक्ष का, अस्त, पापग्रह के प्रभाव में 6, 8, 12 या नीचग्रह के प्रभाव में हो तो जातक का मनोबल कमजोर होने के कारण पढ़ाई में न तो मन लगता है और न पढ़ने की इच्छा और उत्साह होता है।

लग्न में स्थित बृहस्पति ज्ञान की ओर झुकाव, जिज्ञासा, आगे बढ़ने, ऊपर उठने, उन्नति करने की प्रेरणा देता है। यदि अष्टमेश लग्न में बैठ जाए तो शिक्षा के क्षेत्र में नई खोज करता है। यद्यपि अष्टमेश के लग्नस्थ होने के कारण पढ़ाई में विघ्न, बाधा, रुकावट भी आ सकती है। नई खोज के क्षेत्र में वैज्ञानिक खोज, ज्योतिष तथा कविता, अभिनय, संगीत फिल्म आते हैं। इन क्षेत्रों में उल्लेखनीय सफलता मिल सकती है।

पंचमेश नवमेश यदि केन्द्र में हो तो शिक्षा 21 या 22 वर्ष में पूरी होती है। यदि त्रिकोण में हो तो 23 से 30 वर्ष में पूरी होती है। कुण्डली में अपनी स्थिति के अनुसार परिश्रम पराक्रम का कारक मंगल प्रभाव डालता है क्योंकि परिश्रम लगन के बिना तो पढ़ाई सम्भव ही नहीं है। आत्मबल के कारक सूर्य की भी कुण्डली में अच्छी स्थिति हो तभी पढ़ाई पूरी हो सकती है क्योंकि मनोबल अस्थायी होता है जबकि आत्मबल स्थायी होता है।

इष्ट देव, उपास्य देवता का विचार

1. पंचम् भाव में स्त्री ग्रह शुक्र चन्द्रमा स्थित हो या दृष्टि डालता हो - लक्ष्मी, गौरी, दुर्गा, उपासक
2. पंचम् भाव में पुरुष ग्रह सूर्य मंगल बृहस्पति स्थित हो या दृष्टि डालता हो - सूर्य, गणेश, शिव का उपासक
3. पंचम् में सूर्य की स्थिति या दृष्टि हो - सूर्य उपासक
4. पंचम् में चन्द्रमा की स्थिति या दृष्टि हो - लक्ष्मी, दुर्गा, गौरी उपासक
5. पंचम् में मंगल की स्थिति या दृष्टि हो - गणेश, हनुमान, भैरव उपासक

6. पंचम् में बुध की स्थिति या दृष्टि हो - देवी का उपासक
7. पंचम् में बृहस्पति की स्थिति या दृष्टि हो - विष्णु के अवतारों राम कृष्ण का उपासक
8. पंचम् में राहु केतु की स्थिति या दृष्टि हो - दुर्गा, श्मशान, कालिका, अघोर, पिशाच उपासक, तांत्रिक
9. द्वादश भाव से नवमेश दशमेश का युति दृष्टि सम्बन्ध- दानी, देवालय निर्माता
10. पंचम् भाव से पापग्रहों का सम्बन्ध हो - तमोगुण उग्रदेवता, भैरव उपासक
11. पंचम् भाव से शुभग्रहों का सम्बन्ध - शांत सतो गुण प्रधान देवता का उपासक
12. पंचम् भाव में शनि की स्थिति या दृष्टि हो - पिशाच, प्रेत, ब्रह्मदेव का उपासक
13. पंचम् में बृहस्पति केतु अथवा सूर्य केतु की युति हो - शिवभक्त
14. पंचम् में सूर्य की स्थिति दृष्टि - शिवभक्त, सूर्य उपासक
15. व्ययेश 2, 8 में स्थित होकर पंचमेश से सम्बन्ध युति दृष्टि द्वारा स्थापित करें - सत्वगुण प्रधान देव का उपासक
16. पंचम् में चन्द्रमा केतु की युति - पार्वती शक्ति का उपासक
17. पंचम् में शुक्र केतु की युति - महालक्ष्मी का उपासक
18. बुध शनि चतुर्थेश पंचम् भाव में स्थित हो - विष्णु उपासक
19. बृहस्पति जिस राशि के नवांश में स्थित हो उस नवांशाधिपति की बृहस्पति शुक्र पर दृष्टि - गुरुभक्त
20. पंचम् भाव का चन्द्रमा से स्थिति दृष्टि सम्बन्ध हो - यक्षिणी उपासक, देवी उपासक
21. पंचम् भाव का मंगल से सम्बन्ध (भाव स्वामी, स्थिति, दृष्टि) - कार्तिकेय, भैरव, हनुमान उपासक
22. पंचम् का राहु से सम्बन्ध - परपीड़क देवता का उपासक, प्रेत उपासक
23. पंचम् का शुक्र से सम्बन्ध - चामुण्डादि शक्ति देवी का उपासक
24. पंचम् का बृहस्पति से सम्बन्ध - सरस्वती का उपासक
25. पंचम् का शनि से सम्बन्ध - प्रेत उपासक
26. उच्च बृहस्पति तथा उच्च चन्द्रमा पंचम् भाव में स्थित हो तथा शुभग्रह युक्त दृष्ट हो - वेद ज्ञाता होकर प्राकृतिक शक्तियों का उपासक
27. लग्नेश पर किसी भी ग्रह की दृष्टि ने हो किन्तु लग्नेश की शनि पर दृष्टि हो अथवा शनि पर किसी भी ग्रह की दृष्टि न हो - प्रसिद्ध उपासक
28. कर्क से धनु तक 6 राशियों में राहु केतु को छोड़कर शेष सातों ग्रह स्थित हों किंतु कोई भी राशि ग्रहहीन न हो - प्रसिद्ध पूज्य उपासक

रोग योग

रोग के भाव 6, 8, 12 हैं। द्वितीयेश, षष्ठेश, सप्तमेश की मारकेश दशा में रोग का प्रकोप होता है। 2, 6, 7, 8, 12 भावों पर से लग्नेश के गोचरवश पारगमन के समय रोगों का प्रकोप होने की संभावना बनती है। नीच का लग्नेश जिस भाव में स्थित हो उस भाव से सम्बन्धित अंग में रोग होता है। चन्द्रमा बुध निर्बल होने पर मानसिक रोग, मस्तिष्क रोग, त्वचा रोग, मन्दबुद्धि, बुद्धिहीनता आलस्य रोग प्रकोप करते हैं। सूर्य निर्बल होने पर हृदय रोग का प्रकोप होता है।

निरोग योग –

1. लग्न में बुध, बृहस्पति, शुक्र की स्थिति या दृष्टि जातक को निरोग या रोगमुक्त रखती है।
2. लग्नेश स्वराशि, मित्रराशि में होने या शुभग्रहों से युत दृष्ट उच्चराशि उच्चभाव का होने पर जातक निरोग रहता है।
3. लग्नेश 11वें भाव मे बलवान उच्च राशि मित्रराशि का महाबलवान होता है; किंतु चर लग्न न हो। अतः निरोग शरीर का सुख मिलता है।
4. लग्नेश अपनी राशि के नवांश में हो तो शरीर सुदृढ़ तथा निरोग रहता है।
5. चन्द्रमा निर्बल होने पर जुकाम, बुखार, खाँसी, दमा, स्त्रियों के मासिक चक्र के रोगों का प्रकोप होता है।
6. मंगल कर्क में नीच का हो या चतुर्थ नीच भाव में हो तो दाँत विकार, रक्त विकार, चर्म रोग, फोड़े फुन्सी, घाव, कैंसर, हड्डी टूटना, ऑपरेशन की संभावना रहती है।
7. बुध नीच का मीन में या नीच भाव 12 में हो तो वाणी दोष, श्वास सम्बन्धी विकार, दिमागी विकार, कमजोर स्मरण शक्ति व निर्णय शक्ति रक्तचाप के विकार उत्पन्न होते हैं।
8. शुक्र नीचराशि कन्या में या नीच भाव 6 में होने पर शक्तिहीनता, वीर्य विकार, पागलपन, चर्मरोग, नेत्र रोग, अवसाद का प्रकोप होने का योग बनता है।
9. बृहस्पति नीचराशि मकर या नीच भाव 10 में होने पर खाँसी, बलगम, गले के रोग, चर्म रोग, मोटापा जैसे रोग हो सकते हैं।
10. शनि नीच राशि मेष या नीच भाव लग्न में होने पर जोड़ों का दर्द, पीठ, घुटनों में दर्द, पेट रोग होने का भय रहता है।
11. धनु मकर में नीच का राहु हो – गुप्तांग रोग, असाध्य रोग, पेट रोग।
12. मिथुन कर्क में नीच का केतु हो – पेट में कीड़े मियादी बुखार।

यौन रोग के योग

कुण्डली में बुध तथा शुक्र की अशुभ स्थिति के कारण संक्रामक रोग, यौन रोग, गर्मी (सिफलिस) सुजाक (गोनोरिया), एड्स, एच.आई.वी., प्रदर रोग (लुकोरिया) आदि होते हैं क्योंकि जीवन रक्षा प्रणाली कमजोर हो जाती है। लग्नेश के निर्बल नीच का होने, 6, 8, 12 के प्रभाव अथवा पापग्रह के प्रभाव से पीड़ित होने के कारण भी जीवनरक्षक प्रणाली अस्त व्यस्त हो जाती है। इससे रोग प्रतिरोधक क्षमता क्षीण हो जाती है। सूर्य, मंगल नीच के होने, पापग्रह के प्रभाव में होने के कारण भी संक्रामक तथा छूत के रोग फैलने की आशंका रहती है।

यौन रोग त्वचा को प्रभावित करते हैं। बुध त्वचा का कारक है। अतः बुध के नीचराशि में होने, 6, 8, 12 के प्रभाव में होने पर बुध कमजोर हो जाता है। शुक्र यौन सम्बन्ध का कारक है। अतः शुक्र नीच का 6, 8, 12 में नीच वक्री पापग्रह के प्रभाव में होने पर कमजोर हो जाता है। मंगल रक्त लालकणों का कारक है अतः कर्क में चतुर्थभाव में नीच का मंगल पापयुत 6, 8, 12 के प्रभाव में कमजोर होकर रक्त के दूषित होने का योग बनता है।

यौन रोगों के लिए अशुभ ग्रह स्थिति

लग्न	लग्नेश	यौन रोग के लिए अशुभ ग्रह स्थिति
मेष	मंगल	मंगल 6, 8 में राहु केतु युत दृष्ट हो, लग्न में बुध शुक्र की युति हो सूर्य 12 में शनि से युत दृष्ट हो
वृषभ	शुक्र	शुक्र सूर्य से अस्त होकर 6, 8, 12 में हो, मंगल 1, 3, 4, 7 में बृहस्पति से युत हो चन्द्रमा 7 में हो
मिथुन	बुध	बुध 6 में शनि से युत दृष्ट हो शुक्र 7 में मंगल से युत दृष्ट हो और चन्द्रमा 8 में हो
कर्क	चन्द्रमा	चन्द्रमा 5 में राहु युत, बृहस्पति 7 में बुध युत, शुक्र 8 में शनियुत दृष्ट हो
सिंह	सूर्य	सूर्य 6 में राहु केतु युत, बुध 5 में शनियुत, दृष्ट, चन्द्रमा 2, 8 में हो
कन्या	बुध	बुध 7 में बृहस्पति युत, सूर्य 8 में शुक्र 6 में केतु युत दृष्ट हो
तुला	शुक्र	शुक्र 6 में केतु युत, सूर्य 7 में बुध युत, मंगल लग्न में चन्द्रयुत हो

वृश्चिक	मंगल	मंगल 5 में शनियुत, बुध 7 में शुक्र युत, राहु से दृष्ट हो, सूर्य 6 में चन्द्रमा युत हो तथा चन्द्रमा अस्त हो
धनु	बृहस्पति	बृहस्पति अस्त होकर 5 में, बुध 6 में हो, शुक्र 7 में राहु युत दृष्ट हो शनि 8 में चन्द्र युत हो
मकर	शनि	शनि 6 में सूर्य से अस्त, बृहस्पति लग्न में मंगल युत दृष्ट, शुक्र 8 में राहु युत दृष्ट हो
कुंभ	शनि	शनि 6 में मंगल से युत, बृहस्पति चन्द्रमा से युत हो 7 में राहु युत दृष्ट बुध हो, सूर्य 9 में हो
मीन	बृहस्पति	बृहस्पति 5 में अस्त हो, शुक्र 7 में राहु युत हो, बुध 6 में, सूर्य 5 में, मंगल 2 या 8 में हो

जन्म लग्नानुसार गुप्तोंग रोग

जन्म लग्न	**लग्नेश**	**भावों में ग्रहस्थिति**	**गुप्तांगरोग**
मेष	मंगल	6, 8 में मंगल राहु केतु दृष्ट लग्न में बुध शुक्र की युति सूर्य 12 में शनि से दृष्ट	सुजाक
वृषभ	शुक्र	शुक्र सूर्य से युत होकर 6, 8, 12 में मंगल 1, 3, 4, 7 में बृहस्पति से युत दृष्ट, चन्द्रमा 7 में	सुजाक
मिथुन	बुध	बुध 6 में शनियुत दृष्ट चन्द्रमा 8 में	सुजाक या गर्मी
कर्क	चन्द्रमा	चन्द्रमा 5 में राहु युत बृहस्पति 7 में बुध युत शुक्र 8 में	सुजाक या संक्रामक रोग एच.आई.वी.
सिंह	सूर्य	शुक्र 7 में, सूर्य 6 में राहु केतु युत दृष्ट बुध 5 में शनि युत दृष्ट, चन्द्रमा 2 या 8 में	सुजाक गर्मी एच.आई.वी.
कन्या	बुध	लग्न में मंगल 7 में बुध बृहस्पति से युत सूर्य 8 में शुक्र 6 में केतु युत	सुजाक या संक्रामक रोग स्त्री के उदर रोग
तुला	शुक्र	शुक्र 6 में केतु युत सूर्य 7 में बुध युत लग्न में चन्द्रमा से युत मंगल हो	सुजाक स्त्री को प्रदर रोग

वृश्चिक	मंगल	मंगल 5 में शनि युत	सुजाक, गर्मी,
		बुध 7 में शुक्र युत	संक्रामक रोग
		राहु दृष्ट सूर्य 6 में	संक्रमण
		चन्द्रमा अस्त हो	स्त्री प्रदररोग
धनु	बृहस्पति	बृहस्पति अस्त होकर 5 में	सुजाक
		बुध 6 में उदय हो शैशवावस्था में हो शनि 8 में चन्द्रयुत हो	एच.आई.वी.
मकर	शनि	बृहस्पति लग्न में मंगल युत दृष्ट है	सुजाक
		बुध 7 में चन्द्रयुत, शुक्र 8 में	गर्मी
		राहु युत, दृष्ट हो शनि 6 में सूर्य अस्त हो	संक्रमण
कुंभ	शनि	शनि 6 में मंगल युत हो	गर्मी
		बृहस्पति चन्द्र युत 7 में हो	स्त्री प्रदर रोग
		बुध राहु से दृष्ट 12 में हो	
		शुक्र 8 में राहु दृष्ट हो	
		सूर्य 9 में हो	
मीन	बृहस्पति	बृहस्पति शुक्र 7 में राहु युत	सुजाक
		बुध 6 में, सूर्य 5 में,	गर्मी
		मंगल 2 या 8 में, बृहस्पति 5 में अस्त	

मस्तिष्क रक्तस्राव रोग (ब्रेन हैमरेज) के योग

मस्तिष्क रक्तस्राव रोग, लग्न, लग्नेश, सूर्य, मंगल, बुध के नीच के निर्बल होने, 6, 8, 12 पापग्रह के प्रभाव से पीड़ित होने के कारण होता है। कुण्डली के प्रथम लग्न भाव से सिर तथा मस्तिष्क का विचार होता है। लग्न लग्नेश के अशुभ स्थिति तथा पाप ग्रहों के दुष्प्रभाव में होने के कारण ब्रेन हैमरेज रोग का योग बनता है। सूर्य सिर तथा मस्तिष्क का कारक होता है। मंगल शरीर की ऊर्जा तथा रक्त प्रवाह का कारक होता है अत: इनके नीच का निर्बल होने पर यह रोग होता है।

बुध त्वचा तथा नसों का कारक है। रक्त नसों से होकर बहता है, अत: बुध कमजोर तथा पीड़ित होने पर उच्च रक्तचाप होने तथा ब्रेन हैमरेज का योग बनता है।

उदाहरण : लग्नेश चन्द्रमा नीचराशि का हो, सूर्य भी नीचराशि का हो; चन्द्रमा पर राहु की दृष्टि हो, मंगल नीच भाव 4 में हो, तो ऐसी ग्रह स्थिति में ब्रेन हैमरेज का योग बनता है।

जन्म लग्न के अनुसार ब्रेन हैमरेज के योग

लग्न	ग्रहयोग
मेष	लग्नेश मंगल 8 में, शनि 6 में, बुध 1 में तथा सूर्य 2 में राहु केतु युत दृष्ट है।
वृषभ	बृहस्पति लग्न में मंगल 10 में, लग्नेश शुक्र 6 में, बुध से युत हो, सूर्य 7 में नीच का राहु से युत हो।
मिथुन	मंगल 1 में, बुध 6, 8 में, बृहस्पति 5, 9 में हो और चन्द्रमा लग्नेश बुध से युत मीन में हो।
कर्क	मंगल लग्नेश चन्द्रमा में से कोई राहु केतु से युत हो, लग्न में स्थित बुध पर शनि की दृष्टि हो।
सिंह	लग्नेश सूर्य राहु युत तुलाराशि या 7 भाव में हो। लग्न बुध शनि से दृष्ट हो, मंगल कर्क राशि या 4 भाव में हो तो सूर्य मंगल दशा में ब्रेन हैमरेज योग बनेगा।
कन्या	लग्नेश बुध अस्त, लग्न में बृहस्पति मकर का नीच, मंगल से युत दृष्ट हो, सूर्य राहु केतु से युत दृष्ट हो तथा चन्द्रमा अस्त हो।
तुला	सूर्य 7 में बुध 12 में, मंगल 7 में या 10 में हो, चन्द्रमा 3 में राहु केतु से युत दृष्ट हो शुक्र 6 में नीच का हो।
वृश्चिक	लग्नेश, मंगल, कर्क में नीच का, बुध 12 में राहु से दृष्ट, लग्न में बुध तथा तुला में सूर्य नीच हो।
धनु	शुक्र शनि लग्न में हो, मंगल शनि की एक दूसरे पर दृष्टि हो, बृहस्पति 10 भाव में नीच का हो, बुध 3 में राहु युत हो।
मकर	बुध बृहस्पति 5 में, शनि 1 में सूर्य 7 में राहु युत हो।
कुंभ	शनि बृहस्पति 5 में, मंगल की लग्न में स्थिति सूर्य पर दृष्टि, राहु केतु की लग्न पर दृष्टि।
मीन	शुक्र लग्न में बुध से युत, सूर्य 12 में राहु युत, लग्नेश बृहस्पति 10 में शनि युत हो, शनि बुध की दशा अन्तर्दशा में ब्रेन हैमरेज का योग बनता है।

पीलिया रोग का योग

पीलिया यकृत से सम्बन्धित रोग है जिसका विचार पंचम् भाव से होता है। पंचम् का कारक बृहस्पति पीले पित्त तत्त्व का कारक है। रक्त के लाल कणों व तरलता का कारक मंगल है। चन्द्रमा रोग को फैलाता है। पंचम, पंचमेश, बृहस्पति, मंगल, चन्द्रमा जब अशुभ प्रभाव में होते हैं तब पीलिया रोग का प्रकोप होता है।

जन्म लग्नानुसार पीलिया रोग का ज्योतिषीय कारण

लग्न	ग्रहयोग
मेष	बृहस्पति, सूर्य मंगल अशुभ प्रभाव में
वृषभ	बुध बृहस्पति 6 में या 6 में मंगल राहु शनि से दृष्ट
मिथुन	मंगल 10 में, शुक्र 6 में, बृहस्पति चन्द्र 5 में
कर्क	ग्रह 5 में चन्द्र 6 में मंगल 2 में शनि से दृष्ट
सिंह	बृहस्पति 5 में शनि से युत, राहु लग्न में, मंगल 9 में
कन्या	बृहस्पति 1 में, सूर्य 5 में, बुध 6 में, शनि 7 में
तुला	शनि 3 में मंगल युत, बृहस्पति 1 में, बुध शुक्र 6 में
वृश्चिक	मंगल 2 में, बृहस्पति 6 में, शनि 4 में चन्द्र युत
धनु	बृहस्पति मंगल 6 में, शनि से दृष्ट, चन्द्र 5 में राहु युत
मकर	शुक्र 5 में बृहस्पति दृष्ट, मंगल 11 में केतु युत
कुंभ	बृहस्पति 11 में, बुध 5 में सूर्य से अस्त, शनि 6 में
मीन	बृहस्पति 6 में, चन्द्रमा 8 में, मंगल 2 में सूर्य शुक्र 5 में

टिप्पणी :- अशुभ गोचर ग्रहस्थिति में भी पीलिया रोग हो सकता है।

हृदय रोग योग

निम्नलिखित ग्रहयोग कुण्डली में होने पर हृदयरोग पीड़ा का अवसर बनाते हैं। हृदयरोग का विचार चतुर्थ भाव से होता है।

1. केतु का चतुर्थ भाव में होना या चतुर्थेश से युति करना।
2. नीच का मेष का शनि चतुर्थ भाव में होना।
3. दूषित शनि, शनि का मंगल सूर्य से युति, दृष्टि, राशि सम्बन्ध होना, शनि का सूर्य मंगल के मध्य स्थित होना।

चतुर्थेश अथवा सूर्य का गोचर शनि, मंगल अथवा केतु से दूष्ज़ित होने पर हृदय रोग का प्रकोप होता है।

चतुर्थ भाव में सूर्य का मंगल शनि से दूषित होना अथवा अष्टमेश दूषित होने से हृदय संकुचन या हृदय बन्द होने का योग बनता हैं।

नेत्र तथा कर्ण रोग योग

1. 3, 11 में पापग्रह हों और तृतीयेश एकादशेश 6, 8, 12 में है – कर्णरोग
2. धनेश तथा शुक्र दोनों निर्बल हों – कर्णरोग अथवा नेत्ररोग
3. धनेश की राहु से युति हो या राहु जिस राशि में हो उसके राशीश से युति हो – दायीं आँख में रोग

4.	सिंह लग्न में शनि	–	नेत्ररोग
5.	सिंह लग्न में शुक्र	–	जन्मान्ध
6.	सिंह लग्न में सूर्य चन्द्रमा हो तथा मंगल पर शनि की दृष्टि हो सब शुभ अशुभ ग्रह लग्न को देखें	–	नेत्रहीन
7.	12वें चन्द्रमा हो	–	बाएँ नेत्र में कम दृष्टि काना
8.	12वें चन्द्रमा हो	–	दाएँ नेत्र में कम दृष्टि – काना

टिप्पणीः- शुभ ग्रहों की दृष्टि हो – अशुभ फल में कमी

अपस्मार या मृगी रोग के योग

यह रोग मानसिक रोग है। चन्द्रमा तथा बुध की अशुभ तथा निर्बल स्थिति में यह रोग होता है। चन्द्रमा नीचराशि वृश्चिक में स्थित हो, 6, 8, 12 तथा पापग्रहों के प्रभाव में हो तो यह रोग हो सकता है। बुध नीच का मीन में या 12 भाव में हो तथा पापग्रहों के प्रभाव में हो तो यह रोग हो सकता है।

रोग भय

षष्ठेश सूर्य से युत 1, 8 में हो	– मुख मस्तक रोग, घाव
षष्ठेश मंगल से युत 1, 8 में हो	– कंठ में घाव
षष्ठेश बुध से युत 1, 8 भावों में हो	– हृदय में व्रण
षष्ठेश बृहस्पति से युत 1, 8 में हो	– नाभि के नीचे व्रण
षष्ठेश शुक्र से युत 1, 8 में हो	– पैर में व्रण
षष्ठेश शनि से युत 1, 8 में हो	– नेत्र के नीचे व्रण पैर में व्रण
षष्ठेश राहु केतु से युत 1, 8 में हो	– मुख में घाव
12वें भाव में बृहस्पति, चन्द्रमा युति करे तथा बुध 1, 3, 6 भावों में हो	– गुदा के समीप व्रण, बवासीर रोग
6, 12 में मंगल शनि की युति हो तथा उन्हें शुभग्रह न देखते हों	– गण्डमाला
पापयुत दृष्ट षष्ठेश जिस भाव में स्थित हो उस भावेश की दशा में उस राशि के द्वारा सांकेतिक (प्रतिनिधित्व करने वाले अंग में)	– रोग, घाव
लग्नेश की 6, 8, 12 भावों में सूर्य से युति हो	– जलनयुक्त गलगण्ड

लग्नेश की 6, 8, 12 भावों में चन्द्रमा से युति हो-तथा पापग्रहों की उन पर दृष्टि हो	जलोत्पन्न गलगण्ड
लग्नेश की 6, 8, 12 भावों में बुध से युति हो तथा पापग्रहों की उन पर दृष्टि हो	- कफजनित गलगण्ड
लग्नेश 6, 8, 12 भावों में बृहस्पति से युत हो	- वातरोग
लग्नेश 6, 8, 12 भावों में शुक्र से युत हो	- क्षयरोग
मंगल शनि की लग्न लग्नेश पर दृष्टि हो	- श्वास काँस क्षय रोग
कर्क में बुध	- काँस रोग क्षयरोग
मंगल पर शनि युत चन्द्रमा की दृष्टि	- संग्रहणी रोग
सूर्य बृहस्पति शनि तीनों चतुर्थ भाव में हों	- हृदयरोग
लाभेश 6 भाव में हो	- अनेक रोग
सूर्य मंगल शनि जिस भाव में हो	- उस भाव वाले अंगों में रोग
शुक्र पाप ग्रह युत दृष्ट पाप ग्रह की राशि में हो	- वीर्यरोग
मंगल पापग्रह युत दृष्ट पापग्रह की राशि में हो	- रक्तरोग
बुध पापग्रह युत दृष्ट पापग्रह की राशि में हो	- कुष्ठरोग
चन्द्रमा पापग्रह युत दृष्ट पापग्रह की राशि में हो	- मानसिक रोग
सूर्य मंगल शुक्र की युति तथा अष्टमेश और लाभेश की युति हो	- रोग का प्रकोप
6 भाव पर शनि की दृष्टि	- राजयक्ष्मा, क्षय, तपेदिक
6 भाव में चन्द्रमा तथा शनि कर्क राशि में हो तथा बुध से दृष्ट हो	- कुष्ठरोग

कुण्डली में रोग योग

निरोगता - लग्न में बुध, बृहस्पति, शुक्र की स्थिति हो अथवा लग्न या 11वें भाव में उच्च का स्वराशि का या मित्रराशि का शुभयुत लग्नेश स्थित हो तो जातक निरोग होता है।

रोगी होना - लग्नेश, 6, 8, 12 भाव में होना, नीच का, निर्बल, अस्त, नीच राशि में चन्द्रमा, 8 भाव में चन्द्रमा अथवा राहु केतु शनि से पीड़ित होना चन्द्रमा या चन्द्र लग्नेश 6, 8, 12 के प्रभाव में होना रोग का सूचक है। इसी प्रकार सूर्य नीच का, 6, 8, 12 पापग्रह के प्रभाव में होना भी रोग का सूचक है।

अशुभ ग्रह स्थिति	**रोग पीड़ा**
वृश्चिक में नीच चन्द्रमा निर्बल, अस्त हो-अथवा 8 में नीच भाव में चन्द्रमा हो	मानसिक रोग, अवसाद, जुकाम बुखार, खाँसी, दमा, स्त्रियों को मासिक चक्र में शिकायत गड़बड़ी

चतुर्थ भाव में या कर्क नीच का मंगल	– दाँत, रक्त विकार, फोड़ा फुन्सी, घाव, कैंसर, दुर्घटना में हड्डी टूटना चर्मरोग
द्वादश भाव में या मीन का नीच का बुध	– वाणी, श्वास रोग, मस्तिष्क रोग, कमजोर स्मरण शक्ति, निर्णय शक्ति, रक्तचाप रोग
षष्ठ भाव या कन्या में नीच का शुक्र	– पौरुष शक्तिहीनता, वीर्य विकार, पागलपन, चर्मरोग, नेत्ररोग, अवसाद
सप्तमेश 4 में हो	– दाँत रोग
दशम् भाव में या मकर में नीच का बृहस्पति	– बलगम, खाँसी, गले के रोग, चर्म रोग, मोटापा, मधुमेह
लग्न या मेष में नीच का शनि	– जोड़ो का दर्द, पीठ घुटने में दर्द, उदर पेट रोग, गैस, अपचन रोग
सप्तम् भाव या तुला में नीच का सूर्य	– हृदयरोग, मस्तिष्क रोग, पेट रोग नेत्ररोग, सिरदर्द, ब्रेन हैमरेज
धनु मकर में नीच का राहु	– गुप्तरोग, असाध्य रोग, पेटरोग
मिथुन कर्क में नीच का राहु	– पेट के कीड़े मियादी बुखार
लग्न में सूर्य द्वारा अस्त ग्रह	– उस ग्रह से सम्बन्धित रोग
बृहस्पति शुक्र की आपस में युति या निकट होना	– कमजोर स्मरण शक्ति कमजोर स्वास्थ्य
सूर्य द्वारा अस्त लग्नेश	– निश्चित रूप से रोग लगना
लग्नेश तृतीय स्थान में	– कर्णरोग
लग्नेश छठे स्थान में	– सूखा रोग, दुर्बल शरीर
लग्नेश 8वें भाव में	– दीर्घायु
लग्नेश 12वें भाव में	– खराब स्वास्थ्य

नीच राशि लग्नेश और रोग पीड़ा

जन्म लग्न	जन्म लग्नेश	लग्नेश की नीच राशि या भाव	लग्नेश किस भाव में स्थित	सम्बन्धित रोग ग्रस्त अंग
मेष	मंगल	कर्क, 4	4	फेफड़े, हृदय छाती, दाँत, रक्त, फोड़ा
वृषभ	शुक्र	कन्या, 6	5	उदर, यकृत, गुर्दे, पौरुषहीनता, वीर्य रोग, पागलपन

मिथुन	बुध	मीन, 12	10	घुटने, मस्तिष्क के रोग
कर्क	चन्द्रमा	वृश्चिक, 8	5	जुकाम, बुखार, दमा, स्त्री मासिक धर्म, उदर, यकृत, गुर्दे
सिंह	सूर्य	तुला, 7	3	श्वास नली, कन्धे, कान, हृदय, पेट, कंठ, गर्दन, मस्तिष्क
कन्या	बुध	मीन, 12	7	पेडू, जननेन्द्रिय, मूत्राशय, वाणी, श्वास, रक्त चाप
तुला	शुक्र	कन्या, 6	12	नेत्र, तलुवा
वृश्चिक	मंगल	कर्क, 4	9	रक्त, फोड़ा, नितम्ब, जाँघें
धनु	बृहस्पति	मकर, 10	2	नेत्र, चेहरा, खाँसी, गला रोग, टांसिल, चर्म रोग, मोटा
मकर	शनि	मेष, 1	4	फेफड़े, हृदय, छाती, जोड़ों का दर्द, पीठ, दर्द रीढ़ की हड्डी के रोग, घुटना दर्द
कुंभ	शनि	मेष, 1	3	कन्धे, कान, कण्ठ, गर्दन श्वास नली
मीन	बृहस्पति	मकर, 10	11	कन्धे, कान, पिण्डली

टिप्पणी :-

1. दूसरे (अन्य) ग्रहों की महादशा में कमजोर नीचराशि लग्नेश की अन्तर्दशा में रोग पीड़ा का योग बनता है। गोचरवश अशुभ स्थिति में लग्नेश के आने पर भी रोग का प्रकोप होता है।

2. नीच राहु वृश्चिक धनु 8, 9 भाव में - पेटरोग, असाध्यरोग
   नीच केतु वृषभ, मिथुन, 2, 3, भाव में - पेट के कीड़े, मियादी बुखार

3. लग्न में बुध, बृहस्पति की स्थिति दृष्टि जातक को निरोग रखती है।

4. उच्चराशि, उच्चभाव, स्वराशि, मित्रराशि का केन्द्र त्रिकोण में स्थित शुभग्रह शुभयुक्त दृष्ट लग्नेश शरीर की रोगों से रक्षा करता है। साथ ही मस्तिष्क मन की भी रक्षा करता है।

5. लग्न, लग्नेश, सूर्य चन्द्रमा अशुभ स्थिति में हो तथा 6, 8, 12 के प्रभाव में पापयुत दृष्ट पीड़ित होने पर जातक अस्वस्थ तथा रोगी होता है।

6. 6, 8, 12 के स्वामी एक-दूसरे की राशि में होकर राशि परिवर्तन योग बनाएं - आलस्य, पेटरोग, शरीर में चोट, दाग।

7. 6, 8 में राहु है तथा राहु से 8वें स्थान में शनि हो - 1, 2 वर्ष की आयु में आग से जलने का भय, 3 वर्ष की आयु में पक्षी से कष्ट का भय।

8. व्ययेश षष्ठेश परस्पर राशि परिवर्तन करें - 29 या 31 वर्ष की आयु में गुल्म रोग

9. षष्ठेश चन्द्रमा से युत हो, अष्टमेश षष्ठ भाव में स्थित हो व व्ययेश लग्न में स्थित हो - 8 वर्ष की आयु में पशु से हानि का भय

षष्ठेश की दशा में रोग

10. षष्ठेश की दशा में	-	शत्रु से भय, चोट लगने का भय
11. सूर्य षष्ठेश से	-	सूर्यदशा में रोग, रक्त विकार पित्त विकार
12. चन्द्रमा षष्ठेश हो	-	चन्द्रमा दशा में कफ रोग मानसिक चिन्ता, जल में डूबने का भय, मूत्र विकार
13. मंगल षष्ठेश हो	-	मंगलदशा में चोट, व्रण, विष, शस्त्र, अग्नि से भय, रक्त विकार, पित्त विकार, लोहे से चोट, गोली लगना, शत्रु से कष्ट
14. बुध षष्ठेश हो	-	बुध दशा में चर्म रोग श्वास रोग आँतरोग, पांडुरोग, शूल रोग
15. बृहस्पति षष्ठेश हो	-	बृहस्पति दशा में आलस्य त्रिदोष कर्णरोग, कण्ठ रोग
16. शुक्र षष्ठेश हो	-	शुक्र की दशा में वीर्य विकार, कफरोग, मूत्ररोग, जल से भय, कलंक लगना
17. शनि षष्ठेश हो	-	शनि दशा में वातरोग, शत्रुपीड़ा, शासक से भय, अर्थ दण्ड, कारावास, बंधन, चोर भय, विवाद, मुकदमा, धननाश
18. राहु उपषष्ठेश हो मेष लग्न में	-	राहुदशा में पेट रोग, असाध्यरोग
19. केतु उपषष्ठेश हो मकर लग्न में	-	पेट के कीड़े, मियादी बुखार
20. षष्ठेश 8 में स्थित हो	-	लम्बी बीमारी क्षयरोग षष्ठेश की दशा में

21. षष्ठेश 8 में हो और मंगल 6 में हो	- 6 या 12 वर्ष की आयु में ज्वर
22. सूर्य 6, 8 भावों में हो और सूर्य से 12वें चन्द्रमा स्थित हो	- 5, 7, 9 वर्ष की आयु में जल में डूबने का भय
23. स्वराशि स्वनवांश का अष्टमेश 4, 12 भावों में राहु से युत हो	- 12, 18 वर्ष की आयु में स्त्री को प्रमेहरोग
24. 3, 6 भाव में बृहस्पति हो या धनु मीन में चन्द्रमा स्थित हो	- 19, 22 वर्ष की आयु में कुष्ठ रोग
25. लाभेश षष्ठेश परस्पर राशि परिवर्तन करें	- 31 वर्ष की आयु में रोग
26. लग्नेश 8 में शनि केन्द्र राहु 6 में हो	- 26 वर्ष की आयु में क्षयरोग
27. लग्नेश षष्ठेश की 6 भाव में युति हो	- 10 या 12 वर्ष की आयु में कुत्ता काटना
28. 7 में मंगल 8 में शनि स्थित हो	- 10 या 30 वर्ष की आयु में बम विस्फोट से कष्ट

शत्रु पीड़ा हानि योग

1. लाभेश षष्ठेश राशि परिवर्तन योग करें	- 31 वर्ष की आयु में शत्रु द्वारा धन नाश
2. 6, 8, 12 भावों के स्वामी परस्पर राशि परिवर्तन योग करें, अपनी राशि में हों एक-दूसरे की राशि में हों या 1, 8 भावों में हों	- सम्बन्धियों से शत्रुता, शत्रुओं से मित्रता
3. 6 में पापग्रहों का रहना प्राय: शुभ होता है किन्तु निर्बल पापग्रह स्थित हो	- शत्रु पीड़ा का सूचक
4. षष्ठेश 6 में हो	- शत्रुभय, कष्टपीड़ित, गन्दगी में रहना
5. पंचमेश 6, 12 में हो तथा लग्नेश से दृष्ट हो	- शत्रु पीड़ा
6. चतुर्थेश एकादशेश दोनों लग्नेश के शत्रुहों	- मामा से शत्रुता
7. चतुर्थेश पापग्रह से युत दृष्ट हो	- माता से शत्रुता

8. षष्ठेश 12वें में हो	– व्यसन नशा में व्यय, विद्वान का निरादर उससे शत्रुता, जीवों की हिंसा करना, परायी स्त्री से सम्बन्ध, अनेक शत्रु
9. लग्नेश दशमेश की परस्पर शत्रुता हो	– पिता से शत्रुता
10. लग्नेश चतुर्थेश की परस्पर शत्रुता हो	– माता से शत्रुता
11. लग्नेश पंचमेश की परस्पर शत्रुता हो	– पुत्र से शत्रुता
12. लग्नेश तृतीयेश की परस्पर शत्रुता हो	– भाई बहिन से शत्रुता
13. 6 में राहु शनि, मंगल हो तथा 6 भाव पर शुभग्रहों की दृष्टि हो	– शत्रु विजयी
14. लग्नेश की सप्तमेश से शत्रुता हो	– जीवनसाथी से शत्रुता वाद विवाद खटपट होना
15. 6 में बृहस्पति	– शत्रु विजयी

रोग शत्रु से बचाव का उपाय

लग्नेश की जड़ी निर्धारित ग्रह अनुसार दिन तथा रंग के कपड़े में गंगा जल से डुबोकर खूँटा गाँठ लगाकर ॐ ग्रहाय (ग्रह का नाम) नमः 21 बार कहकर दायीं बाँह में बाँधने से रक्षा होती है।

रोग रिपु पीड़ा के अन्य योग

6 में पापग्रह	–रोग तथा शत्रु से मुक्ति, रक्षा
6 में शुभग्रह	–शत्रु तथा रोग पीड़ा का भय
6 में चन्द्रमा	–मृत्युभय
स्वराशि का षष्ठेश 1, 8 स्थान में हो	–षष्ठभाव से सम्बन्धित अंग में रोग
सूर्य षष्ठेश होकर 1, 8 स्थान में हो	–सिर, मस्तक, मस्तिष्क सम्बन्धी रोग
चन्द्रमा षष्ठेश होकर 1, 8 स्थान में हो	–मुख रोग, मनोरोग
मंगल षष्ठेश होकर 1, 8 स्थान में हो	–रक्त रोग, त्वचा रोग, कण्ठ रोग
बुध षष्ठेश होकर 1, 8 स्थान में हो	–नाभि रोग, मस्तिष्क रोग, त्वचा रोग, वाणी दोष
बृहस्पति षष्ठेश होकर 1, 8 स्थान में है	–नाकरोग, कर्णरोग, मुखरोग वाणीदोष

शुक्र षष्ठेश होकर 1, 8 स्थान में हो	-नेत्ररोग
शनि षष्ठेश होकर 1, 8 स्थान में हो	-पैर रोग, पेट रोग
राहु उपषष्ठेश होकर 1, 8 स्थान में हो	-पेटरोग, असाध्य रोग
केतु उपषष्ठेश होकर 1, 8 स्थान में हो	-पेट में कीड़े, मियादी बुखार
लग्नेश मंगल, बुध की राशि में हो या उनसे दृष्ट हो	-मुखरोग

टिप्पणी :-

1. रोग शत्रु पीड़ा योग पर विचार करते समय गोचर ग्रहों के भ्रमण की स्थिति भी देख लेना चाहिए क्योंकि लग्न लग्नेश, चन्द्रमा, चन्द्र लग्नेश से अशुभ स्थिति में चल रहे गोचर ग्रह भी रोग शत्रु पीड़ा का कारण बनते हैं। उदाहरण के लिए शनि की गोचर साढ़े साती, अढ़ैया रोग तथा शत्रु पीड़ा अवश्य देती है।
2. षष्ठेश पर अष्टमेश व्ययेश का प्रभाव - रोग की चिकित्सा में बाधा
3. 6 भाव में शनि - अनेक शत्रु किन्तु सभी नष्ट हो जाना
4. लग्न में शनि मदिरा, वेश्या, मांसाहार का भोग करने वाले को घुटनों की पीड़ा अवश्य देता है तथा चिकित्सा से कोई लाभ नहीं होता है।

विवाह दाम्पत्य पति पत्नी सुख योग

1.	सूर्य बृहस्पति से युत दृष्ट हो	- पत्नी का स्वास्थ्य खराब पत्नी की मृत्यु
2.	सप्तमेश शनि की 6 भाव में राहु से युति	- दूसरी पत्नी या स्त्री के कारण बदनाम
3.	सूर्य 1 में कन्या राशि में ही 7 में मीन का शनि हो	- पत्नी की मृत्यु
4.	बृहस्पति से 5, 10वें स्थान में पापग्रह हो	- पति को मारक पति के सुख में कमी
5.	शुक्र से 5, 10वें स्थान में पापग्रह हो	- पत्नी को मारक पत्नी के सुख में कमी

6. जन्म लग्न कुण्डली, चन्द्र लग्न कुण्डली में सप्तमेश सप्तम् भाव, सप्तम् भाव में स्थित ग्रह की शुभ अशुभ स्थिति देखकर फल समझना चाहिए। साथ ही सप्तम् भाव सप्तमेश पर दृष्टि डालने वाले ग्रह, इनसे युति करने वाले ग्रह पर भी विचार करना चाहिए। इनके समन्वय से ही ठीक फल कथन हो सकता है।
7. पति का विचार करते समय पति कारक ग्रह बृहस्पति तथा पत्नी का विचार करते समय स्त्रीकारक ग्रह शुक्र का भी विचार कर लेना चाहिए।

8. सप्तमेश, स्त्री कारक ग्रह शुक्र (पति के मामले में पति कारक ग्रह बृहस्पति) केन्द्र त्रिकोण में 11 भाव में हो तथा सप्तम् भाव, सप्तमेश, कारक ग्रह पर पापग्रह की स्थिति दृष्टि न होने पर।
9. सप्तमेश शुक्र (पति के मामले में बृहस्पति) नीचराशि नीचभाव, अस्तंगत, त्रिक 6, 8, 12 भावों में स्थित हो या सप्तमभाव सप्तमेश व कारक ग्रह पर पापग्रह का युति दृष्टि प्रभाव है - दुःखी दाम्पत्य जीवन, विवाह न होना।

दाम्पत्य समबन्ध के योग

7 में पाप ग्रह	- दुष्ट चरित्रहीन, जीवनसाथी
7 में शुभग्रह	- गुणों से युक्त चरित्रवान, सदाचारी जीवनसाथी
7 में बृहस्पति शुक्र	- धनी सुन्दर जीवनसाथी
7 में शनि चन्द्रमा राहु हो तथा सप्तमेश की उस पर दृष्टि हो	- धनी, सुन्दर, सुशील जीवन साथी
कुण्डली में 1, 4, 7, 8, 12वें स्थान में मंगल अथवा अन्य पापग्रह हो उस पर सप्तमेश अथवा शुभग्रह की दृष्टि न हो	- जीवनसाथी की मृत्यु
1 में पापग्रह हो	- गौरवर्ण किन्तु शत्रुपीड़ित चरित्रहीन कटुभाषी जीवन साथी
6, 12 में सूर्य चन्द्रमा	- एक पुत्र तथा एक ही पत्नी का सुख
1 में शनि, 7 में शुक्र पापराशि में हो तथा उस पर शुभ ग्रह की दृष्टि न हो	- बन्ध्या स्त्री
5 में चन्द्रमा, 7, 12 में पापग्रह हो	- पुत्रहीन
शनि 7 में मेष वृश्चिक राशि में हो	- विवाह न होना अथवा जीवन साथी की मृत्यु
7वें पर शनि मंगल की दृष्टि हो	- पति पत्नी दोनों व्यभिचारी, चरित्रहीन
7वें स्थान में बुध शुक्र हो	- विवाह न होना
7वें स्थान में बुध शुक्र हो तथा उन पर चन्द्रमा, बृहस्पति शुभ ग्रहों की दृष्टि हो	- प्रौढ़ावस्था में विवाह
7 में मंगल	- दाम्पत्य सुखहीन
7 में स्थित मंगल पर शनि की दृष्टि हो	- दाम्पत्य सुखहीन
7 में स्थित मंगल पर सूर्य की दृष्टि हो	- दुःखी विवाहित जीवन
6 में मंगल 7 में राहु 8 में शनि	- जीवनसाथी की मृत्यु

सप्तमेश 4 में हो	- पत्नी वश में नहीं होती, स्वेच्छाचारिणी पत्नी, जातक स्वयं सत्यप्रिय, बुद्धिमान, धैर्यवान होता है।
सप्तमेश स्वराशि में सप्तम् भाव में	- पत्नी सुखी
अष्टमेश 7 में	- 2 पत्नियाँ
4 में शनि	- वैवाहिक जीवन कष्टप्रद, पहली पत्नी की मृत्यु, दूसरा विवाह
नीच का मंगल 7 में	- पत्नी सुख में कमी
सप्तमेश शुक्र या बृहस्पति नीचराशि नीचभाव में अस्तंगत त्रिक 6, 8, 12 स्थानों या पापग्रहों के प्रभाव में हो	- जीवन साथी मृत्यु, वियोग
6 में मंगल, 7 में राहु 12 में शनि	- दाम्पत्य सुख नहीं
सप्तमेश 1, 6, 9, 12 भावों में हो	- क्रमशः 1, 2, 3, 4 पत्नियों का योग
2, 7 में पापग्रह हो	- विवाह न होना
द्वितीयेश सप्तमेश पापयुत हो	- विवाह न होना
शुक्र से 4, 8वें स्थान में पापग्रह हो	- विवाह न होना
सप्तमेश 8 में हो और अष्टमेश 7 में हो	- विवाह न होना
पुरुष की कुण्डली में शुक्र 7 में अकेला हो या स्त्री की कुण्डली में बृहस्पति 7 में अकेला हो	- विवाह न होना

विवाह होने के कुछ योग

7 भाव शुभ ग्रह युत दृष्ट तथा बलवान सप्तमेश हो	- विवाह होने का योग
2, 6, 7 राशियों में शुक्र स्थित हो	- विवाह होने का योग
मंगल या सूर्य के नवांश में बुध बृहस्पति हो या सप्तम् भाव में बृहस्पति का नवांश हो	- विवाह होने का योग
लग्नेश 1, 7 में हो	- विवाह होने का योग
सप्तमेश लग्नेश सप्तम् भाव में हो	- विवाह होने का योग
सप्तम् और द्वितीय स्थान में शुभ ग्रहों की दृष्टि हो तथा द्वितीयेश सप्तमेश शुभ ग्रह की राशि में हो	- विवाह होने का योग

विवाह न होने के कुछ योग

1. सप्तमेश शुभग्रह युक्त न होकर नीच का 6, 8, 12 भावों तथा पापग्रहों के प्रभाव में हो - विवाह न होना, जीवन साथी की मृत्यु, वैधव्य जीवन
2. सप्तमेश 12 में हो तथा लग्नेश या चन्द्रराशीश 7 में हो - विवाह सुख नहीं
3. षष्ठेश, अष्टमेश द्वादशेश 7 में हो तथा शुभयुत दृष्ट न हो - विवाह सुख नहीं, जीवनसाथी का सुख नहीं
4. सप्तमेश 6, 8, 12 भावों में से किसी भाव का भी स्वामी हो - विवाह सुख, दाम्पत्य सुख नहीं
5. शुक्र चन्द्रमा से युत हो तथा शनि मंगल शुक्र से 7 वें स्थान में हो - विवाह न होना

6.1, 7, 12 भावों में पापग्रह हो, 5 में निर्बल चन्द्रमा हो - विवाह न होना

7.7 में शनि या चन्द्रमा हो - विवाह न होना

8.7 में पापग्रह स्थित हो या पापग्रह की दृष्टि हो - दाम्पत्य सुख में बाधा

9.शुक्र मंगल 5, 7, 9 भाव में हो - विवाह नहीं

10.लग्न में केतु - जीवनसाथी की मृत्यु

विवाह संख्या, स्त्री संख्या विचार

दूसरे जीवन साथी के लिए द्वितीय भाव द्वितीयेश से विचार किया जाता है।

1.	सप्तम् भाव में बुध बृहस्पति की युति हो	-एक विवाह
2.	सप्तम् भाव में मंगल या सूर्य हो	-एक विवाह
	शनि राहु से सम्बन्ध होने या द्वितीयेश से सम्बन्ध होने पर	-दो विवाह
3.	सप्तम् भाव में जितने बलवान ग्रह स्थित हों	-उतने विवाह
4.	लग्नेश सप्तमेश लग्न या सप्तम् भाव में युति करें	-दो विवाह
5.	सप्तम् में पापग्रह	-दो विवाह
6.	लग्नेश तथा सप्तमेश दोनों स्वराशि में हों	-एक विवाह
7.	सप्तमेश नीच का शत्रुराशि का शुभ दृष्ट हो सप्तम् में पापग्रही हो	-दो विवाह
8.	सप्तमेश और द्वितीयेश शुक्र या पापग्रह से युत होकर 6, 8, 12 भावों में हो	-जीवनसाथी की मृत्यु, दूसरा विवाह
9.	सप्तमेश द्वितीयेश के साथ जितने ग्रह हों	-उतने विवाह

10. लग्न, सप्तम, चन्द्रराशि ये तीनों द्विस्वभाव राशि में हों	–दूसरा विवाह
11. सप्तमेश लाभेश युति करे तथा बलवान होकर दृष्ट हो	–2 विवाह
12. अष्टमेश 1, 7 भाव में हो, लग्नेश लग्न में हो	–अनेक विवाह
13. लग्नेश 6 भाव में हो, सप्तमेश शुभ ग्रह युत हो, शत्रु या नीच राशि में हो एवं शुक्र नीच शत्रुराशि में या अस्तंगत हो	–2 विवाह
14. धन भाव में अनेक पापग्रह हो तथा धनेश भी पापग्रहों में दृष्ट हो	–3 विवाह
15. सप्तमेश द्वितीयेश अकेले स्वराशि में हो	–एक विवाह
16. नवमेश 4 में हो, चतुर्थेश व लाभेश केन्द्र में सप्तमेश 4 में हो	–अनेक विवाह
17. सप्तम् में अनेक पापग्रह हों तथा सप्तमेश पापयुत दृष्ट हो	–3 विवाह
18. सप्तमेश वक्री या उच्च का हो पुरुष कुण्डली में	–एक से अधिक विवाह
19. चन्द्रमा और शुक्र बलवान होकर लग्न में युति करें तथा उनकी सप्तभाव पर दृष्टि हो लग्नेश उच्च का हो या लग्न में उच्च का ग्रह बैठा हो तथा लग्नेश द्वितीयेश, षष्ठेश ये तीनों पापग्रहों से युत होकर सप्तम् भाव में बैठे हों स्त्री कुण्डली में	–अनेक स्त्रियों से विवाह अथवा वेश्यावृत्ति की लत
20. 7 में राहु केतु पाप युत दृष्ट हो	–परपुरुषगामिनी, पति को विष देना या पति की हत्या करना
21. सप्तम् स्थान में नीच राशि ग्रह तथा सप्तमेश नीच के अशुभ पापग्रह के प्रभाव में हो	–व्यभिचारी या अवैध सम्बन्ध
22. सप्तमेश पापग्रह हो नवमेश निर्बल हो	–व्यभिचारी
23. सप्तमेश से 3 स्थान में चन्द्रमा बृहस्पति से दृष्ट हो या सप्तमेश से 3, 7 भाव में चन्द्रमा हो सप्तमेश शनि हो	
सप्तमेश और नवमेश बली होकर 5, 9 में स्थित एवं दशमेश से दृष्ट हो अथवा सप्तमेश 1, 4, 5, 6, 7, 9, 10 भावों में हो	–अनेक स्त्रियों से विवाह या अवैध सम्बन्ध

24. सप्तमेश शनि पापयुत दृष्ट नीचराशि शत्रुराशि में हो किन्तु बृहस्पति की युति दृष्टि होने पर – वेश्यावृत्ति – पतिव्रता, पत्नी
25. सप्तम् में शुक्र विशेष बली होकर मंगल से युत करे। – परस्त्रीगामी, दुर्व्यसन
बृहस्पति की दृष्टि होने पर – दाम्पत्य जीवन में अशुभफल कम
26. चारों केन्द्रों में पापगह अथवा केन्द्र त्रिकोण में पापग्रह – पशु समान मैथुन करने वाला

विवाह समय विचार

1. शनि 1, 5, 7, 9 में गोचरवश आए अथवा शनि केतु त्रिकोण में आए – तब विवाह
2. शुक्र 2 भाव में और द्वितीयेश मंगल की युति हो – 23 से 27 वर्ष की आयु में विवाह
3. गोचर बृहस्पति या शुक्र की सप्तम् भाव पर दृष्टि हो – तब विवाह
4. लग्नेश शुक्र से जितना निकट हो – उतनी जल्दी विवाह
5. शुक्र जिस राशि मेकं हो उस राशि की दशा आए – तब विवाह
6. 5 में शुक्र और 4 में राहु हो – 31 से 33 वर्ष की आयु में विवाह
7. बृहस्पति या शुक्र की गोचर में सप्तम् पर दृष्टि हो – तब विवाह
8. लग्नेश की राशि और सप्तमेश की राशि का योग करने पर जो राशि बने उस राशि पर जब गोचर बृहस्पति पहुँचे – तब विवाह
9. शुक्र चन्द्रमा में से जो ग्रह अधिक बलवान हो उसकी महादशा आने पर – विवाह
10. नवमेश, दशमेश, सप्तम् भाव में स्थित ग्रह की अन्तर्दशा में – विवाह
11. गोचर से बृहस्पति जब चन्द्र राशि से 2, 5, 7, 9, 11वें स्थान पर आए – तब विवाह
12. सप्तमेश पंचमेश एकादशेश की दशा अन्तर्दशा में – विवाह
13. शुक्र से 7वें स्थान के स्वामी की दशा में – विवाह

जीवनसाथी रोगी होने का विचार

1.	लग्न में शनि, मंगल, बुध, केतु में से कोई ग्रह हो	–जीवनसाथी रोगी
2.	सप्तमेश 8, 12 भाव में हो	–जीवनसाथी रोगी
3.	सप्तमेश द्वितीयेश दोनों पाप ग्रह से युत होकर 2, 12 भावों में स्थित हो	–जीवनसाथी रोगी
4.	शुक्र बृहस्पति निर्बल पीड़ित पापग्रह 6, 8, 12 के प्रभाव में हों	–जीवनसाथी रोगी

जीवनसाथी (पति-पत्नी) की मृत्यु वैधव्य का विचार

1.	7 में पापग्रह स्थित हो	– जीवनसाथी की मृत्यु
2.	पंचमेश 7 में हो	– जीवनसाथी की मृत्यु
3.	अष्टमेश 7 में हो	– जीवनसाथी की मृत्यु
4.	पापग्रह युत शुक्र या बृहस्पति 7 में हो	– जीवनसाथी की मृत्यु
5.	लग्न से 7 में अकेला शुक्र या बृहस्पति हो तथा सप्तमेश पंचम् स्थान में हो	– जीवनसाथी की मृत्यु
6.	द्वितीयेश सप्तमेश 6, 8, 12 भावों में हो तथा 6 में मंगल, 7 में राहु, 8 में शनि हो, शुक्र द्विस्वभाव राशि में हो 7 में पापग्रह की स्थिति या दृष्टि हो	– जीवनसाथी की मृत्यु

प्रेम विवाह योग

1.	सप्तम् भाव, पंचम् भाव, सप्तमेश, पंचमेश की स्थिति युति दृष्टि सम्बन्ध बनने पर	– प्रेम विवाह
2.	सप्तमेश 5 में हो, पंचमेश 7 में हो	– प्रेम विवाह
3.	सप्तमेश पंचमेश एक दूसरे पर दृष्टि डालें	– प्रेम विवाह में सफलता
4.	सप्तमेश पंचमेश की युति हो	– प्रेम विवाह में सफलता
5.	उपर्युक्त योगों के साथ ही यदि नवम् भाव शुभ ग्रहों से युत दृष्ट हो	– माता पिता की सहमति से प्रेम विवाह
6.	नवम् भाव यदि पाप ग्रहों से युत दृष्ट हो	– माता पिता की बिना सहमति के विवाह

अन्तर्जातीय विवाह के योग

सप्तम् भाव में पापग्रह हो तथा सप्तमेश से शुक्र की युति	– अन्तर्जातीय विवाह की संभावना
किन्तु यदि आगे पीछे दोनों ओर से पापग्रहों से घिरा होने के कारण पापकर्तरियोग बनता है तो	– अन्तर्जातीय विवाह में असफलता

टिप्पणी :- शनि व बृहस्पति की महादशा में अन्तर्जातीय विवाह की संभावना नहीं बनती क्योंकि बृहस्पति और शनि धर्म व समाज तथा परिवार की मान्यताओं के विरुद्ध कर्मकाण्ड की स्वीकृति नहीं दे सकते। अर्थात् सफलता नहीं मिल सकती और विघ्न बाधा का योग बन जाता है। बृहस्पति धर्म का देवता तथा शनि धर्म का अधिष्ठाता देवता है। अत: ये दोनों पापकर्म में कभी भी सहायता नहीं कर सकते।

विवाहेतर सम्बन्ध योग

1. मंगल, शुक्र आपस में राशि परिवर्तन करें या एक दूसरे पर दृष्टि डालें तो जितने ग्रह मंगल शुक्र से युति करते हैं या दृष्टि सम्बन्ध बनाते हैं।	– उतने की व्यक्तियों से अवैध सम्बन्ध
बुध से युति दृष्टि सम्बन्ध होने पर	– चतुराई से अवैध सम्बन्ध
2. मंगल तथा शुक्र शनि राहु केतु की युति हो	– हिंसा से बलपूर्वक अवैध सम्बन्ध बनाना

विवाह की दिशा का विचार

1. सप्तम् भाव की राशि की दिशा या सप्तमेश जिस राशि में स्थित हो उस राशि की दिशा में	– विवाह
2. स्त्री कारक ग्रह शुक्र अथवा पति कारक ग्रह बृहस्पति जिस भाव में स्थित हो उस भाव की राशि की दिशा में	– विवाह

टिप्पणी :- पुरुष की कुण्डली में शुक्र से तथा स्त्री की कुण्डली में बृहस्पति से विचार करें।

3. चन्द्रमा जिस भाव में स्थित हो उस भाव की दिशा में	– विवाह
4. सप्तमेश की दिशा में	– विवाह

5. चन्द्र लग्न कुण्डली के सप्तमेश की दिशा में - विवाह
6. शुक्र कुण्डली के सप्तमेश की दिशा में - विवाह
7. चन्द्र कुण्डली के सप्तमेश की राशि की दिशा में - विवाह
8. शुक्र कुण्डली के सप्तमेश की राशि की दिशा में - विवाह
9. बृहस्पति कुण्डली के सप्तमेश की दिशा में - विवाह
10. बृहस्पति कुण्डली के सप्तमेश की राशि की दिशा में - विवाह
11. सप्तम् भाव स्थित ग्रह की दिशा में - विवाह
12. सप्तम् भाव के ग्रह को देखने वाले ग्रह की दिशा में - विवाह

टिप्पणी :- इन सभी योगों में जिस दिशा के लिए सबसे अधिक योग हों उसी दिशा में विवाह होता है। साथ ही जो भाव राशि ग्रह अधिक बलवान हो उस पर भी विचार कर लेना आवश्यक है।

दाम्पत्य सुख विवाह के लिए उपाय

1. ग्रह शान्ति के लिए श्री रुद्राष्टाध्यायी का पाठ सर्वोत्तम उपाय है।
2. पुरुष के विवाह में आने वाली बाधा दूर करने के लिए निम्नलिखित मन्त्र का जाप लाभदायक है। श्री दुर्गा जी का पूजन करने के बाद प्रारम्भ करें।
   "पत्नीं मनोरमां देहि, मनोवृत्तानुसारिणीम्।
   तारिणीं दुर्ग संसार सागरस्य कुलोद्भवाम्।।"
3. कन्या के विवाह में आने वाली बाधा दूर करने के लिए निम्नलिखित मन्त्र का जाप लाभदायक है। श्री दुर्गा जी का पूजन करने के बाद प्रारम्भ करें।
   "पति मनोरमं देहि, मनोवृत्तानुसारणम्।
   तारणं दुर्ग संसार सागरस्य कुलोद्भवाम्।।"
4. कुण्डली में जो ग्रह जन्म लग्नेश हो, चन्द्र लग्नेश हो उनमें जो अधिक बलवान स्थिति में हो उसकी जड़ी का पूजन कर निर्धारित दिन तथा रंग के कपड़े में पूजन कर दाहिने हाथ में बाँधें।
5. पुरुष शुक्र की तथा स्त्री बृहस्पति की जड़ी भी उसी प्रकार बाँध सकते हैं।

उपर्युक्त सभी उपाय पूर्ण श्रद्धा और विश्वास के साथ करने चाहिए। सफलता निश्चित है।

आयु योग

आयु का कारक शनि है। शनि शुक्र परस्पर मित्र ग्रह माने जाते हैं; किन्तु शुक्र शुभग्रह तथा शनि पापग्रह' हैं। अत: दोनों ग्रह अहंकारी होकर स्वयं के अस्तित्व तथा प्रतिष्ठा के लिए परस्पर हानि पहुँचा सकते हैं। इसी कारण एक की दशा में दूसरे की अन्तर्दशा अशुभ परिणाम देती है तथा मृत्यु का योग न बनने पर भी दोनों ग्रहों के पारस्पारिक संघर्ष का परिणाम जातक को झेलना पड़ता है और अकाल मृत्यु का योग बनकर आयु में कमी हो जाती है।

यही कारण है कि शनि प्रभावित जातक और शुक्र प्रभावित जातक एक-दूसरे को नीचा दिखाते हैं। कुण्डली में मकर लग्न होने पर शुक्र पंचमेश दंशमेश होकर शुभ फलदायक है। शनि स्थायित्व और शुक्र अस्थायित्व का प्रतीक बनकर मकर लग्न वाले के लिए विपरीत फल दे देता है।

आयु के मामले में भी अन्य मामलों की तरह कर्म फल समय पर मिलता है। अत: धन कमाने के मामले में शॉर्टकट अपनाना, अनैतिक पापमार्ग अपनाना, अनियमित जीवन दिनचर्या घोर संकट तथा पतन की ओर ले जाता है। मकर या कुंभ लग्न में यदि शुक्र लग्न में बैठे तो जातक भोग विलास की ओर बढ़ता है; किन्तु शनि इसे स्वीकार नहीं करता है।

अष्टम् भाव में स्थित शनि जातक को दीर्घायु बनाता है। शनि के मामले में 'कारको भाव नाशाय' का सिद्धान्त लागू नहीं होता है। शनि जातक से महान कार्य कराना चाहता है। अत: उसे दीर्घायु तथा स्वस्थ भी बनाता है। किंतु जातक शनि की इच्छानुसार परीक्षा में खरा न उतरा, पापकर्म के जाल में फँसकर पतन की ओर बढ़ा तो शनि उसे घोर संकट में डालकर अकाल मृत्यु का शिकार बनाकर अनेक योनियों में जन्म मृत्यु के फेर में डालता है।

अत: किसी जातक की आयु की सही भविष्यवाणी कर पाना किसी भी ज्योतिषी के वश की बात नहीं है। आयु का दाता शनि है। शनि अपने कारकत्व के अधीन फल को तो बदल ही सकता है। वरन् वह अन्य ग्रहों के फल की दशा तथा दिशा बदलने की क्षमता रखता है क्योंकि वह दण्डाधिकारी है तथा किसी भी ग्रह के अधिकार क्षेत्र में हस्तक्षेप कर सकता है। शनि का फल सदैव अनिश्चित रहता है अत: उसकी सही भविष्यवाणी नहीं की जा सकती। कोई ज्योतिषी इसकी कल्पना भी नहीं कर सकता। क्षण में शनि दीर्घायु को अल्पायु बना सकता है। शनि दाता है। अर्थात्, अचल सम्पत्ति, वैभव, विवाह, उत्सव, मांगलिक कार्य, उच्चपद चुनाव में विजय, सम्मान, यश सभी कुछ देता है; किंतु पापकर्म कभी भी सहन नहीं करता।

किसी ज्योतिषी को क्या पता कि वर्तमान जन्म में कोई जातक सदाचारी पवित्र जीवन व्यतीत कर रहा है या दुराचारी, पाप अपराध का जीवन जी रहा है। अत: किसी भी गणना द्वारा आयु का निर्धारण करना ज्योतिषी की अनधिकार चेष्ट होगी। इसी कारण लेखक आयु गणना का उल्लेख न कर केवल दीर्घायु अल्पायु योगों का विवरण देकर ही अपने कर्त्तव्य की इतिश्री करेगा।

प्रमुख दीर्घायु योग

8 भाव में शनि को छोड़कर सभी ग्रह मृत्यु कारक माने जाते हैं। विशेषकर चन्द्रमा 8वें भाव में नीच का होकर निर्बल होता है और निर्बल ग्रह भाव की हानि करता है। कृष्णपक्ष में दिन में जन्म हो और शुक्ल पक्ष में रात्रि का जन्म हो तो

6, 8 में स्थित चन्द्रमा - पालक तथा रक्षक मृत्यु भय नहीं।

टिप्पणी :- चन्द्रमा शुक्ल पक्ष की एकादशी से कृष्णपक्ष की पंचमी तक अति बलवान माना जाता है। अत: चन्द्रमा के मामले में इसे ही शुक्ल पक्ष मानते हैं।

5 में चन्द्रमा, 5, 9 में बृहस्पति, 10 में मंगल - 100 वर्ष आयु

तुला, मकर, कुंभ में शनि हो अथवा 1, 3, 6, 8 भाव में हो - अरिष्ट मृत्यु भय नहीं

केन्द्र में एक भी बलवान शुभग्रह स्थित हो, बुध बृहस्पति शुक्र इनमें से एक भी ग्रह केन्द्र में हो तो सब पापग्रह भी प्रतिकूल होने पर भी - दीर्घायु

1, 4, 5, 9, 10, 11वें स्थान में बृहस्पति या शुक्र स्थित हो - दीर्घायु

एक भी ग्रह उच्च का होकर केन्द्र में हो, - दीर्घायु

बुध, बृहस्पति शुक्र में से कोई एक ग्रह लग्न में हो - दीर्घायु, निरोग

केन्द्र त्रिकोण में बुध, बृहस्पति, शुक्र में से एक भी ग्रह हो - दीर्घायु, निरोग

कर्क, धनु, मीन राशि में बृहस्पति केन्द्र त्रिकोण में हो - दीर्घायु, निरोग

मेष, वृषभ, कर्क लग्न में राहु स्थित हो - दीर्घायु, निरोग

राहु 3, 6, 11वें स्थान में शुभग्रह दृष्ट हो - सभी विपत्तियों से रक्षा दीर्घायु, निरोग

बलवान लग्नेश 3, 11वें स्थान या केन्द्र में हो - दीर्घायु, निरोग

बलवान लग्नेश केन्द्र में शुभ दृष्ट हो तथा पापग्रहों से दृष्ट न हो - दीर्घायु, निरोग

चन्द्रमा दो शुभग्रहों के बीच में हो - दीर्घायु, निरोग

चन्द्र राशीश या शुभग्रह केन्द्र में हो - दीर्घायु, निरोग

पापग्रह शुभ ग्रहों की राशि में हो तथा शुभ ग्रहों से दृष्ट हो - दीर्घायु, निरोग संकट या अरिष्ट नाश

सभी ग्रह शीर्षोदय राशि 3, 5, 6, 7, 8, 11 में हो - दीर्घायु

पूर्ण बली चन्द्रमा शुभग्रह से दृष्ट हो - दीर्घायु

3, 6, 11 में राहु शुभग्रह हो या शीर्षोदय राशि के ग्रह की राहु पर दृष्टि हो - दीर्घायु

3, 6, 11, 12 में केतु हो, बुध, बृहस्पति, शुक्र - दीर्घायु

आपस में 5वें, 9वें स्थान में होकर नवपंचक विपत्ति से बचाव योग बनावे

जन्म समय सन्ध्या, वैधृति या व्यतिपात - दीर्घायु, संकट

योग भद्रा या गण्डान्त में जन्म हो और समस्त ग्रह दृश्य भ्रमण अर्थात् 7, 8, 9, 10, 11, 12, 1वें भाव में हों	से बचाव
उच्च बृहस्पति लग्न में हो तथा उच्च का शुक्र केन्द्र में हो	– 100 वर्ष आयु
चन्द्रमा 1, 6, 8 में न हो, दो बलवान ग्रह 10वें स्थान में हो	– 100 वर्ष आयु
लग्न में बृहस्पति, 9 में चन्द्रमा पापग्रह से दृष्ट न हो	– 70 वर्ष आयु
1, 5, 10 में चन्द्रमा, बुध, बृहस्पति, शुक्र हों	– 100 वर्ष आयु
5, 9 में बृहस्पति, 7 में बुध, 1 में शुक्र चन्द्र हो	– 100 वर्ष आयु

मृत्यु का कारण

ग्रहस्थिति		मृत्यु का कारण
8वें स्थान में चन्द्रमा हो	–	जल में डूबने से मृत्यु
8वें स्थान में सूर्य हो	–	अग्नि में जलकर मृत्यु
8वें स्थान में मंगल हो	–	शस्त्र से मृत्यु
8वें स्थान में बुध हो	–	तीव्र ज्वर से मृत्यु
8वें स्थान में बृहस्पति हो	–	असाध्य रोग से मृत्यु
8वें स्थान में शुक्र हो	–	तीव्र भूख या वमन से मृत्यु
8वें स्थान में शनि हो	–	प्यास से मृत्यु

मृत्यु का स्थान

8वें स्थान में चर राशि 1, 4, 7, 10 हो	– विदेश या परदेश में मृत्यु
8वें स्थान में स्थिर राशि 2, 5, 8, 11 हो	– स्वदेश, जन्म स्थान घर में मृत्यु
8वें स्थान में द्विस्वभाव राशि 3, 6, 9, 12 हो	– घर के बाहर रास्ते में यात्रा समय मृत्यु

मृत्यु का द्रेष्काण

जन्म लग्न में जो द्रेष्काण हो उससे 22वें द्रेष्काण में जातक की मृत्यु होती है।

मृत्यु के बाद किस लोक में गमन

8वें स्थान में जो ग्रह स्थिति हो उस ग्रह के अनुसार उस लोक में मृत्यु के बाद जीव जाता है अथवा 6, 8 में जिन ग्रहों का द्रेष्काण होता है जो बली हो उस ग्रह के अनुसार उसके लोक में जीव जाता है।

ग्रह		लोक
बृहस्पति	-	देवलोक
चन्द्रमा, शुक्र	-	पितृलोक
सूर्य, मंगल	-	मृत्युलोक
बुध, शनि	-	नर्क लोक

टिप्पणी :- बलवान बृहस्पति उच्च का होकर 1, 6, 8 में स्थित हो अथवा मीन लग्न में बैठा हो तथा अन्य ग्रह निर्बल हो - मोक्ष प्राप्ति, उसका पुनर्जन्म नहीं होता है।

जातक का किस लोक से आगमन

सूर्य चन्द्रमा में से जो अधिक बलवान हो वह जिस ग्रह के द्रेष्काण में पड़ जाए वह ग्रह जिस लोक का स्वामी हो, जीवात्मा उसी लोक से आती हे।

ग्रह	**लोक**
बृहस्पति	देव लोक से भाग्य से आगमन
चन्द्रमा शुक्र	पितृ लोक से आगमन
सूर्य मंगल	पृथ्वी लोक से पशु योनि से आगमन
बुध शनि	नर्क लोक से आगमन

टिप्पणी :- यदि 8 में कोई ग्रह न हो तो उसे जो बलवान ग्रह देखता हो, उसी की धातु कोप के अनुसार जातक की मृत्यु होती है।

सूर्य मंगल	- पित्त से मृत्यु
चन्द्रमा, शुक्र	- कफ से मृत्यु
बुध, शनि, बृहस्पति	- वायु त्रिदोष से मृत्यु

आयु निर्धारण

किसी जातक की आयु के निर्धारण का कोई सर्वमान्य नियम नहीं है। आयु निर्धारण के अनेक तरीके हैं; किन्तु वे सभी दोषपूर्ण होने के कारण किसी जातक की ठीक-ठीक आयु बताना किसी भी ज्योतिषी के लिए असंभव है। लेखक के विचार से आयु का निर्धारण अनावश्यक भी है क्योंकि किसी ज्योतिषी के पास जातक के वर्तमान जीवन के शुभ-अशुभ कर्मों का लेखा जोखा नहीं हो सकता।

इस जन्म में किए गए शुभ-अशुभ कर्मों का अन्य मामलों की भाँति आयु के मामले में भी अनुकूल प्रतिकूल प्रभाव अवश्य पड़ता है। पवित्रात्मा, सदाचारी, जीवन जातक की आयु की वृद्धि करता है तथा पापी, नास्तिक, अपराधी जीवन आयु की हानि करता है। अतः किसी जातक की कुण्डली देखकर केवल दीर्घायु अल्पायु योग का पता चल सकता है।

चन्द्रराशि के अनुसार आयु का निर्धारण

किसी जातक के जन्मकालीन चन्द्रराशि के अनुसार जातक की आयु का अनुमान किया जा सकता है किन्तु कुण्डली की ग्रह स्थिति के अनुसार इसमें परिवर्तन हो सकता है। अत: केवल इसी को आधार नहीं मानना चाहिए।

चन्द्रराशि	कष्ट अल्पायु	संभावित आयु				मृत्यु					
	भय वर्ष	वर्ष	मास	दिन	घड़ी	पल	मास	तिथि	वार	नक्षत्र	समय
मेष	1, 13, 18, 30 64	75	2	5	15	15	कार्तिक कृष्ण	4	मंगल	भरणी	तृतीय प्रहर
वृषभ	3, 6, 8, 33, 46 52, 63	85	6	7	20	25	माघ शुक्ल	9	शुक्र	रोहिण	चतुर्थ प्रहर
मिथुन	1, 6,10,11,18, 24, 53, 63	85	8	14	5	10	पौष कृष्ण	8	बुध	हस्त	प्रथम प्रहर
कर्क	1, 7, 9, 12 16, 20, 27, 35, 45, 56 61	70	5	3	30	20	फाल्गुन शुक्ल	4	बुध	आर्द्रा	तृतीय प्रहर
सिंह	1, 9, 10, 15, 24, 25, 51, 61	65	13	6	20	20	श्रावण शुक्ल	10	रवि	श्रवण	प्रथम प्रहर
कन्या	1, 3, 13 26, 33, 43	84	10	16	20	25	भाद्रपद कृष्ण	9	बुध	मूल	प्रथम प्रहर
तुला	1, 4, 16 21, 33, 41 51, 61	85	8	24	15	15	वैशाख शुक्ल	13	शुक्र	चित्रा	द्वितीय प्रहर
वृश्चिक	1, 7, 8 11, 32, 35, 45, 63	75	2	7	20	20	ज्येष्ठ कृष्ण	11	मंगल	रेवती	प्रथम प्रहर
धनु	1, 2, 6, 11 16, 24, 36, 47, 57, 67	85	8	16	15	15	आषाढ़ शुक्ल	1	गुरु	पुष्य	तृतीय प्रहर
मकर	1, 3, 5, 7, 10, 32, 33	81	6	14	10	25	कार्तिक शुक्ल	5	शुक्र	श्रवण	चतुर्थ प्रहर
कुंभ	1, 18, 32	61	4	14	20	15	माघ शुक्ल	2	बृह.	उ.भा.	प्रथम प्रहर
मीन	18, 33	61	10	18	16	8	माघ शुक्ल	12	बृह.	पुनर्वसु	प्रथम प्रहर

अन्य दीर्घायु योग

1. शुक्र लग्न से 3, 5, 9, 11 भावों में हो, बृहस्पति 7 में हो पूर्ण चन्द्रमा उच्च का स्वराशि का मित्र राशि का शुभयुत दृष्ट हो तथा 6, 8, 12 एवं पाप ग्रह के प्रभाव में न हो।

2. बृहस्पति केन्द्र 1, 4, 7, 10 में शुक्र 7 में बुध 1 में हो तथा पापयुत दृष्ट न हो।
3. बृहस्पति 1 में, शुभग्रह 8 में हो तथा पापयुत दृष्ट, नीच शत्रुग्रह के प्रभाव में न हो।
4. बृहस्पति शुक्र 1 में, शुभग्रह 8 में हो किन्तु पापग्रह से युत दृष्ट न हों।
5. लग्नेश भाग्येश अष्टमेश उत्तम स्थिति उच्च स्वराशि, शुभयुत दृष्ट हो तथा पापग्रह, नीच ग्रह के प्रभाव में न हो तथा वक्री न हो।
6. सूर्य चन्द्रमा उच्च के स्वराशि मित्रराशि के त्रिकोण में शुभयुत दृष्ट हों तथा पापयुत दृष्ट 6, 8, 12 के प्रभाव में न हो।
7. लग्नेश और अष्टमेश दोनों चरराशि 1, 4, 7, 10 में हो।
8. शनि 3 या 8 में स्थित हो।
9. 5 में चन्द्रमा, 9 में बृहस्पति, 10 में मंगल हो।
10. अष्टमेश उच्च का स्वराशि का होकर 8 में हो।
11. लग्नेश अष्टमेश, दशमेश तीनों 1, 4, 5, 7, 9, 10 भावों में हों।
12. लग्नेश उच्च का स्वराशि का केन्द्र त्रिकोण में हो और शेष सभी ग्रह 3, 4, 8 स्थानों में हों।
13. लग्नेश 8 में हो।
14. शुभग्रह 1, 4, 5, 9, 10 में हो तथा पापग्रह 3, 6, 11 में हों।

अल्पायु योग

1. आयु का कारक शनि नीचराशि, शत्रुराशि का वक्री, स्तंभित हो।
2. सूर्य चन्द्रमा नीच के अस्तंगत पापयुत दृष्टि 6, 8, 12 के प्रभाव में हो।
3. अष्टमेश नीच का शत्रुराशि में वक्री, स्तम्भित हो तथा पापग्रह 6, 12 के प्रभाव में हो।
4. अष्टम् भाव में कोई शुभग्रह न स्थित हो न उसकी दृष्टि हो। अष्टमेश, शनि भी न तो अष्टम् भाव में स्थित हो, न उनकी अष्टम् भाव पर दृष्टि हो।
5. नीचराशि के ग्रहों, वक्री ग्रहों की स्थिति 8वें भाव में हो।

बाल मृत्यु योग

बालक की आयु के 12 वर्षों में बाल मृत्यु का आधार

प्रथम 4 वर्ष	-	माता के पूर्वजन्म के पापों के फल पर आधारित
द्वितीय 4 वर्ष	-	पिता के पूर्व जन्म के पापों के फल पर आधारित
तृतीय 4 वर्ष	-	जातक के स्वयं के पूर्वजन्म के पापों के फल पर आधारित
पंचम् सन्तान भाव	-	पूर्वजन्मों के पुण्य कर्मों का भाव

नवम- भाय धर्म पितृ भाव पूर्वजों के पुण्य कर्मों का सूचक

लग्न भाव - नवम् भाव से पंचम् भाव लग्न भाव होता है। अत: इससे भी सन्तान का विचार किया जाता है। जातक का पूर्वजों तथा पिता के प्रति स्नेह होने पर ही सन्तान का सुख मिलता है। सन्तान सुख के लिए पूजा पाठ, दान नवम् धर्म भाव से ही ठीक किया जा सकता है। सन्तान के लिए बाल मृत्यु 8 वर्ष तक तथा मृत्यु योग 9 से 20 वर्ष तक होते हैं।

बाल मृत्यु योग-

बच्चे का जन्म दिन में होने पर धनिष्ठा, हस्त का प्रथम चरण

रोगी होना

विशाखा आर्द्रा का द्वितीय चरण
उत्तरभाद्रपद आश्लेषा का तीसरा चरण
भरणी मूल का चौथा चरण

बच्चे का जन्म दिन में होने पर-

रोगी होना

आश्लेषा प्रथम चरण
भरणी मूल द्वितीय चरण
उत्तरा फाल्गुनी श्रवण तृतीय चरण
स्वाति मृगशिरा चतुर्थ चरण

टिप्पणी :- जन्म समय रात्रि का होने पर दोनों दोष नहीं लगते हैं।

विष घटी का घातक मृत्यु कारक फल

नक्षत्र	विषघटी काल	नक्षत्र	विषघटी काल
अश्विनी	51-54	चित्रा	21-24
भरणी	25-28	स्वाति	15-18
कृत्तिका	31-34	विशाखा	15-18
रोहिणी	41-44	अनुराधा	11-14
मृगशिरा	15-18	ज्येष्ठा	15-18
आर्द्रा	22-25	मूल	57-60
पुनर्वसु	31-34	पूर्वाषाढ़ा	25-28
पुष्य	21-24	उत्तराषाढ़ा	21-24
आश्लेषा	33-36	श्रवण	11-14
मघा	31-34	धनिष्ठा	11-14
पूर्वा फाल्गुनी	21-24	शतभिषा	19-22
उत्तरा फाल्गुनी	19-22	पूर्वाभाद्रपद	17-20
हस्त	22-25	उत्तराभाद्रपद	25-28
		रेवती	31-34

टिप्पणी :- बालमृत्यु पर विचार करने में चन्द्र लग्न महत्त्वपूर्ण होती है। चन्द्रमा की स्थिति, चन्द्रमा से 3, 8 भावों की स्थिति, चन्द्रमा से केन्द्र की 1, 4, 7, 10 की स्थिति पर विचार करके अशुभ प्रभाव देखना चाहिए। बचाव के लिए ढाक की जड़ सफेद कपड़े में गंगाजल में डुबोकर 21 बार ॐ चन्द्राय नमः मन्त्र से अभिमन्त्रित कर सोमवार को दाहिने हाथ में बाँध देने से अनिष्ट अशुभ फल से बचाव संभव है।

मृत्यु भागों के माध्यम से बालमृत्यु योग का निर्धारण

यदि चन्द्रमा किसी राशि में विघातक अंश (मृत्यु भाग) पर स्थित हो, वह चन्द्रराशि जन्म लग्न से 8वें भाव में स्थित हो या केन्द्र स्थान में हो तो जातक बच्चा अगला सूर्योदय नहीं देखता है।

चन्द्रराशि	**चन्द्रमा के लिए मृत्यु भाग अंश में**	**लग्न के लिए मृत्यु भाग अंश में**
मेष	26 अंश	80 अंश
वृषभ	12 अंश	90 अंश
मिथुन	13 अंश	22 अंश
कर्क	25 अंश	22 अंश
सिंह	24 अंश	25 अंश
कन्या	11 अंश	14 अंश
तुला	26 अंश	4 अंश
वृश्चिक	11 अंश	14 अंश
धनु	13 अंश	18 अंश
मकर	25 अंश	20 अंश
कुंभ	5 अंश	21 अंश
मीन	12 अंश	20 अंश

टिप्पणी :- केन्द्र में शुभग्रह हो तथा लग्न चन्द्रमा शुभयुतदृष्ट हों तो अशुभ प्रभाव कम हो जाता है या समाप्त हो जाता है।

बालमृत्यु के प्रमुख योग

1. 8 में मंगल शनि राहु की युति हो - दुर्घटना से बच्चे के पैरों को क्षति
2. 3 अशुभ ग्रहों के घेरे में 7 या 8 में सूर्य बृहस्पति युति दृष्टि प्रभाव में हो - बच्चे की जानवर से मृत्यु
3. शत्रु राशि में बुध किसी पापग्रह से युक्त दृष्ट हो तथा 6 या 8 में चन्द्रमा हो - जलीय जीव मगर आदि से बच्चे को खतरा

4. 8 में चन्द्रमा मंगल की युति हो तथा अष्टमेश उनका शत्रु हो - बच्चे की साँप काटने से मृत्यु

5. 6 में बृहस्पति तथा बुध की युति हो तथा वे शत्रु राशि में हो - घर पर चोर, डाकू, शत्रु के आक्रमण से बच्चे की मृत्यु या संकट

6 (क) सूर्य 8 में, चन्द्रमा 6, शनि 12 में हो - नेत्रहीन

(ख) सूर्य 8 में शनि 12 में - नेत्रहीन

(ग) सूर्य शत्रु राशि में हो, मंगल और चन्द्रमा से युत हो किन्तु शुक्र से दृष्ट न हो - काना

7. लग्न में या लग्न से चतुर्थ में राहु की स्थिति दृष्टि हो तथा लग्न चन्द्रमा पाप युत दृष्ट हो - जातक की मृत्यु

8. 12वें में मंगल, शनि तथा सूर्य की युति हो और लग्न में चन्द्रमा पर शुभ ग्रहों की दृष्टि न हो - जातक की मृत्यु

9. लग्न में चन्द्रमा, मंगल, शनि की युति हो, 9 में सूर्य हो तथा लग्न पर शुभग्रह की दृष्टि न हो - 8 माह बाद मृत्यु

10. लग्नेश, भाग्येश, सुखेश नीच के, वक्री, स्तंभित, पाप युत, दृष्ट होकर 6, 12 में हो गंडमूल अरिष्ट और जन्म नक्षत्र के प्रभाव - मृत्युभय

गंडमूल नक्षत्र - केतु के 3 नक्षत्र - अश्विनी, मघा मूल
बुध के 3 नक्षत्र - आश्लेषा, ज्येष्ठा, रेवती

टिप्पणी :- गंडमूल (अरिष्ट) जन्म नक्षत्र का जातक यदि मृत्यु से बच जाता है तो भूमि वाहन, बहुधन, सर्वसुख सम्पन्न होता है।

अश्विनी जन्म नक्षत्र

प्रथम चरण में जन्म - पिता के लिए कष्टकारी
द्वितीय चरण में जन्म - धन का अपव्यय
तृतीय चरण में जन्म - भ्रमणशील
चतुर्थ चरण में जन्म - स्वयं को शारीरिक कष्ट

मघा जन्म नक्षत्र

प्रथम चरण में जन्म - माता-पिता को कष्ट
द्वितीय चरण में जन्म - पिता को कष्ट

तृतीय चरण में जन्म	-	शुभ फलदायक
चतुर्थ चरण में जन्म	-	विद्या धनादि के लिए शुभ

मूल जन्म नक्षत्र

प्रथम चरण में जन्म	-	पिता की मृत्यु
द्वितीय चरण में जन्म	-	माता की मृत्यु
तृतीय चरण में जन्म	-	धननाश, परिवार पर संकट
चतुर्थ चरण में जन्म	-	शुभ फलदायक

आश्लेषा जन्म नक्षत्र

प्रथम चरण में जन्म	-	विशेष दोष नहीं
द्वितीय चरण में जन्म	-	पैतृक धन की हानि
तृतीय चरण में जन्म	-	माता-पिता सास के लिए अनिष्टकारी
चतुर्थ चरण में जन्म	-	पिता के लिए अनिष्टकारी

टिप्पणी :- लग्न में शुभग्रह हो और चन्द्रमा पापयुत दृष्ट न हो तो अशुभफल कम मिलता है तथा संकट आने पर भी संकट से बचाव होता है।

संकटदायक गण्डमूल नक्षत्र

अश्विनी प्रथम चरण, आश्लेषा चतुर्थ चरण, मधा प्रथम चरण, ज्येष्ठा चतुर्थ चरण, मूल प्रथम चरण, रेवती चतुर्थ चरण

गंन्डान्त सन्धि काल का अशुभ फल

गन्डान्त सन्धि का संवेदनशील बिन्दु होता है। जातक की जन्म चन्द्र राशि पर शुभ ग्रह की युति दृष्टि न हो तो जन्म के तुरन्त बाद जातक की मृत्यु होती है।

(क) कर्क का अंतिम नवांश सिंह का प्रथम नवांश	अशुभग्रह का प्रभाव होने पर जातक सूर्योदय नहीं देखता, उसकी मृत्यु हो जाती है।
(ख) वृश्चिक का अंतिम नवांश धनु का प्रथम नवांश	वही फल
(ग) मीन का अन्तिम नवांश मेष का प्रथम नवांश	वही फल

टिप्पणी :- यदि जातक की मृत्यु न हो और वह जीवित रहे तो राजा समान धनी होता है।

चन्द्रमा के प्रभाव से बना बाल मृत्यु योग

1. चन्द्र लग्न से 6, 8, 12वें भाव में चन्द्रमा हो -जातक की जन्म के बाद शीघ्र मृत्यु

2.	शुभग्रह वक्री होकर 6, 8, 12वें भाव में स्थित हो	-जातक की जन्म के 1 माह के भीतर मृत्यु
3.	जन्म समय चन्द्रमा 6, 8, 12वें भावों में शुभयुत दृष्ट हो तो शीघ्र मृत्यु न होकर	-8वें वर्ष के अन्त में मृत्यु
4.	8 भाव में अशुभ ग्रह हो 6 में चन्द्रमा हो लग्न में बृहस्पति शुक्र का सम्बन्ध न हो	-1 वर्ष बाद मृत्यु
5.	3 में सूर्य मंगल की युति हो, 8 में शनि हो, लग्न पर बृहस्पति शुक्र की दृष्टि न हो	-1 माह में मृत्यु
6.	निम्न योगों में लग्न पर शुभग्रह का प्रभाव न हो	-1 वर्ष में मृत्यु
(क)	लग्न में अशुभ ग्रह से दृष्ट मंगल हो	
(ख)	अशुभ ग्रह से दृष्ट शनि तथा मंगल 7 में हो	
(ग)	अशुभग्रह से दृष्ट सूर्य मंगल 8 में हो	
(घ)	शनि तथा मंगल 6 या 8 में युति करे	
7.	6, 8 भाव में कर्क राशि है, 8 में बुध चन्द्रमा से दृष्ट है	-4 वर्ष में मृत्यु
8.	8 में मेष वृश्चिक राशि में स्थित बृहस्पति पर सूर्य, चन्द्रमा, मंगल, शनि की दृष्टि हो तथा शुक्र से कोई सम्बन्ध न हो	-3 वर्ष आयु
9.	6, 8, 12 में कर्क राशि हो, सिंह राशि में शुक्र हो तथा अशुभ ग्रहों से युत दृष्ट हो	-6 वर्ष आयु
10.	शनि का लग्न से सम्बन्ध हो, शनि पर शुभग्रहों की दृष्टि न हो	-16 वर्ष आयु
11.	मेष वृश्चिक राशि में 6 या 8 में या लग्न से केन्द्र 1, 4, 7, 10 में शनि वक्री हो तथा मंगल 10 में हो	-2 वर्ष आयु
12.	राहु बुध दोनों एक साथ अशुभ 6, 8, 12 भावों में पापग्रह से दृष्ट हो	-7 वर्ष आयु
13.	लग्न में सिंह वृश्चिक कुंभ राशि हो तथा लग्न में राहु 3 अशुभ ग्रहों से दृष्ट हो	-बालमृत्यु योग
14.	लग्न का केन्द्र या 8 भाव में अशुभ ग्रह हो तथा चन्द्रमा क्षीण दुर्बल हो	-बाल मृत्यु योग
15.	लग्न से 7 में चन्द्रमा के नवांश में मंगल	-जातक की मृत्यु

	स्थित हो तथा 5 में सूर्य, मंगल, शनि हो तो जब चन्द्रमा जन्म नक्षत्र से 77वें नक्षत्र में प्रवेश करता है तब	या अशुभ समय
16.	मंगल नवांश कुण्डली में जन्म लग्न, चन्द्रराशि में स्थित हो और मंगल पर बृहस्पति की दृष्टि न हो या चन्द्रमा लग्न से 5वें स्थान में, मंगल 9 में हो तथा बृहस्पति की दृष्टि न हो	–बालमृत्यु योग
17.	राहु चन्द्रमा की 8 में युति हो	–साँप काटने या विष से जातक की मृत्यु
18.	चन्द्रमा की होरा में लग्न हो और जन्म सन्धिकाल (गन्डान्त अर्थात् सूर्यान्त) से 1 घंटा 12 मिनट पूर्व हो	–बालमृत्यु योग

बालमृत्यु भंग योग

इस योग में बालक रोगी रहकर जीवित रहता है।

1. लग्न में बलवान बृहस्पति हो
2. लग्न और लग्नेश बली शुभयुत दृष्ट हो
3. जन्म समय पूर्णिमा हो, शुभराशि में चन्द्रमा हो या शुभ दृष्ट हो
4. बुध, बृहस्पति, शुक्र लग्न में हो
5. पूर्णिमा का चन्द्रमा स्वराशि या उच्च का शुभग्रहों से घिरा हो
6. उच्च का चन्द्रमा बृहस्पति शुक्र से दृष्ट हो
7. बुध, बृहस्पति शुक्र केन्द्र स्थान 1, 4, 7, 10 में हो
8. पूर्णिमा में जन्म, चन्द्रमा या 8 में हो
9. पापग्रह शुभग्रह के षडवर्ग में या नवांश में हो

जन्म नक्षत्र का अशुभ तथा शुभ फल

मूल जन्म नक्षत्र में जन्म

पहली 8 घटी	– घर के मुखिया की मृत्यु
दूसरी 6 घटी	– धनहानि
तीसरी 11 घटी	– भाई की मृत्यु
चौथी 9 घटी	– माता को कष्ट
पाँचवी 14 घटी	– परिवार को कष्ट

छठी 5 घटी - ऐश्वर्य प्राप्ति
सातवीं 4 घटी - राजा के समान वैभवशाली
आठवीं 3 घटी - जातक को अल्पायु मृत्युभय

ज्येष्ठा जन्म नक्षत्र में जन्म

प्रथम चरण में जन्म - बड़े भाई के लिए अनिष्टकारी
द्वितीय चरण में जन्म - छोटे भाई के लिए अनिष्टकारी
तृतीय चरण में जन्म - पिता के लिए अनिष्टकारी
चतुर्थ चरण में जन्म - स्वयं और माता-पिता के लिए मृत्यु कारक

रेवती जन्म नक्षत्र में जन्म

प्रथम चरण में जन्म - राजा के समान वैभवशाली
द्वितीय चरण में जन्म - मन्त्री के समान सुखसाधान सम्पन्न
तृतीय चरण में जन्म - धनवान
चतुर्थ चरण में जन्म - माता-पिता के लिए मृत्युकारक

ज्येष्ठा जन्म नक्षत्र

पहली 6 घटी - नानी के लिए अशुभ
दूसरी 6 घटी - नाना के लिए अशुभ
तीसरी 6 घटी - मामा के लिए अशुभ
चौथी 6 घटी - माता के लिए अशुभ
पाँचवीं 6 घटी - स्वयं के लिए अशुभ
छठी 6 घटी - गोत्र के लिए अशुभ
सातवीं 6 घटी - माता एवं पिता के परिवार के लिए अशुभ
आठवीं 6 घटी - बड़े भाई के लिए अशुभ
नवीं 6 घंटी - श्वसुर के लिए अशुभ
दसवीं 6 घटी - सारे कुटुम्ब के लिए अशुभ

मूलगन्ड नक्षत्र दोष

परिवार के किसी अन्य सदस्य का वही जातक का जन्ममूल गन्ड नक्षत्र हो जिसमें बालक-बालिका का जन्म हुआ हो जैसे माता, पिता, भाई, बहिन का वही नक्षत्र हो। अर्थात्, कोई जन्म नक्षत्र परिवार में दो बार आया हो तो उसकी भी परिहार शान्ति कराना चाहिए। गन्डमूल जन्म नक्षत्र का जन्म से 27वें दिन वही नक्षत्र पुनः आने पर परिहार या शान्ति करा लेना चाहिए।

विशाखा जन्म नक्षत्र

चतुर्थ चरण में जन्मी लड़की - अपने देवर के लिए कष्टकारी अशुभफल
चतुर्थ चरण में जन्मा लड़का - अपनी छोटी साली के लिए कष्टकारी अशुभफल

ज्येष्ठा जन्म नक्षत्र

चतुर्थ चरण में जन्मी लड़की - अपने जेठ के लिए कष्टकारी
चतुर्थ चरण में जन्मा लड़का - अपनी बड़ी साली के लिए कष्टकारी

टिप्पणी :- कुछ विद्वानों के मतानुसार यदि कन्या का जन्म दिन में हो और पुत्र का जन्म रात्रि में हो तो उन्हें गंडमूल दोष नहीं लगता है।

गंडदोष लगने का समय

रेवती नक्षत्र का गंडदोष - 2 1/2 वर्ष की आयु तक रहता है।
अश्विनी नक्षत्र का गंडदोष - 10 माह तक रहता है।
मूल नक्षत्र का गंडदोष - 6 वर्ष तक रहता है।
आश्लेषा नक्षत्र का गंडदोष - 1 वर्ष तक रहता है।

टिप्पणी:- गंडमूल नक्षत्र का दोष दूर करने के लिए 27वें दिन या उसके बाद उसी जन्मकालीन नक्षत्र में विधिवत पूजन कर शान्ति या परिहार करा लेना चाहिए।

अन्य बाल मृत्यु योग

1. आश्लेषा, ज्येष्ठा, रेवती की अन्तिम 4 घटियों और अश्विनी, भरणी तथा मूल की आदि की 4 घटियों में बच्चे का जन्म होने पर बाल मृत्युयोग गण्डमूल अरिष्ट योग बनता है। रेवती की अन्तिम 2 घटी, ज्येष्ठा की अन्तिम 1 घटी, मूल की आदि की 2 घटी को अभुक्त मूल कहते हैं। ये विशेष बालमृत्यु योग बनाता है।

   टिप्पणी :- 27वें दिन वही नक्षत्र पुनः आने पर मूल शान्ति पूजापाठ करा देने से बालमृत्यु के अशुभफल से बचाव हो जाता है।
2. लग्न में अस्त चन्द्रमा पापयुत हो तथा 8 में मंगल हो तो जातक तथा उसकी माता दोनों को ही मृत्यु योग बनता है।
3. चन्द्रमा पापयुत दृष्ट 6, 8, 12 में हो तथा राहु की उस पर दृष्टि हो तो बाल मृत्यु योग बनता है।
4. 6, 8, 12 भावों में पापग्रह स्थित हो तो बाल मृत्यु योग बनता है।
5. शुभग्रह की दृष्टि लग्न तथा चन्द्रमा दोनों पर न हो तो बाल मृत्यु योग बनता है।

6. क्षीण चन्द्रमा पर पापग्रह या राहु की दृष्टि हो तो बाल मृत्यु योग बनता है।
7. पापग्रह से युत लग्नेश 7 में हो तो बालमृत्यु योग बनता है।
8. शनि चर राशि में हो तथा चन्द्रमा द्विस्वभाव राशि में हो तो अल्पायु मृत्यु योग बनता है।

सूर्य के गोचर से मृत्यु के मास का निर्धारण

1. जन्म के समय चन्द्रमा जिस राशि में हो उससे सप्तम, अष्टम, द्वादश भाव में सूर्य गोचरवश जिस मास में आता है उस मास में जातक की मृत्यु होती है।
2. नवांश कुण्डली में चन्द्रमा जिस राशि में हो उसमें या उससे त्रिकोण 5, 9 स्थान की राशि में गोचरवश सूर्य के आने पर उस मास में जातक की मृत्यु होती है।

मृत्यु का समय घंटे में निर्धारित करना (कितने बजे मृत्यु)

चन्द्रमा से 8वीं राशि या 8वीं राशि की त्रिकोण राशि (5, 9 की लग्न) मृत्यु देने वाली होती है। 24 घंटे में 12 लग्नें होती हैं। प्रत्येक लग्न लगभग दो घंटे रहती है।

मृत्यु स्थान का निर्धारण

अष्टम् भाव में चर राशि होने पर – घर से बाहर जातक की मृत्यु
अष्टम् भाव में स्थिर राशि होने पर – घर में जन्म स्थान में जातक की मृत्यु
अष्टम् भाव में द्विस्वभाव राशि होने पर – जातक की यात्रा समय रास्ते में मृत्यु

मृत्यु समय का निर्धारण

द्वितीयेश, सप्तमेश, अष्टमेश, द्वादशेश, चरलग्न में एकादशेश स्थिर लग्न में नवमेश मारकेश होते हैं। इनसे युत पापग्रह भी मारकेश होते हैं। षष्ठेश भी मारकेश होता है। इनकी महादशा अन्तर्दशा में गोचर शनि की साढ़े साती, संकटा योगिनी दशा का संयोग कुयोग बनने पर मृत्यु होती है। सूर्य, चन्द्रमा, बृहस्पति अष्टमेश होकर स्वयं कभी मृत्युकारक नहीं होते किन्तु शनि से युति करने पर शनि मारकेश बन जाता है।

1. मूल कुण्डली में शनि जिस राशि में स्थित हो उससे 5, 9 राशि में गोचरवश आने पर जातक की मृत्यु होती है।
2. अष्टमेश जिस राशि में स्थित हो उस पर गोचरवश शनि आने पर जातक की मृत्यु होती है।

3. बृहस्पति स्पष्ट तथा राहु स्पष्ट का योग करने पर जो राशि अंश कला बने उससे पंचम् नवम् स्थान पर गोचरवश बृहस्पति आने पर जातक की मृत्यु होती है।
4. 2, 12 भाव की राशि से 5, 9वीं राशि में बृहस्पति के आने पर जातक की मृत्यु होती है।
5. जातक का दिन में जन्म हो तो सूर्य के स्थिर राशि या नवांश से जब 5, 7, 9 में स्थान में गोचर शनि आने पर जातक की मृत्यु होती है।

जीवन और मृत्यु पर शनि का प्रभाव

9 ग्रहों में शनि ही ऐसा ग्रह है जो मानव जीवन (जन्म से मृत्यु तक) को सभी ग्रहों से अधिक प्रभावित करता है। शनि कुण्डली के अनुसार 19 वर्षों तक महादशा में तथा सभी ग्रहों की महादशा के काल में एक बड़े भाग में अन्तर्दशा काल में शनि की साढ़ेसाती तथा अढ़ैया में इतना अधिक प्रभाव डालता है कि जीवन की दशा और दिशा ही बदल देता है। यह सदाचारी को रंक से राजा तथा पापी दुराचारी को राजा से रंक क्षण भर में बना देता है। दुर्घटना में अकाल मृत्यु होना शनि के संकेत पर ही होता है। जब किसी अन्यायी, अत्याचारी, आतंकी, अपराधी को सम्पूर्ण शासन व्यवस्था, समाज व्यवस्था अपने वश में नहीं कर पाती और असहाय मूक दर्शक बनकर उसके पाप सहन करती है तो शनि का काल चक्र तीव्रता से हस्तक्षेप करता है और पीड़ित व्यक्तियों की कराह सुनता है।

शनि की एक विशेषता और है जो उसे अन्य ग्रहों से अलग करती है। शनि जिस मारकेश से युति करता है। उसे हटाकर स्वयं मारकेश बनकर घटनाक्रम पर अपना नियन्त्रण कर लेता है। शनि की न्याय व्यवस्था दण्डव्यवस्था में राहु केतु भी उसकी सहायता संकेत मिलते ही करते हैं।

शनि सदैव तटस्थ रहता है। वह पापी दुराचारी की पूजा शनि उपासना पर उल्टी तीव्र प्रतिक्रिया करता है और शनि की पूजा करने पर तो तीव्र अशुभफल जैसे दुर्घटना में अकाल मृत्यु घटित करता है। शनि को पूजा द्वारा प्रसन्न नहीं किया जा सकता है। शुभ कर्म ही शनि की पूजा है। अन्य ग्रह पूजापाठ से अशुभफल टाल सकते हैं। किंतु शनि दण्ड टालता नहीं है।

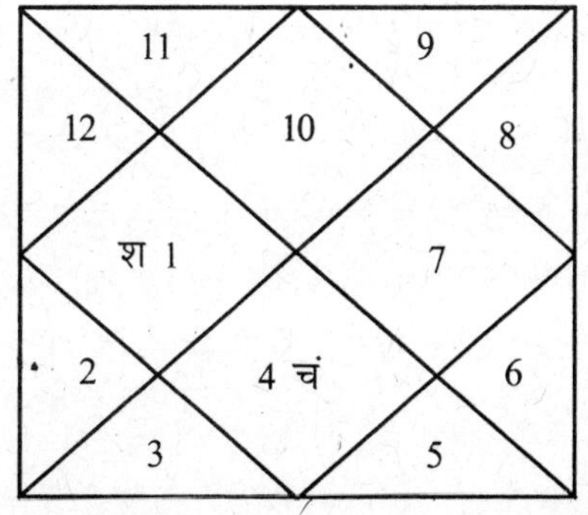

उदाहरण - चन्द्रमा से तथा लग्न से भी केन्द्र में शनि हो तो जातक प्रसिद्ध, महत्त्वपूर्ण व्यक्ति होता

है जिसका यश दूर दूर तक फैलता है। उदाहरण कुण्डली में शनि लग्नेश होकर नीच का मेष राशि में चतुर्थ केन्द्र में स्थित है जो लग्न तथा चन्द्रमा दोनों से केन्द्र में है। यद्यपि शनि नीच का है; किन्तु फिर भी जातक ने अपने कर्मों द्वारा समय की रेत पर सदा के लिए अपने निशान छोड़ दिए हैं। वह अन्तर्राष्ट्रीय स्तर पर कवि बनकर इतिहास पुरुष बन गया है। वह पूर्व जन्मकृत शुभ कर्मों का फल एक साथ पाकर ही इतना महान बन सका है।

जो महान बनते हैं। वे शनि की कृपा से ही बनते हैं। वे सांसारिक मायावी जीवन को तुच्छ समझकर त्याग, तपस्या, संघर्ष, परिश्रम, नैतिकता, सदाचार के बल पर ही महान बनते हैं। वह छल, कपट, ठगी, बेईमानी न तो स्वयं करे और न ऐसे पापियों के जाल में फँसकर धन लुटाए।

तुलसीदास जी के शब्दों में-

तप बल रचहिँ प्रपंच (माया, सृष्टि) विधाता।
तप बल विष्णु सकल जगत्राता।।
तप बल शंभु करहिँ संहारा।
तप बल शेष धरहिँ महि भारा।।

अत: शनि तपस्वी, कर्मजीवी का प्रतनिधित्व करता है। वह कर्मकार मजदूर का कारक है जो हाड़ तोड़ मेहनत करता है। ऐसा व्यक्ति चोरी, छल, रिश्वत, अपराध से मालामाल नहीं होता है। शॉर्टकट बेईमानी के रास्ते पर नहीं चलता। धैर्य से कर्मफल की प्रतीक्षा करता है।

कुण्डली में प्रारब्ध में पापकर्म के अशुभ फल संचित होते हैं। पापी व्यक्ति संसार में लिप्त रहकर भोग करता है। अत: उसे तीव्र अशुभ फल देने की व्यवस्था शनि ही करता है। ऐसा व्यक्ति ईश्वर से नहीं डरता तथा स्वयंभू होता है। क्षण भर में उसका सब कुछ नष्ट हो जाता है। उस पर सांसारिक विपत्तियों का पहाड़ टूट पड़ता है। उसे मृत्यु से भी अधिक भयानक कष्ट मिलता है। ऐसी स्थिति प्राय: तब आती है जब कुण्डली में शनि मृत्युभाग अंशों में होता है।

शनि के मृत्यु भाग अंश

मेष 10, वृषभ 4, मिथुन 7, कर्क 9, सिंह 12, कन्या 16, तुला 3, वृश्चिक 18, धनु 28, मकर 14, कुंभ 13, मीन 15 अंश।

जब शनि कुण्डली में बहुत शुभ स्थिति तुला, मकर, कुंभ में 3, 6, 11 भाव में हो तो भी निष्फल हो जाता है। इस प्रकार तात्कालिक रूप से अनुकूल परिस्थितियाँ भी प्रतिकूलता में बदल जाती हैं और न केवल जातक बल्कि कुशल ज्योतिषी भी ठगा सा रह जाता है।

लग्न (शरीर तन सुख) के मृत्यु भाग अंश

मेष 1, वृषभ 9, मिथुन 22, कर्क 24, सिंह 25, कन्या 23, तुला 18, वृश्चिक 20, धनु 24, मकर 10, कुंभ 2, मीन 21 अंश लग्न इन मृत्यु अंशों में हो तो सब शुभफल व्यर्थ हो जाते हैं। सब कुछ आशा के विपरीत घटित हो जाता है।

चन्द्रमा के मृत्यु भाग अंश

चन्द्रमा मन, मानसिक सुख का प्रतिनिधित्व करता है। मेष 26, वृषभ 12, मिथुन 13, कर्क 25, सिंह 24, कन्या 01, तुला 26, वृश्चिक 14, धनु 13, मकर 25, कुंभ 5, मीन 12 अंश। चन्द्रमा इन अंशों में हो तो सब कुछ आशा के विपरीत घटित होता है तथा सब शुभफल व्यर्थ चले जाते हैं।

दो में से कोई एक फल

(क) मृत्यु अर्थात् सांसारिक सुखों से सम्बन्ध टूट जाना

(ख) तप बल से कर्मफल बन्धन से मुक्त होकर मोक्ष पाना, साधु सन्तों की कुण्डली में ऐसी ही गृहस्थिति होती है।

टिप्पणी :- शनि देव की दृष्टि मारक विष कारक होती है। इसीलिए वे नीचे देखते हैं जिससे किसी प्राणी का अहित न हो; किंतु पापकर्म करके नीचे गिरने वाले की तो हानि ही होती है।

निकट सम्बन्धियों को अरिष्ट मृत्युभय कष्ट योग

5, 9 भावों में जो ग्रह स्थित हो वह ग्रह जिस सम्बन्धी का कारक होता है। उस सम्बन्धी को दुःख, कष्ट, मृत्यु का योग बनता है। 5, 9 भावों में स्थित ग्रह अपने कारकत्व के सम्बन्धी के लिए मारक होता है।

सम्बन्धी	**– कारकग्रह**
पिता	– सूर्य
माता	– चन्द्रमा
पति	– बृहस्पति
पुत्र, गुरु, शिष्य	– बृहस्पति
पुत्री	– बृहस्पति, बुध
पत्नी	– शुक्र
बड़ा भाई	– शनि
छोटा भाई	– मंगल
बहिन	– बुध

टिप्पणी :- शुक्र सूर्य से अधिक बलवान हो तो शुक्र पिता का कारक बन जाता है। मंगल चन्द्रमा से अधिक बलवान हो तो मंगल माता का कारक बन जाता है।

विशेष परिस्थिति में शनि पुत्र का कारक होता है।

कारक ग्रह तथा सम्बन्धी का भावस्थान

कारक से स्थान	**सम्बन्धी का स्थान**
सूर्य से नौवाँ स्थान	- पिता का स्थान
मंगल से तीसरा स्थान	- भाई का स्थान
चन्द्रमा से चौथा स्थान	- माता का स्थान
बुध से छठा स्थान	- मामा का स्थान
बुध से पाँचवाँ स्थान	- पुत्री का स्थान
बृहस्पति से पाँचवाँ स्थान	- पुत्र का स्थान, शिष्य का स्थान
बृहस्पति से सातवाँ स्थान	- पति का स्थान
शुक्र से सातवाँ स्थान	- पत्नी का स्थान
शनि से आठवाँ स्थान	- मृत्यु का स्थान
	- शत्रु का स्थान

सगे सम्बन्धियों के कारक ग्रह

पिता, स्वामी, साला, बहनोई, मालिक	-	सूर्य
माता, मौसी, बुआ, बहिन	-	चन्द्रमा राहु
छोटे भाई बहिन, मामा, मामी, मौसी शत्रु, नौकरानी, शत्रु साला	-	मंगल
बड़ा भाई बहिन, नौकर नौकरानी, मामा, मामी, मौसी चाचा, चाची, शत्रु, साला, साली, सरहज	-	शनि
पुत्री, बुआ, बहिन, मामा, मामी, सास, माता, माता पक्ष नपुंसक, विकलांग सम्बन्धी	-	बुध
पुत्र-पुत्री, दादा, दादी	-	बृहस्पति शनि
नाना-नानी	-	बृहस्पति, केतु
पड़ोसी, नौकर, मित्र, गुरु, पति, दामाद साला, साली, दामाद, प्रेमी, बहनोई पुत्र, दत्तक-पुत्र, पुत्रवधू, शिष्य	-	बृहस्पति
पत्नी, प्रेमिका	-	शुक्र
दादा, दादी, शत्रु, चाचा, बड़ी बहिन	-	केतु
पुत्र, पुत्री, नाना, सास, श्वसुर दादा, नानी, बहिन, पुत्री	-	राहु

सम्बन्धियों के जोड़े

माता-पिता, भाई-बहिन, पति-पत्नी, गुरु-शिष्य, मालिक-मालकिन, नौकर-नौकरानी, साला-साली-बहनोई, श्वसुर-दामाद, सास-श्वसुर, बहू, जेठ-जेठानी, देवर-देवरानी, व्यापारी-ग्राहक, चिकित्सक-रोगी, वकील-वादकार, पुलिस-अपराधी, न्यायाधीश-अपराधी, शासक-जनता, वक्ता-श्रोता, क्रेता-विक्रेता, पिता-पुत्र पुत्री, माता-पुत्र पुत्री, गुरु-शिष्य।

सम्बन्धियों पर विपत्ति का विशेष विचार

कुण्डली में जिस सम्बन्धी का कारक ग्रह जिस भाव में स्थित हो उस भाव को उस सम्बन्धी की जन्म लग्न मान कर कुण्डली बना ली जाए तथा अन्य भावों में ग्रह उसी अनुसार स्थापित कर लिए जाएँ। फिर इस कुण्डली के सम्बन्धित भाव के विचारणीय विषय के सुख-दुःख तथा फल पर विचार किया जा सकता है।

यह उपाय उस स्थिति के लिए है जब किसी व्यक्ति का जन्म दिनांक जन्म समय आदि न मालूम होने के कारण उसकी कुण्डली न बन सकती हो। जिस सम्बन्धी के एक से अधिक कारक ग्रह हों उनमें जो सबसे अधिक बलवान तथा शुभ स्थिति में हो उसी से विचार किया जाए। कारक ग्रह अथवा सम्बन्धित भाव यदि दोनों ओर से पापग्रहों, मारकेश ग्रहों से घिरा हो तो उस सम्बन्धी पर भयंकर विपत्ति आने का योग बनता है। जब कारक ग्रह पर से या सम्बन्धित भाव पर से गोचर में शुभग्रह या भावेश गुजरे तो शुभ फल मिलता है और यदि पापग्रह या अशुभ भावेश गुजरे तो अशुभ फल मिलता है। इन पर शुभग्रहों की गोचर गमन में शुभ दृष्टि पड़ने पर अशुभ फल से बचाव होता है।

विपत्ति से बचने का अन्य उपाय

प्राय: अनुभव किया जाता है कि जातक तथा उसके निकट सम्बन्धियों पर जोड़े के अनुसार क्रम से विपत्तियाँ आती हैं। ये सम्बन्ध जोड़े में होते हैं तथा उनके कारक ग्रह अलग-अलग होते हैं। पहले विपत्ति योग वाली कुण्डली के जातक के जोड़े वाले सम्बन्धी पर आती है। जब उस सम्बन्धी की रक्षा नहीं हो पाती तो उसका नाश कर फिर उस जातक पर विपत्ति आकर उसका भी नाश कर देती है। कहावत भी है कि विपत्ति कभी अकेले नहीं आती। अर्थात्, सम्बन्धी को भी अपना शिकार बनाती है। यह जातक के लिए परीक्षा तथा दूरदर्शिता की घड़ी होती है। जोड़े के सम्बन्धी पर आई विपत्ति जातक के लिए चेतावनी या पूर्वाभास के रूप में लेनी चाहिए तथा उस सम्बन्धी की रक्षा सहायता में अपनी पूरी शक्ति तथा उपलब्ध साधन झोंक देने चाहिए तथा किसी

अनिर्णय, द्विविधा की स्थिति में रहकर मूक दर्शक नहीं बनना चाहिए। यह सोचना चाहिए कि विपत्ति का अगला शिकार जातक ही होगा।

सम्बन्धियों के प्रमुख जोड़े - पिता-पुत्र, माता-पुत्र, पति-पत्नी, भाई-बहिन, चाचा-भतीजा, मामा-भांजा आदि।

विपत्ति आने का क्रम

उदाहरण 1 :- सूर्य पिता का कारक है। यदि कुण्डली में सूर्य के एक ओर शनि हो तथा दूसरी ओर राहु स्थिति हो। अर्थात्, शनि राहु ने सूर्य को घेर रखा हो तो पिता पर विपत्ति आने का योग बनता है; किन्तु विपत्ति पहले पुत्र पर आएगी अत: पिता को पुत्र की रक्षा पूरी ताकत से अवश्य करनी चाहिए तथा उसकी रक्षा में ही अपनी रक्षा समझनी चाहिए।

कारण यह है कि पुत्र का नाश होते ही पिता का नाश अपने आप ही हो जाएगा और बचाव का कोई उपाय बाद वाली इस विपत्ति को रोक नहीं पाएगा क्योंकि स्वाभाविक दैवी रुकावट तथा बचाव के उपाय का नाश हो जाता है।

उदाहरण 2 :- शनि बड़े भाई का कारक होकर बड़े भाई का प्रतिनिधित्व करता है। यदि शनि राहु तथा मंगल के मध्य स्थित हो। अर्थात्, राहु तथा मंगल से घिरा हो तो पहले बहिन पर विपत्ति आती है। अत: भाई को जैसे भी बने बहिन की हर हाल में रक्षा करनी चाहिए तथा उसकी रक्षा में ही अपनी रक्षा समझनी चाहिए अन्यथा बहिन का नाश होते ही भाई का भी नाश हो जाता है।

यही उपाय अन्य सम्बन्धियों के जोड़ों पर भी लागू होता है जैसे, पड़ोसी की रक्षा, मित्र की रक्षा में अपनी रक्षा समझना चाहिए। दो पापग्रहों के मध्य कोई ग्रह स्थित हो तो इस प्रकार की विपत्ति का योग बनता है। वह जिस सम्बन्धी का कारक होते हैं। उसके जोड़े के सम्बन्धी पर पहले विपत्ति आती है तथा जातक पर बाद में।

अस्त या अस्तंगत ग्रह

सूर्य के साथ कोई ग्रह युति करे या बैठे तो वह ग्रह अस्त या अस्तंगत कहलाता है तथा ऐसा ग्रह निर्बल हो जाता है। अत: शुभफल भी नहीं दे पाता है। सिंह राशि में कोई ग्रह बैठ जाए तो भी अस्तंगत हो जाता है और निर्बल होकर शुभफल नहीं दे पाता है। ऐसा निर्बल ग्रह कभी रक्षा नहीं कर पाता है।

उदाहरण :- उदाहरण कुण्डली में सूर्य के साथ शुक्र बैठा है तथा सिंह राशि में शनि बैठा है। अत: शुक्र और शनि अस्तंगत होकर निर्बल है। सूर्य तथा शुक्र दो पापग्रहों मंगल तथा राहु से घिरे हैं। अत: पिता पुत्र की रक्षा कर पाएगा; किन्तु शुक्र के अस्त होने के कारण पत्नी जातक पति की रक्षा नहीं कर पाएगी। इसी प्रकार शनि अस्त है। अत: बड़ा भाई छोटे भाई की रक्षा नहीं कर पाएगा।

पिता की मृत्यु का योग

1.	जन्म लग्न से 9, 11 स्थानों में शनि मंगल स्थित हो	- पिता की मृत्यु
2.	सूर्य 10 में स्थित हो	- पिता की मृत्यु
3.	सूर्य जिस भाव या राशि में स्थित हो उस से 5वें या 9वें स्थान में सूर्य गोचरवश पहुँच जाए	- उस समय पिता की मृत्यु
4.	सूर्य 6, 8, 12 भावों में स्थित हो	- जातक के जन्म के पहले ही पिता की मृत्यु
5.	सूर्य नीच राशि शत्रुराशि में पापग्रहों से पीड़ित हो	- पिता की मृत्यु
6.	10वें भाव में पापग्रह या 6, 8, 12 का स्वामी हो	- पिता की मृत्यु

टिप्पणी :- सूर्य या 10वें भाव पर शुभग्रहों शुभ भावेशों की स्थिति दृष्टि से अथवा सूर्य के उच्च के होने पर पिता की मृत्यु नहीं होती है। केवल रोग हो सकता है तथा दुःख कष्ट मिल सकता है। मृत्यु न होने पर सुख में कमी का योग बनता है।

माता की मृत्यु का योग

1.	चन्द्रमा 5, 10 भावों में स्थित हो	- माता की मृत्यु
2.	चन्द्रमा जिस भाव या राशि में स्थित हो उससे 5, 9वें स्थान पर सूर्य गोचरवश जाने पर	- उस समय माता की मृत्यु
3.	चन्द्रमा नीचराशि, शत्रुराशि में पापग्रहों से पीड़ित हो या 6, 8, 12 में स्थित हो या उनके प्रभाव में हो	- जातक का जन्म होते ही अथवा बचपन में माता की मृत्यु
4.	शुक्र सूर्य चन्द्रमा सूर्य से युत दृष्ट राशि परिवर्तन सम्बन्ध बनाने से पीड़ित हो या शुक्र चन्द्रमा समसप्तक योग में हो	- माता की मृत्यु या माता को महाकष्ट माता मरती नहीं है उसकी आँखों में कष्ट
5.	4 में 6, 8, 12 भावों के स्वामी या पापग्रह स्थित हो	- माता की मृत्यु या माता को कष्ट

टिप्पणी :- चन्द्रमा या चौथे नवें भाव पर शुभग्रहों शुभभावेशों की स्थिति दृष्टि से अथवा चन्द्रमा के उच्च के स्वराशि के होने शुभग्रहों से युत दृष्टि सम्बन्ध में होने पर या शुक्ल पक्ष में पूर्णिमा का जन्म होने पर माता की मृत्यु नहीं होती

है तथा अशुभ योग होने पर माता को केवल कष्ट मिल सकता है। मृत्यु न होने पर माता के सुख में कमी अथवा अनबन रहने का योग बनता है।

जीवनसाथी पति-पत्नी की मृत्यु का योग

	योग	फल
1.	पापग्रह सप्तम् स्थान में स्थित हो	- जीवनसाथी की मृत्यु
	किन्तु पति पत्नी दोनों की कुण्डली में सप्तम् स्थान में पापग्रह स्थित होने पर	- जीवनसाथी की मृत्यु नहीं होती है
2.	पंचमेश अष्टमेश सप्तम् स्थान में हो	- जीवनसाथी की मृत्यु
3.	पापग्रह युत बृहस्पति शुक्र 7वें स्थान में हो	- जीवनसाथी की मृत्यु
4.	सप्तम् में बृहस्पति शुक्र हो और सप्तमेश 5वें स्थान में हो	- जीवनसाथी की मृत्यु
5.	द्वितीयेश सप्तमेश 6, 8, 12 भावों में हो, 6 में मंगल 7 में राहु तथा 8 में शनि हो, बृहस्पति शुक्र द्विस्वभाव राशि में हो तथा 7 में पापग्रह की स्थिति अथवा दृष्टि हो	- जीवनसाथी की मृत्यु

टिप्पणी :- पति की कुण्डली में पत्नी की मृत्यु तथा पत्नी की कुण्डली में पति की मृत्यु का विचार किया जाता है। मृत्यु न होने पर वियोग तथा अनबन होने का योग बनता है।

पुत्र या पुत्री की मृत्यु का योग

	योग	फल
1.	मंगल 7 या 8 स्थान में हो	- पुत्र-पुत्री की मृत्यु
2.	सूर्य चन्द्रमा चरराशि 1, 4, 7, 10 में होकर या 1, 4, 7, 10 भावों में स्थित हो	- पुत्र की मृत्यु अथवा पुत्र के सुख में कमी
3.	5 में या 11 में सूर्य या अन्य पाप ग्रह स्थित हो	- पुत्र की मृत्यु अथवा पुत्र सुख में कमी, अनबन
4.	6 में सूर्य, 10 में मंगल हो	- पुत्र की मृत्यु अथवा पुत्र को महाकष्ट
5.	5 या 10 में बृहस्पति हो	- पुत्र की मृत्यु या पुत्र सुख में कमी
6.	5 या 10 में बुध	- पुत्री की मृत्यु या पुत्री के सुख में कमी

टिप्पणी :- बृहस्पति, पंचम, पंचमेश, एकादश एकादशेश की बलवान तथा शुभ स्थिति होने पर अशुभ फल से बचाव होता है।

भाई बहिन की मृत्यु का योग

1.	सूर्य से 4 तथा 11वें स्थानों में पापग्रह हो	- भाई बहिन की मृत्यु
2.	3 में पाप ग्रह या मंगल हो	- भाई बहिन की मृत्यु अथवा उनके सुख में कमी

अन्य मृत्यु भय कष्ट योग

सूर्य से 9वें स्थान में पापग्रह	-	पिता की मृत्यु
सूर्य से 10वें स्थान में पापग्रह	-	पिता की मृत्यु
चन्द्रमा से चौथे स्थान में पापग्रह	-	माता की मृत्यु
मंगल से तीसरे स्थान में पापग्रह	-	भाई की मृत्यु
बुध से चौथे स्थान में पापग्रह	-	मामा की मृत्यु
बृहस्पति से 5वें स्थान में पापग्रह	-	पुत्र की मृत्यु
बृहस्पति से 7वें स्थान में पापग्रह	-	पति की मृत्यु
शुक्र से 7वें स्थान में पापग्रह	-	पत्नी की मृत्यु
पंचम् स्थान में अकेला बृहस्पति	-	पुत्र की मृत्यु
सप्तम् स्थान में अकेला बृहस्पति	-	पति की मृत्यु
7वें में अकेला शुक्र	-	पत्नी की मृत्यु

टिप्पणी :- शुभग्रहों की स्थिति तथा दृष्टि से मृत्यु से बचाव हो जाता है। केवल कष्ट मिलता है या सुख में कमी होती है या मेल कम रहता है।

कारावास, बन्धन, अपहरण योग

लग्न में शनि, 10 में चन्द्रमा हो, उन पर शुक्र की दृष्टि हो	-कारावास बन्धन अपहरण भय

कुछ अशुभ तथा विपत्ति योग

1. जीवन में सभी विपत्तियाँ 2 तथा 12 भावों द्वारा या उनके भावेशों द्वारा लग्न को पीड़ित करने से आती हैं। यदि द्वितीयेश द्वादशेश लग्न में स्थित हो अथवा लग्नेश 2, 12 में हो तो विपत्ति का योग बनता है।
2. जिन भावों पर दोनों ओर से पाप ग्रहों की दृष्टि पड़े अथवा उस घर के दोनों ओर आगे पीछे पापग्रह या अशुभ भावेश स्थित हो उन भावों से सम्बन्धित सम्बन्धियों तथा मामलों में विपत्ति आने तथा अशुभ फल मिलने का योग बनता है।

3. राहु केतु शनि के बीच कोई शुभग्रह न हो। अर्थात्, कालसर्पयोग हो तो शनि की साढ़ेसाती चलने के समय विपत्ति आने तथा अशुभ फल मिलने का योग बनता है।
4. मारकेश ग्रहों द्वितीयेश, सप्तमेश, अष्टमेश, चर लग्न में एकादशेश, स्थिर लग्न में नवमेश तथा इनसे युत पापग्रह की महादशा मारक उन्नति में बाधक तथा कष्टदायक होती है।
5. शनि का गोचर चलन में साढ़ेसाती का प्रभाव मारक होता है। संकटा योगिनी दशा भी मारक होती है। दो या दो से अधिक मारकेश ग्रहों तथा साथ में शनि की साढ़ेसाती ये सभी मिलकर मृत्यु कारक या मृत्यु समान कष्टदायक होते हैं।

पिता के अलावा अन्य से जन्मी जारज सन्तान योग

1.	लग्न में पापग्रह हो या लग्नेश अथवा सूर्य की लग्न पर दृष्टि न हो	– जातक पिता के अलवा अन्य किसी की सन्तान
2.	तिथि, दिन, लग्न के अन्त में, चर राशि के अन्तिम नवांश में जन्म हो	– जातक पिता के अलावा अन्य किसी की सन्तान
3.	चन्द्रमा 1, 2, 8, 11, 12वें स्थान में हो	– पिता के अलावा अन्य किसी की सन्तान
4.	चन्द्रमा लग्न को न देखता हो या मंगल शनि लग्न में हो बृहस्पति शुक्र केन्द्र में न हो	– जारज सन्तान
5.	बुध शुक्र के बीच चन्द्रमा हो तथा चन्द्रमा लग्न को न देखता हो। लग्न में शनि हो तथा 7 में मंगल हो	– पिता के परोक्ष में जन्म लेने वाली जारज सन्तान
6.	बृहस्पति चन्द्रमा और लग्न को न देखता हो अथवा सूर्य चन्द्रमा या पापग्रह से युत हो	– जारज सन्तान
7.	लग्न को बृहस्पति शुक्र न देखते हों और मंगल चन्द्रमा को सूर्य न देखता हो तथा सूर्य चन्द्रमा पापग्रह से युत हो	– जारज सन्तान

अन्य संकट विपत्ति योग

1. मूल जन्म कुण्डली में सूर्य चन्द्रमा अशुभ योग (प्रतियोग, द्विद्वादश योग, केन्द्र योग, षडाष्टक योग) में होने पर गोचरवश पुनः वैसा ही योग बनने पर संकट विपत्ति आने का योग बनता है।

2. कुण्डली के 6, 8, 12 भावों में अनेक ग्रह स्थित होने पर जीवन में अनेक विपत्तियाँ आती हैं। जैसे शैशव काल में ही विपत्तियाँ आना, निर्धन घर में जन्म, जन्म लेते ही माता-पिता की मृत्यु, शिक्षा में बाधा, पिता की नौकरी छूटना या व्यापार नष्ट होना, दिवालिया होना, भोजन भी न नसीब होना, भीख माँगना, अपराधी बन जाना।

संकट विपत्ति से बचाव के उपाय

पूरे परिवार की कुण्डली के ग्रह योग देखने पर यदि किसी सदस्य की भी कुण्डली में संकट विपत्ति के येाग बनते हों तो बचाव के लिए निम्नलिखित उपाय किए जा सकते हैं।

1. श्री रुद्राभिषेक पूजन
2. श्री रुद्राष्टाध्यायी का पाठ
3. इष्टदेव कुल देवता का पूजन
4. पूर्वजों का श्राद्ध कार्य
5. प्रेत पिशाच पीड़ा होने पर शान्ति के उपाय केवल पूजा द्वारा तन्त्र अथवा झाड़ फूँक द्वारा नहीं।
6. पवित्र, सदाचारी, धार्मिक जीवन व्यतीत करना, शुभ मार्ग से ईमानदारी से धनार्जन करना, अपराध तथा अपराधी से दूर रहना।
7. रामचरित मानस के सुन्दर काण्ड का पाठ।
8. कुण्डली के लग्नेश अथवा चन्द्रराशि की जड़ी धारण करना।

टिप्पणी :- पूजा-पाठ का कोई भी उपाय पूर्ण विश्वास तथा श्रद्धा से करना चाहिए। आधे अधूरे मन से नहीं। पूजा-पाठ का मन में संकल्प ले लेने पर उसे हर हाल में पूरा करना चाहिए। पूजा पाठ में विघ्न आना विपत्ति का ही संकेत मानना चाहिए तथा इसमें टाल मटोल नहीं करना चाहिए। पूजा-पाठ में जो धन खर्च करें। वह शुभ मार्ग से ईमानदारी से क़माया गया हो, पाप कर्म से नहीं।

भाग्य विचार

'भाग्यं फलति सर्वत्र, न विद्या न च पौरुषम' यह कथन नवम् भाग्य भाव के प्रथम विचार के महत्त्व को प्रकट करता है। मनुष्य को आयु, आरोग्य, माता पिता, जीवनसाथी, धन, अचलसम्पत्ति, पुत्र-पौत्रादि का सुख भाग्यवश मिलता है भाग्य से अधिक कुछ नहीं मिलता है। भाग्यवश जो मिलता भी है उसका समय भी पूर्व निर्धारित होता है। उससे पहले नहीं मिल सकता। भाग्य से दूसरा स्थान जीविका, तीसरा आय, चौथा व्यय, पाँचवा लग्न शरीर क्षमता, आत्मा, आन्तरिक शक्ति ये सभी जीवन के सुख के आधार हैं।

लग्न से दूसरा स्थान अचल सम्पत्ति विद्या वाणी, तीसरा भाई बहिन के सुख, चतुर्थ पारिवारिक सुख, मकान वाहन सुख, पंचम् स्थान बुद्धि, सन्तान

इष्टदेव, छठा स्थान रोग शत्रु तथा सातवाँ स्थान जीवनसाथी का होता है। आठवाँ भाव आयु मृत्यु का होता है। जहाँ सभी सांसारिक सुखों का अन्त हो जाता है क्योंकि संसार से ही नाता टूट जाता है।

अत: भाग्य से ही जीवन का आरम्भ होता है और भाग्य से ही जीवन का अन्त होता है। नवम् भाव से धर्म का भी विचार होता है। धर्म ही भाग्य का आधार है। धार्मिक व्यक्ति, सदाचारी व्यक्ति, पवित्रात्मा व्यक्ति ही भाग्यवान होता है तथा पापी व्यक्ति अभागा होता है। पूर्वजों के धर्म-कर्म सन्तानों के भाग्य में वृद्धि करते हैं तथा पाप कर्म भाग्य की हानि करते हैं। इसीलिए कहा जाता है - 'बाढ़हिं पुत्र-पिता के धर्मा'। सभी सुख भाग्य के भीतर ही समाहित हैं। उससे बाहर नहीं। भाग्य को सबसे अधिक खतरा 8वें भाव में स्थित पापग्रह से होता है। यदि 9वाँ भाग्य भाव दोनों ओर से पापग्रहों से घिर जाए तो भाग्य की हानि कर अभागा बना देता है। भाग्य के मामले में यदि 8वाँ भाव ग्रह से खाली हो अथवा 8वें में शुभग्रह हो तो अच्छा माना जाता है।

प्रथम लग्न भाव भी भाग्य का सूचक है। लग्न के मामले में 12वाँ भाव खतरा बनता है। 12वें में पापग्रह अथवा मारकेश स्थित होना दुर्भाग्य का सूचक है। 12वाँ भाव व्यय तथा हानि का होता है। नवम् का 12वाँ स्थान अर्थात् अष्टम् भाव जिस प्रकार भाग्य की हानि करता है। उसी प्रकार लग्न का 12वाँ स्थान लग्न की हानि करता है। अत: 12वें भाव में कोई ग्रह न हो, विशेषकर पापग्रह न हो तो अच्छा माना जाता है। इसी प्रकार दूसरा तथा दसवाँ भाव भी पापग्रह से रहित हो तो भाग्य के मामले में शुभ होता है क्योंकि दूसरा स्थान भी मारक या बाधक होता है।

भाग्योदय वर्ष विचार

भाग्योदय पर विचार करते समय भाग्येश तथा लग्नेश एवं इन भावों में स्थित ग्रह से विचार करते हैं। भाग्येश, लग्नेश, भाग्य भाव तथा लग्न में स्थित ग्रह -

सूर्य हो	-	22वें वर्ष भाग्योदय
चन्द्रमा हो	-	24वें वर्ष भाग्योदय
मंगल हो	-	28वें वर्ष भाग्योदय
बुध हो	-	32वें वर्ष भाग्योदय
बृहस्पति हो	-	16वें वर्ष भाग्योदय
शुक्र	-	21वें या 25वें वर्ष भाग्योदय
शनि	-	36वें वर्ष भाग्योदय
राहु	-	42वें वर्ष भाग्योदय
केतु	-	48वें वर्ष भाग्योदय

टिप्पणी :-

1. यदि कन्या लग्न हो तो राहु उपलग्नेश होता है। यदि बुध भाग्येश नवम् भाव में कन्या राशि होने के कारण हो तो राहु उपभाग्येश होता है। यदि मिथुन लग्न हो तो केतु उपलग्नेश होता है। तुला लग्न होने पर भाग्य भाव में मिथुन राशि होने के कारण केतु उपभाग्येश होता है। उपलग्नेश तथा उपभाग्येश होकर राहु केतु अपने निर्धारित वर्ष में भाग्योदय करते हैं।
2. भाग्योदय वर्ष में शुभ घटनाएँ घटित होती हैं तथा रुके हुए कार्य पूरे होते हैं। भाग्योदय वर्ष में नौकरी मिलना, पदोन्नति होना, सम्मान मिलना, अचानक धन लाभ, सन्तान जन्म, नया व्यापार, उल्लेखनीय सफलता, चुनाव विजय आदि शुभ कार्य होते हैं।

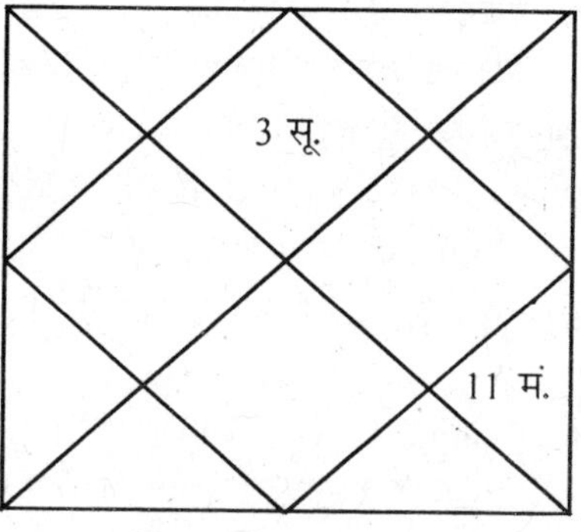

उदाहरण - मिथुन लग्न में सूर्य स्थित है तथा भाग्य भाव में मंगल स्थित है। इस प्रकार लग्नेश - बुध भग्योदय वर्ष- 32 उपलग्नेश-केतु भाग्योदय वर्ष - 48 भाग्येश - शनि भाग्योदय वर्ष - 36 भाग्यभाव में स्थित ग्रह-मंगल भाग्योदय वर्ष- 28 उदाहरण कुण्डली वाले जातक के भाग्योदय वर्ष - 28, 32, 36, 48

उन्नति और अवनति, उत्थान और पतन विधि का विधान है किन्तु भाग्योदय वर्ष समय की जानकारी से जातक अपने भविष्य की योजना तथा कार्यक्रम की रूपरेखा बना सकता है तथा उसे कार्यान्वित करने के लिए पुरुषार्थ परिश्रम से प्रयास कर सकता है। इस प्रकार यह उन्नति के उच्चतम शिखर पर भी पहुँच सकता है। कर्त्तव्य कर्म मनुष्य के वश में है सफलता असफलता ईश्वर के अधीन है।

प्रमुख भाग्य योग

1. नवम् स्थान में नवमेश या शुभग्रह बैठा हो, दृष्टि डालता हो तथा 6, 8, 12 व पाप ग्रह का उस पर प्रभाव न हो - भाग्योन्नति
2. भाग्येश की सूर्य बृहस्पति की युति दृष्टि अथवा भाग्य भाव में सूर्य बृहस्पति की स्थिति दृष्टि - भाग्यवान, प्रसिद्ध
3. नवमेश उच्च का स्वराशि का होकर केन्द्र त्रिकोण में बलवान स्थिति में शुभयुत दृष्ट हो तथा 6, 8, 12 एवं पापग्रह के प्रभाव में न हो तथा शुभग्रहों के मध्य स्थित हो - भाग्योन्नति

4.	बलवान शुभग्रह 1, 3, 5 स्थानों में बैठकर नवम् भाव पर शुभ दृष्टि डाले। इन स्थानों पर यदि बृहस्पति हो, 3 में शुक्र या बुध हो तो उनकी शुभ दृष्टि नवम् भाव पर पड़ती है किन्तु यदि 3 में पापग्रह बैठ जाए तो अशुभ दृष्टि डाल कर भाग्य को बिगाड़ता है। 3 में बैठा पापग्रह जातक को पुरुषार्थी, परिश्रमी तो बनाता है किन्तु भाग्य को निर्बल करता है।	–भाग्यशाली
5.	नवम् भाव में उच्च स्वराशि का ग्रह बैठे या दृष्टि डाले	–भाग्यशाली
6.	नवम् में बुध, बृहस्पति, शुक्र स्थित हों तथा उन पर लग्नेश, सुखेश, पंचमेश की दृष्टि हो	–भाग्यशाली
7.	नवमेश नीचराशि, शत्रुराशि में हो, अस्तंगत हो, 6, 8, 12 के प्रभाव में हो, पापग्रह युत दृष्ट हो पापग्रहों के मध्य स्थित हो	–जातक भाग्यहीन
8.	नवम् स्थान पर नवमेश की दृष्टि हो	–बचपन में कष्ट के बाद उन्नति
9.	शनि भाग्येश होकर नवम् स्थान में हो या लग्नेश होकर नवम् स्थान में स्थित हो	–जीवन पर्यन्त भाग्यशाली

टिप्पणी :-

1. किन्तु पाप का धन एकत्रित करने पर सौभाग्य दुर्भाग्य में बदलते देर नहीं लगती। यह चेतावनी ध्यान देने योग्य है।
2. पूर्वजों, माता-पिता के धर्मपरायण सदाचारी होने पर ही किसी जातक की कुण्डली में सौभाग्यशाली होने की ग्रह स्थिति बनती है। यही कारण है कि नवम् भाव धर्म का भी प्रतिनिधित्व करता है। धर्म ही भाग्य का आधार है। धर्म नीति का पालन ही सौभाग्य का सूचक है और पाप अधर्म दुर्भाग्य का सूचक है।
3. नवम् भाव दैवी कृपा का भाव है। अत: दैवी कृपा से ही जातक भाग्शाली हो सकता है।

भाग्योदय समय का निर्धारण – विशेष विचार

1. भाग्योदय समय का विचार करते समय ग्रहों के अनुसार भाग्योदय वर्ष के साथ ही विंशोत्तरी महादशा, अन्तर्दशा तथा गोचर भ्रमण करने वाले ग्रहों की ग्रहस्थिति भी देखनी चाहिए। इसके अतिरिक्त योगिनी दशा पर विचार करना चाहिए। लग्नेश पंचमेश चतुर्थेश दशमेश एवं शुभग्रह पापग्रह का

समन्वय करते हुए तथा अन्तर्दशा गोचर बृहस्पति शनि राहु का विचार आवश्यक होता है तभी भाग्योदय की दशा दिशा निर्धारित हो सकती है।

2. सप्तमेश या शुक्र 3, 6, 7, 10, 11 भावों में हो तो विवाह के बाद भाग्योदय होता है तथा स्त्रीपक्ष, ससुराल पक्ष से भाग्योदय में सहायता मिलती है। विवाह को सौभाग्य का सूचक भी माना जाता है क्योंकि विवाह के बाद ही सन्तान का भी सुख मिल सकता है।
3. भाग्येश जिस भाव में स्थित होता है, उस भाव से सम्बन्धित सम्बन्धी से भाग्योदय के समय सहायता मिलती है।

भाग्योदय में सम्बन्धियों की सहायता का विचार

भाव जिसमें भाग्येश स्थित हो	**- सम्बन्धी जिसकी सहायता से भाग्योदय**
प्रथम लग्न भाव में	- स्वयं अपनी, चाचा
द्वितीय भाव में	- मित्र, पड़ोसी, नौकर
तृतीय भाव में	- छोटा भाई, छोटी बहिन
चतुर्थ भाव में	- माता, श्वसुर, दत्तक पुत्र
पंचम् भाव में	- प्रेमी, प्रेमिका, पुत्र-पुत्री, इष्ट देवता, शिष्य
षष्ठ भाव में	- शत्रु, मामा, नाना, मौसी
सप्तम् भाव में	- जीवनसाथी, प्रेमी, प्रेमिका, चाची
अष्टम् भाव में	- साला, साली
नवम् भाव में	- माता, पिता, भाई, जीजा, साला
दशम् भाव में	- पिता, सास, गुरु, दादा, दादी
एकादश भाव में	- मित्र, दामाद, पुत्र, पुत्रवधू, बड़ा भाई, बड़ी बहिन
द्वादश भाव में	- चाचा, चाची

भाग्योदय समय निर्धारण की ग्रह मूलांक विधि

ग्रहों के मूलांक - राहु-केतु 0, सूर्य 7, चन्द्रमा 3, मंगल 10, बुध 6, बृहस्पति 9, शुक्र 5, शनि 1

भाग्योदय समय की गणना - लग्न, द्वितीय, चतुर्थ, नवम् भावों में जो राशियाँ हों उनके अंक जोड़ें तथा इन भावों में जो ग्रह स्थित हों उनके मूलांक जोड़ें तथा सबका महायोग कर उस महायोगफल में 12 से भाग दें। जो शेष बचे उस शेष से दूसरे भाव का स्वामी जिस भाव में उपस्थित हो उतना ही उससे आगे गिनें, वहाँ पर जो राशि होगी, उस राशि के स्वामी की अन्तर्दशा काल में जातक का भाग्योदय अर्थात् जीवन का सर्वोत्तम समय होता है।

उदाहरण, कुण्डली - राशि अंकों का योगफल - 2+3+5+10 = 20

ग्रहों के मूलांकों का योगफल = 9+3 = 12

महायोग = 20+12 = 32

32 ÷ 12 = 2 लब्धि शेष 8

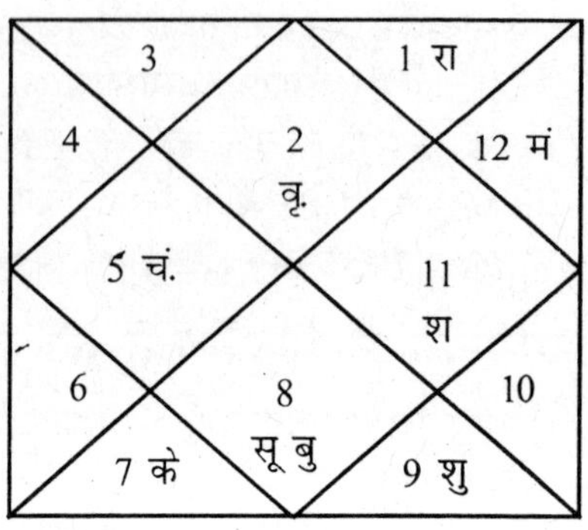

8 से दूसरे 9वें भाव का स्वामी शनि दशम् भाव में उपस्थित है। दशम् से आगे 10 तक गिनने पर सप्तम् भाव आता है। सप्तम् भाव की राशि वृश्चिक है जिसका स्वामी मंगल है। अतः मंगल की अन्तर्दशा काल में जातक का भाग्योदय अर्थात् जीवन का सर्वोत्तम समय होगा।

लग्न या राशि के अनुसार भाग्योदय.समय

लग्न या राशि		–	**भाग्योदय समय**
मेष -	लग्नेश-मंगल	–	28वें वर्ष
	भागयेश-बृहस्पति	–	16वें वर्ष
वृषभ -	लग्नेश-शुक्र	–	21वें तथा 25वें वर्ष
	भाग्येश-शनि	–	36वें वर्ष
मिथुन -	लग्नेश-बुध	–	32वें वर्ष
	उपलग्नेश-केतु	–	48वें वर्ष
	भाग्येश-शनि	–	36वें वर्ष
कर्क -	लग्नेश-चन्द्रमा	–	24वें वर्ष
	भाग्येश-बृहस्पति	–	16वें वर्ष
सिंह -	लग्नेश-सूर्य	–	22वें वर्ष
	भाग्येश-मंगल	–	28वें वर्ष
कन्या -	लग्नेश-बुध	–	32वें वर्ष
	उपलग्नेश-राहु	–	42वें वर्ष
	भाग्येश-शुक्र	–	21वें तथा 25वें वर्ष
तुला -	लग्नेश-शुक्र	–	21वें तथा 25वें वर्ष
	भाग्येश-बुध	–	32वें वर्ष
	उप भाग्येश-केतु	–	48वें वर्ष
वृश्चिक -	लग्नेश-मंगल	–	28वें वर्ष
	भाग्येश-चन्द्रमा	–	24वें वर्ष

धनु -	लग्नेश-बृहस्पति	-	16वें वर्ष
	भाग्येश-सूर्य	-	22वें वर्ष
मकर -	लग्नेश-शनि	-	36वें वर्ष
	भाग्येश-बुध	-	32वें वर्ष
	उपभाग्येश-राहु	-	42वें वर्ष
कुंभ -	लग्नेश-शनि	-	36वें वर्ष
	भाग्येश-शुक्र	-	21वें तथा 25वें वर्ष
मीन -	लग्नेश-बृहस्पति	-	16वें वर्ष
	भाग्येश-मंगल	-	28वें वर्ष

महाभाग्य योग

पुरुष महाभाग्य योग - दिन में जन्म हो, पुरुष लग्न हो, सूर्य चन्द्रमा विषम राशि में हो- उच्चपद, प्रसिद्ध, दानी, राजा समान धनी, निर्मल आचरण, 80 वर्ष आयु।

स्त्री महाभाग्य योग- रात्रि में जन्म हो, स्त्री लग्न हो, सूर्य चन्द्रमा स्त्रीराशि में हो - उच्चपद, प्रसिद्धि, दानी, रानी समान धनी, निर्मल आचरण, 80 वर्ष आयु

भाग्योदय का स्थान-स्वदेश, परदेस, विदेश

1. चरराशि 1, 4, 7, 10 लग्न हो, लग्नेश इनमें से किसी में स्थित हो तथा लग्न पर इनके स्वामियों की दृष्टि हो - विदेश में भाग्योदय।
2. स्थिर राशि 2, 5, 8, 11 लग्न हो, लग्नेश इनमें से किसी में स्थित हो तथा लग्न पर इनके स्वामियों की दृष्टि हो - स्वदेश में भाग्योदय।
3. द्विस्वभाव राशि 3, 6, 9, 12 लग्न हो, लग्नेश उनमें स्थित हो लग्न पर इनके भावेश की दृष्टि हो - देश परदेस दोनों जगह भाग्योदय।

प्रमुख भाग्य योग

1. भाग्येश उच्च का केन्द्र त्रिकोण में स्थित हो, भाग्य भाव पर उसकी दृष्टि हो - भाग्यशाली
2. भागयेश नीच का शत्रुराशि में स्थित हो, 6, 8, 12 भावों में स्थित हो या इनके स्वामियों से युत दृष्ट हो - भाग्यहीन
3. भाग्येश बली हो - भाग्यशाली
4. भाग्य भाव पर अनेक ग्रहों की दृष्टि हो - भाग्योदय में अनेक व्यक्तियों की सहायता लेनी पड़ती है।
5. लाभेश नवम् भाव में दशमेश से युत दृष्ट हो - महाभाग्यवान

6. धनेश लाभभाव में स्थित हो और दशमेश से युत दृष्ट हो	– भाग्यशाली
7. भाग्य भाव में लाभेश स्थित हो	– नौकरी से भाग्योदय
8. नवम् भाव बृहस्पति शुक्र से युत दृष्ट हो	– भाग्यशाली
9. भाग्येश बृहस्पति शुक्र से युत हो	– भाग्यशाली
10. लग्नेश धनेश 5 में हो, नवमेश लग्न में हो	– भाग्यशाली
11. 9 में उच्च का बृहस्पति शुक्र हो तथा 9 पर शुभ ग्रहों की दृष्टि हो	– मन्त्री अथवा उसका सलाहकार
12. 9 में स्थित बृहस्पति पर सूर्य की दृष्टि	– विधानसभा सदस्य जनप्रतिनिधि
13. 9 में स्थित बृहस्पति पर चन्द्रमा की दृष्टि	– विलासी, सुंदर, सुखी
14. 9 में स्थित बृहस्पति पर मंगल की दृष्टि	– मूल्यवान धातु
15. 9 में स्थित बृहस्पति पर बुध की दृष्टि	– सम्पन्न मन्त्री धनी, भाग्यशाली
16. 9 में स्थित बृहस्पति पर शुक्र की दृष्टि	– पशु, धन धान्य सम्पत्ति सम्पन्न, वाहन सुखी
17. 9 में स्थित बृहस्पति पर शनि की दृष्टि	– चल अचल सम्पत्ति का स्वामी
18. 9 में स्थित बृहस्पति पर सूर्य मंगल की दृष्टि	– ऐश्वर्यवान, स्वर्ण, रत्न लाभ, साहसी, धैर्यवान, वीर, पराक्रमी, बड़ा परिवार
19. 9 में स्थित बृहस्पति पर सूर्य बुध की दृष्टि	– सुन्दर, भाग्यवान, सुन्दर पत्नी का सुख, धनी, कवि लेखक, सम्पादंक, विद्वान
20. 9 में स्थित बृहस्पति पर सूर्य शुक्र की दृष्टि	– परिश्रमी, कलाकार,यशस्वी, सुरुचि सम्पन्न, सुखी, विनम्र

21. 9 में स्थित बृहस्पति पर सूर्य शनि की दृष्टि	-	नेता, जनप्रतिनिधि कोषाधिकारी, न्यायाधीश, मजिस्ट्रेट, मन्त्री, भाग्यवान, चतुर, मान्य
22. 9 में स्थित बृहस्पति पर चन्द्रमा बुध की दृष्टि	-	सुखी, तेजस्वी, विद्वान, साहित्यकार, संगीतकार
23. 9 में स्थित बृहस्पति पर चन्द्रमा मंगल की दृष्टि	-	सेनापति, कीर्तिवान, विधानसभा सदस्य, मन्त्री, सुखी, भाग्यवान, चतुर
24. 9 में स्थित बृहस्पति पर चन्द्रमा शुक्र की दृष्टि	-	धनी, सन्तानहीन, कुटुम्ब से दुःखी
25. 9 में स्थित बृहस्पति पर चन्द्रमा शनि की दृष्टि	-	अभिमानी, प्रवासी, मध्यावस्था में सुखी, अन्तिम अवस्था में दुःखी
26. 9 में स्थित बृहस्पति पर मंगल बुध की दृष्टि	-	चतुर, सुशील गायक, भूमि पति, विद्या द्वारा भाग्यवान, मान्य यशवान
27. 9 में स्थित बृहस्पति पर मंगल शुक्र की दृष्टि	-	धनी, विद्वान, विदेशवासी, तेजस्वी, सात्विक, चतुर, प्रतिष्ठित, शासक
28. 9 में स्थित बृहस्पति पर मंगल शनि की दृष्टि	-	नीच, द्वेषी, विदेश यात्री, धन-धान्य से परिपूर्ण

29. नवमेश तथा बृहस्पति शुभ स्थिति में 9 भाव में शुभग्रह स्थित हो	–	भाग्यवान
30. उच्च का स्वराशि मित्रराशि में पापग्रह 9 में स्थित हो	–	निरन्तर भाग्यवान
31. नीचराशि अस्त पापग्रह नवम् भाव में स्थित हो	–	धनहीन, धर्महीन, यशहीन, भाग्यहीन
32. नवम् भाव में नवमेश शुभयुत दृष्ट हो	–	भाग्यशाली
33. भाग्येश जिस राशि में हो उसका स्वामी भी	–	भाग्यकारक होता है
34. भाग्य भाव से पंचम् भावेश अर्थात् लग्नेश तथा भाग्य भाव से नवम् भावेश अर्थात् पंचमेश भी	–	भाग्य कारक होते हैं
35. नवम् भाव में सूर्य बुध युति	–	दु:खी रोगी
36. नवम् भाव में चन्द्रमा बुध युति	–	चतुर शास्त्रज्ञ
37. नवम् भाव में चन्द्रमा बृहस्पति युति	–	भाग्यशाली
38. नवम् भाव में चन्द्रमा शुक्र युति	–	साधारण भाग्यवान
39. नवम् भाव में चन्द्रमा शुक्र की युति	–	दु:खी, निर्धन, भाग्यहीन
40. नवम् भाव में मंगल बुध की युति	–	भोगी, सुखी, सम्पन्न
41. नवम् भाव में मंगल बृहस्पति की युति	–	धनी, पूज्य
42. नवम् भाव में मंगल शुक्र की युति	–	2 स्त्रियों का पति, परेदसी भाग्यशाली
43. नवम् भाव में मंगल शनि की युति	–	परस्त्रीगामी, धनी, नीच
44. नवम् भाव में बुध बृहस्पति की युति	–	चतुर, विद्वान, धनी, ज्ञानी
45. नवम् भाव में बुध शुक्र की युति	–	बुद्धिमान विद्वान, रति प्रिय
46. नवम् भाव में बुध शनि की युति	–	रोगी, धनी, मिथ्याभाषी
47. नवम् भाव में बृहस्पति शुक्र की युति	–	श्रीमान, धनी, दीर्घायु
48. नवम् भाव में बृहस्पति शनि की युति	–	धनी, रोगी
49. नवम् भाव में शुक्र शनि की युति	–	समृद्धिवान
50. नवम् भाव में सूर्य चन्द्र मंगल की युति	–	साधारण धनी,

	माता पिता हीन, शरीर में घाव
51. नवम् भाव में सूर्य चन्द्र बुध की युति	- हिंसक नीच
52. नवम् भाव में सूर्य चन्द्र बृहस्पति की युति	- सुखी, वाहन सुखी
53. नवम् भाव में सूर्य चन्द्र शुक्र की युति	- साधारण, भाग्यशाली
54. नवम् भाव में सूर्य चन्द्र, शनि की युति	- नौकर, सज्जनों का विरोधी
55. नवम् भाव में सूर्य मंगल बुध की युति	- सुन्दर क्रोधी, झगड़ालू
56. नवम् भाव में सूर्य, मंगल, बृहस्पति की युति	- लोकप्रिय, धनी, भाग्यशाली
57. नवम् भाव में सूर्य मंगल शुक्र की युति	- क्रोधी, निर्धन, स्त्री से झगड़ा
58. नवम् भाव में सूर्य मंगल शनि की युति	- बन्धुहीन, पिताहीन
59. नवम् भाव में सूर्य बुध बृहस्पति की युति	- यशस्वी, धनी
60. नवम् भाव में सूर्य बुध शुक्र की युति	- शासक समान वैभवशाली
61. नवम् भाव में सूर्य, बुध, शनि की युति	- परस्त्रीगामी, धनी
62. नवम् भाव में सूर्य बृहस्पति शुक्र की युति	- धनी, विद्वान, परस्त्रीगामी
63. नवम् भाव में सूर्य बृहस्पति शनि की युति	- धूर्त्त
64. नवम् भाव में सूर्य शुक्र शनि की युति	- गुणहीन, शासक से दण्डित
65. नवम् भाव में चन्द्र मंगल बुध की युति	- बाल्यावस्था में दु:खी युवावस्था में सुखी
66. नवम् भाव में चन्द्रमा मंगल बृहस्पति की युति	- भाग्यशाली
67. नवम् भाव में चन्द्र मंगल शुक्र की युति	- स्त्रीहीन, रोगी
68. नवम् भाव में चन्द्र मंगल शनि की युति	- कृपण, मातृहीन
69. नवम् भाव में चन्द्रमा बुध बृहस्पति की युति	- विद्वान, धनी, पराक्रमी
70. नवम् भाव में चन्द्र बुध शुक्र की युति	- पराक्रमी, धनी
71. नवम् भाव में चन्द्र बुध शनि की युति	- विवाद प्रिय, बुद्धिमान, पापी

72. नवम् भाव में चन्द्र बृहस्पति शुक्र की युति	–	शासक समान धनी, समृद्धिशाली
73. नवम् भाव में चन्द्र बृहस्पति शनि की युति	–	सद्गुणी, कार्यशील
74. नवम् भाव में मंगल बुध शनि की युति	–	शासक समान धनी
75. नवम् भाव में मंगल बुध बृहस्पति की युति	–	मन्त्री, शासक भाग्यशाली
76. नवम् भाव में मंगल, बृहस्पति शुक्र की युति	–	शास्त्रज्ञ, चंचल, डरपोक
77. नवम् भाव में मंगल, बृहस्पति शनि की युति	–	विवादी
78. नवम् भाव में बुध, बृहस्पति शुक्र की युति	–	यशस्वी, विद्वान, धनी, धर्मात्मा
79. नवम् भावं में बृहस्पति, शुक्र, शनि की युति	–	श्रेष्ठ वक्ता, भाग्यशाली
80. नवम् भाव में चन्द्र बुध बृहस्पति शुक्र की युति	–	श्रीमान्, पराक्रमी, परिश्रमी
81. नवम् भाव में सूर्य मंगल बृहस्पति शुक्र की युति	–	साहसी, पराक्रमी, धनी
82. नवम् भाव में चन्द्र बुध बृहस्पति शुक्र की युति	–	यशस्वी, भाग्यशाली

जीवन भर महाभाग्यशाली योग

वृषभ और मिथुन लग्न में शनि भाग्येश होता है। अतः यदि शनि मकर या कुंभ राशि में भाग्य भाव में स्थित हो तो जातक जीवन भर महाभाग्यशाली होता है तथा सभी प्रकार से सुखी समृद्ध रहता है; किन्तु शर्त यह है कि वह पाप तथा अपराध से दूर रहे और पाप मार्ग से धन न कमाए। ऐसे जातक की धर्म कर्म पूजा पाठ में रुचि भी होती है।

संन्यास योग

1. शनि की लग्न पर दृष्टि हो	– संन्यासी बनने का योग
2. नवम् भाव में स्थित शनि पर अन्य किसी ग्रह की दृष्टि न हो	– संन्यासी बनने का योग
3. नवम् भाव पर राहु का प्रभाव, नवम में कन्या राशि हो, राहु नवम् में हो या दृष्टि हो	– संन्यास में बाधा योग

आजीविका, नौकरी, व्यवसाय योग

बलवान लग्न, सबसे अधिक बलवान ग्रह या बलवान दशम् भाव, पंचम् भाव में से तथा बलवान सूर्य के प्रभाव से जातक का कर्मक्षेत्र, आजीविका, नौकरी, व्यवसाय का निर्धारण होता है। ये ग्रह उच्च पद, यशकीर्ति, अधिकार शक्ति, सम्मान की दशा तथा दिशा निर्धारित करते हैं। इसमें पंचम् भाव का महत्त्वपूर्ण योगदान होता है क्योंकि बुद्धि, शिक्षा, वाणी, विवेक, ज्ञान आदि का प्रभाव जातक के व्यवसाय पर पड़ता है। चन्द्रमा अभिरुचि उत्पन्न करता है। बुध प्रेरणा देता है और बृहस्पति उसे इस ओर आगे बढ़ाता है। अन्य मामलों की तरह जातक का भाग्य ही आजीविका, पद प्रतिष्ठा, पदोन्नति, कार्यक्षेत्र तथा कार्यशैली निर्धारित करता है। बलवान बुध का पंचम् भाव पर प्रभाव प्रखर बुद्धि, तर्कशक्ति तथा विवेक देता है जिनकी आजीविका में कदम कदम पर आवश्यकता पड़ती है। दशम् भाव की आजीविका निर्धारण में प्रमुख भूमिका होती है।

प्रमुख आजीविका योग

1. लग्न से 10वें भाव में चन्द्रमा हो – कला कौशल, वाणी कौशल साहस से आजीविका

टिप्पणी :- लग्न या चन्द्रमा से 10वें स्थान में स्थित ग्रह अथवा दशमेश की प्रवृत्ति के अनुसार आजीविका का साधन होता है। ग्रहों में जो बलवान हो उसका विशेष प्रभाव रहता है।

2. 10वें में सूर्य हो – प्रशासन, उद्यम, बल, क्षमता के अनुसार आजीविका, दवा

   उच्च सूर्य हो – बाहुबल से आजीविका
3. 10वें में मंगल हो – चोरी, हिंसा, साहस, बिजली, वाहन परिश्रम से आजीविका, भूमि भवन, सेना, पुलिस से आजीविका, विदेश में आजीविका, इंजीनियरी, चिकित्सा से आजीविका
4. 10वें में बुध हो – राजनीति, शिल्प, कौशल, लेखन, मुद्रण, प्रकाशन, कविता, पत्रकारिता से आजीविका
5. 10वें में बृहस्पति हो – वित्त, बीमा, अध्यापन, धर्म, प्रवचन, शिक्षा, देवालय, कर्मकाण्ड, पुरोहित कर्म, से आजीविका
6. 10वें में शुक्र हो – कानून, वकालत, रसायन, साहित्य, संगीत, चित्रकला, अभिनय, फिल्म,

मनोरंजन, फोटोग्राफी, सोना, चाँदी, रत्न से आजीविका, स्त्रियों की सहायता से आजीविका

7. 10वें में शनि हो - तकनीकी, धातु कर्म, खनिज, मालभाड़ा, वाहन, सवारी भाड़ा, दास कर्म, विदेशी यात्रा, कानून, वकालत, न्यायालय से आजीविका

8. 10वें में चन्द्रमा - जन, जलवायु, जलपरिवहन, उद्यान, कृषि, दूध, अनाज, मसाले, सौन्दर्य प्रसाधन, सुगन्धित द्रव्य, कृषि, उद्यान, फल, फूल, दवा पर्यटन, होटल से आंजीविका

9. 10वें में राहु हो - राजनीति, विदेशी भाषा से आजीविका

10. 10वें में केतु - धर्म प्रवचन, पुरोहित कर्म से आजीविका

टिप्पणी :- 10वें स्थान में जो ग्रह स्थित हो वह जिस समबन्धी का कारक होता है। उसकी सहायता से आजीविका होती है।

सरकारी नौकरी या स्वतन्त्र व्यवसाय

1. लग्नेश 10 में हो और दशमेश लग्न में हो - सरकारी नौकरी
2. लग्नेश पंचमेश से केन्द्र त्रिकोण में युति करे - शासक से मित्रता
3. 3 ग्रह अस्त हो या नीच के हों - मूर्ख, आलसी, आवारा, बेरोजगार घूमना
4. 2, 5, 9, 10, 11 भाव शुभग्रह से युक्त दृष्ट हों और इनके स्वामी भी शुभ स्थान में शुभ युत दृष्ट बली हों - व्यापारी
5. लग्न या चन्द्रमा से 10वें में सूर्य हो या दशमेश सूर्य के नवांश में हो - शासक से धनलाभ औषधि, अन्न, धान्य, सोना व्यापार से धनलाभ
6. सूर्य नीच का अस्त हो - पशु व्यापार, सोना, ऊन, औषधि, ट्रांसपोर्ट, वकालत व्यवसाय

7. लग्न से 10 में चन्द्रमा हो या दशमेश चन्द्रमा के नवांश में हो	–	कला कौशल, वाणी, कृषि, साहस, जल, मिट्टी, सुगन्धित द्रव्य, प्रसाधन, खेल, वस्त्र व्यापार, दवा, चिकित्सा, उद्यान, वनस्पति, लकड़ी, दूध, पर्यटन, अनाज, होटल व्यवसाय व्यापार
8. लग्न से 10 में मंगल हो या दशमेश मंगल के नवांश में हो	–	धातुकर्म, चोरी, डकैती, हिंसा, प्रहार, विवाद, लाल वस्त्र व्यापार, पुलिस सेना, भूमि भवन, इंजीनियरी, चिकित्सा, बिजली, वाहन व्यवसाय
9. बुध दशम् में हो या दशमेश बुध के नवांश में हो	–	गणित, ज्योतिष, बैंक, व्याख्याता, उपदेशक, पत्रकार, साहित्यकार, वकील, व्यापारी, नेता, लेखन, मुद्रण, प्रकाशन से आजीविका ज्योतिष व्यवसाय
10. बृहस्पति 10 में हो या दशमेश बृहस्पति के नवांश में हो	–	पूजा उपासना, पठन पाठन, शिल्प, धर्मोपदेश नीति से शासक से धन लाभ, विद्वान, धार्मिक, न्यायाधीश, कविता लेखन, कमीशन एजेन्ट, वित्त, वाणिज्य बीमा व्यवसाय, पत्रकारिता, दूध मिठाई का व्यापार, मुद्रा
11. शुक्र 10 में हो या दशमेश शुक्र के नवांश में हो	–	कला, साहित्य, संगीत, नृत्य अभिनय, कविता, लेखन, सोना, पशु व्यापार, रत्न, फिल्म, फोटोग्राफी मनोरंजन व्यंवसाय, कानून वकालत, रसायन व्यवसाय, नमक, चीनी, वस्त्र आभूषण, ज्योतिष व्यवसाय
12. शनि 10 में हो या दशमेश शनि के नवांश में हो	–	खनिज, धातु, न्यायालय, संसद, विधायिका, लकड़ी, शिल्प, तकनीकी लोहा, कोयला, बालू, पत्थर व्यापार, मशीन कल पुर्जे का व्यवसाय, चोरी, डकैती, हत्या, धोखा, भार वाहन,

	यात्री वाहन, पशु, चमड़ा व्यापार, सड़क पुल, खेती नृत्य से आय, निन्दित पाप कर्म से आजीविका
13. उच्च शनि बलवान होकर दशम्- भाव में हो या दशमेश हो	मोटर वाहन से आय, न्यायाधीश मजिस्ट्रेट, ग्राम प्रधान मशीन ठेके से आय, पैट्रोलियम पदार्थ के व्यवसाय से आजीविका

टिप्पणी :- लग्नेश की स्थिति देखकर दशमेश से समन्वय करके आजीविका का निर्णय करना चाहिए।

आजीविका प्राप्ति का समय

1. लग्नेश, दशमेश, पंचमेश, नवमेश की दशा में आजीविका मिलती है।
2. जब गोचर से बृहस्पति एवं दशमेश की स्थिति दृष्टि लग्न दशम् भाव पर होती है तब आजीविका मिलती है।

अन्य व्यवसाय योग

दशम् भाव व दशमेश तथा दशम् भाव में स्थित ग्रह जिन व्यवसायों के कारक होते हैं जातक उन्हीं व्यवसायों में सफल होता है। इनमें से सबसे अधिक बलवान तथा शुभ स्थिति (शुभ भाव में शुभ युत दृष्ट) वाले ग्रह का प्रभाव सबसे अधिक रहता है।

1. दशम् भाव पर शुभ ग्रहों की दृष्टि हो	-	व्यापारी
2. दशम् भाव में बुध हो	-	व्यापारी
3. दशमेश लग्नेश की युति हो	-	व्यापारी
4. लग्नेश दशमेश की युति केन्द्र त्रिकोण में हो	-	बड़ा व्यापारी
5. लग्नेश 10 में हो	-	व्यापारी
6. दशमेश 1, 4, 5, 7, 9, 10 में हो तथा शुभ दृष्ट हो	-	व्यापारी
7. दशमेश स्वराशि में हो तथा शुभग्रह से दृष्ट हो	-	व्यापारी
8. 6, 8, 12 में पापग्रहों से दृष्ट बुध बृहस्पति शुक्र हो	-	सभी कार्यों तथा व्यवसायों में असफलता
9. दशमेश 3, 8, 12 में हो	-	चंचल मन के कारण व्यवसाय में असफलता

10.	दशमेश 11 में, लाभेश 10 में है	- शासक, लोकमान्य
11.	सूर्य 1, 4, 7, 10 में, चन्द्रमा केन्द्र त्रिकोण में बृहस्पति 1, 4 में स्थित हो	- राजयोग, उच्चपद योग
12.	अष्टमेश 6 में हो और षष्ठेश 8 में हो अथवा अष्टमेश और षष्ठेश दोनों ही 1, 4, 7, 10 में स्थित हो अथवा 6 में बृहस्पति और 11 में चन्द्रमा तथा लाभेश शुभग्रह की राशि या नवांश में स्थित हो	- जातक प्रतापी
13.	बली शुभ ग्रह 11 में हो और अन्य शुभ ग्रहों की उस पर दृष्टि हो अथवा चन्द्रमा बृहस्पति शनि की द्वितीय भाव में युति हो	- धनी, श्रीमान
14.	निर्बल दशमेश हो	- चंचल बुद्धि, दुराचारी बेरोजगार
15.	सूर्य बुध बृहस्पति शनि निर्बल 6, 8, 12 में हो	- सत्कर्महीन बेरोजगार
16.	मीन राशि अथवा दशमभाव में मंगल बुध स्थित हो	- स्व अर्जित उत्तम धन से सत्कर्म तपस्वी
17.	दशमेश बुध बृहस्पति दशम् भाव में स्थित हो	- पुण्यकर्मी
18.	कन्या लग्न में लग्नेश, दशमेश बुध स्थित हो	- स्व अर्जित उत्तम धन से सत्कर्म व्यवसाय सफल
19.	मीन लग्न में लग्नेश दशमेश बृहस्पति स्थित हों	- स्व अर्जित आय धन से सत्कर्म
20.	लग्नेश दशमेश की युति हो	- श्रेष्ठ कर्मी, श्रेष्ठ व्यवसाय
21.	चन्द्र लग्न से दशम् में बली शुभग्रह उच्च का तथा बृहस्पति से युत दृष्ट हो	- सर्वत्र सफल
22.	दशमेश बुध बृहस्पति दोनों बलवान हो	- कर्मठ, गोशाला, मन्दिर तालाब बनवाने वाला
23.	दशमेश शुभ ग्रह होकर चन्द्रमा से युत हो तथा दशम् में राहु केतु न हो	- परमपुरुषार्थी परिश्रमी व्यवसायी
24.	बुध उच्च का, कन्या में राहु या केतु से युत हो	- व्यवसाय पुरुषार्थ कर्म में पूरी सफलता

25. दशमेश से दशम् अर्थात् सप्तम् भाव में राहु स्थित हो तथा दशमेश उच्च का भी होकर 6, 8, 12 में स्थित हो — व्यवसाय कर्म सफल नहीं

26. नवम् दशम् में शुभग्रह हो, नवमेश दशमेश लग्नेश तथा बृहस्पति बलवान होकर शुभ स्थिति में हो - आचार धर्म कर्म व्यवसाय में सफल

दशम् भाव में स्थित ग्रह के द्रव्य से आजीविका योग

लग्न चन्द्रमा से दशम् भाव में स्थित ग्रह के द्रव्य से जातक की आजीविका निर्धारित होती है।

दशम् भाव में ग्रह	- आजीविका
दशम् भाव में सूर्य हो	- पिता के धन से आजीविका
दशम् भाव में चन्द्रमा हो	- माता के धन से आजीविका
दशम् भाव में मगल हो	- शत्रु, भाई के धन से आजीविका
दशम् भाव में बुध हो	- बहिन, मित्र के धन से आजीविका
दशम् भाव में बृहस्पति हो	- पति, भाई, गुरु के धन से आजीविका
दशम् भाव में शुक्र हो	- स्त्री के धन से आजीविका
दशम् भाव में शनि हो	- बड़े भाई, नौकर के धन से आजीविका
दशम् भाव में राहु हो	- दादा के धन से आजीविका
दशम् भाव में केतु हो	- नाना के धन से आजीविका

अन्य आजीविका योग

लग्न चन्द्रमा में 10वें भाव (दोनों लग्नों से दशम् भाव में ग्रह हो) अपनी अपनी दशा में फलदायक होते हैं।

1. चन्द्रमा से 10वें में मंगल बुध की युति - शास्त्रोपजीवी
2. चन्द्रमा से 10वें में मंगल बृहस्पति की युति - नीच लोगों का स्वामी
3. चन्द्रमा से 10वें में मंगल शुक्र की युति - विदेश व्यापार
4. चन्द्रमा से 10वें में मंगल शनि की युति - साहस से व्यवसाय
5. चन्द्रमा से 10वें में बुध शुक्र की युति - विद्या स्त्री धन से सफल व्यवसाय
6. चन्द्रमा से 10वें में बृहस्पति शनि की युति - दृढ़ संकल्पी, कलाकारिता के व्यवसाय

तत्त्व के आधार पर व्यवसाय का निर्धारण

1. बलवान ग्रह, 2. बलवान ग्रह की राशि, 3. लग्न, 4. दशम् भाव की राशि, इन चारों में जिस तत्त्व की प्रधानता हो उसी के अनुसार जातक का व्यवसाय होता है।

क. अग्नि तत्त्व की प्रधानता हो	- बुद्धि मस्तिष्क के चमत्कार पूर्ण कार्य का व्यवसाय
ख. पृथ्वी तत्त्व की प्रधानता हो	- शारीरिक श्रम के कार्य से व्यवसाय
ग. जल तत्त्व की प्रधानता हो	- व्यवसाय बदलते रहना
घ. वायु तत्त्व की प्रधानता हो	- एक साथ कई व्यवसाय करना किन्तु किसी में भी एकाग्रता न होने के कारण पूर्ण सफलता नहीं

चर, स्थिर, द्विस्वभाव राशि के आधार पर व्यवसाय का निर्णय

चर राशि ग्रहों की संख्या अधिक हो	- चिकित्सा, वकालत, स्थायी व्यवसाय
स्थिर राशि ग्रहों की संख्या अधिक हो	- अध्यापक, प्रोफेसर, किराना व्यवसायी
द्विस्वभाव राशि ग्रहों की संख्या अधिक हो	- स्वतन्त्र व्यवसाय व्यवसाय बदलते रहना

पिता का सुख योग

1.	जन्म लग्न या चन्द्रमा का दशमेश केन्द्र त्रिकोण में उच्च का स्वराशि का होकर बलवान हो	- पिता का सुख
	परन्तु त्रिकोण में स्थित होने पर त्रिकोणेश की दशा में	- पिता को क्लेश
2.	सूर्य से 1, 2, 6, 7, 8, 9, 12 भावों में पापग्रह हो	- पिता को मृत्यु भय
3.	दशमेश की षष्ठेश से युति दृष्टि या केन्द्र अथवा षडाष्टक योग सम्बन्ध में हो	- पिता पुत्र में परस्पर शत्रुता
4.	चतुर्थ दशम् भाव में पापग्रह हो	- पिता की मृत्यु
5.	दशम् भाव में शुभ ग्रह हो	- पिता का पूर्ण सुख

6. दशमेश शुभग्रह हो और शुभग्रह बृहस्पति शुक्र से युत हो - पिता का सुख
7. उच्च का नवमेश चन्द्र लग्न कुण्डली से केन्द्र में हो तथा दशमेश व शुक्र शुभ ग्रहों के मध्य में स्थित हो - पिता का सुख
8. सूर्य मंगल 9 या 10 में हो अथवा सूर्य पापग्रह से युत 7 में हो - बचपन में पिता की मृत्यु
9. 7 में सूर्य, 10 में मंगल, 12 में राहु हो चतुर्थेश दशमेश सूर्य मंगल से युक्त हो, दशम् में दशमेश का शत्रु ग्रह स्थित हो - पिता का बहुत कम सुख

टिप्पणी :- स्थिर लग्न 2, 5, 8, 11 में नवमेश, नवमेश से युत ग्रह नवम् भावस्थ ग्रह अर्थात् भाग्य भाव, मारक तथा बाधक होकर पिता के लिए अशुभ फलदायक होता है।

आत्मबल योग

1. सूर्य की शुभ स्थिति में केन्द्र त्रिकोण में हो शुभ ग्रहयुत दृष्ट हो या सूर्य के आगे पीछे शुभ ग्रह हो - आत्मबली, बाहुबल से पैतृक सम्पत्ति की वृद्धि, स्वयं सम्पत्ति अर्जन
2. सूर्य अशुभ स्थिति में 6, 8, 12 में स्थित हो, पापग्रह युत हो या सूर्य के आगे-पीछे पापग्रह हो - आत्मबलहीन

मनोबल योग

1. चन्द्रमा की शुभस्थिति हो, केन्द्र त्रिकोण में उच्च का स्वराशि का पूर्ण बली हो तथा चन्द्रमा शुभग्रह युत दृष्ट हो, 6, 8, 12 तथा पापग्रह के प्रभाव में न हो तथा चन्द्रमा के आगे पीछे शुभ ग्रह हो - मनोबली
2. चन्द्रमा अशुभ स्थिति में हीन, निर्बल, नीच का, 6, 8, 12 भावों में पापग्रह युत दृष्ट पापग्रहों के मध्य में स्थित हो - मनोबलहीन

राजयोग उच्च पद योग

1. कुण्डली में 3 या 4 ग्रह उच्च के स्वराशि से होकर केन्द्र त्रिकोण में स्थित हों तथा 6, 8, 12 व पापग्रह के प्रभाव में न हों तो जातक को राजयोग बनता है तथा उच्च पद मिलता है।
2. लग्नेश, पंचमेश, भाग्येश चतुर्थ केन्द्रेश केन्द्र त्रिकोण में युति करें, परस्पर दृष्ट हो अथवा राशि परिवर्तन योग सम्बन्ध बनाएं तो भी राजयोग बनता है। किन्तु स्थिर लग्न में भाग्येश मारकेश होकर अशुभ होता है। चर लग्न छोड़कर एकादशेश की युति दृष्टि भी शुभ फलदायक होती है।

राजनीति व्यवसाय योग

दशम् भाव में कन्या राशि हो तो राहु उपदशमेश होता है। राहु दशम् भाव में हो तो इन ग्रह स्थितियों में राजनीति व्यवसाय में सफलता मिलती है क्योंकि राहु राजनीति का कारक होता है।

केतु से प्रभावित व्यवसाय योग

दशम् भाव में मिथुन राशि हो तो केतु उपदशमेश होता है। केतु दशम् भाव में हो तो इन दोनों ग्रह स्थितियों में कम्प्यूटर व्यवसाय तथा कर्मकाण्ड पुरोहित कर्म तथा धर्मोपदेश, देवालय प्रबन्ध व्यवसाय में सफलता मिलती है क्योंकि केतु इनका कारक है।

टिप्पणी :- जो ग्रह जिस व्यवसाय का कारक होता है उसके दशम् से संबंध होने पर वह व्यवसाय सफल होता है।

•

चतुर्थ अध्याय

एकादश भाव से आय लाभ योग का विचार

पुरुष स्त्री के ग्रह योग सामान्य फल देने के साथ ही विशेष फल भी देते हैं क्योंकि पुरुष और स्त्री के अंगों की रचना, स्वभाव, मनोबल, मनोवृत्तियाँ अलग-अलग हैं। ग्रहों के विशेष योग, कुण्डली चक्र तथा कार्य प्रारम्भ करने का समय मुहूर्त भी सफलता की दशा तथा दिशा निर्धारित करता है।

1. लाभेश शुभग्रह हो – शुभ मार्ग से आय
2. लाभ भाव में शुभ ग्रह स्थित हो या दृष्ट हो – शुभ मार्ग से आय
3. लाभेश पापग्रह हों या लाभ भाव में 6, 8, 12 के स्वामी स्थित हों – पापमार्ग से आय
4. लाभ के एकादश भाव में शनि स्थित हो, शनि की दृष्टि हो या शनि लाभेश हो (मीन तथा मेष लग्न में शनि लाभेश होता है तथा द्वितीय, पंचम् तथा नवम भाव में स्थित होकर लाभ भाव पर अपनी दृष्टि डालता है। – पाप मार्ग से कमाया धन एकदम न फलना तथा पाप का धन आने पर भारी विपत्ति आना
5. 11वें लाभ भाव में पापग्रह की स्थिति या दृष्टि हो – पापमार्ग से आय
6. सूर्य चंद्रमा लाभेश हों (तुला कन्या लग्न में सूर्य चन्द्रमा क्रमशः लाभेश होते हैं – शासक से धन लाभ
7. मंगल लाभेश हो (मकर तथा मिथुन लग्न में मंगल लाभेश होता है – मन्त्री से धन लाभ, भूमि भवन से धन लाभ
8. बुध लाभेश हो (सिंह और वृश्चिक लग्न में बुध लाभेश होता है) – विद्या द्वारा धन लाभ

9. बृहस्पति लाभेश हो (कुंभ तथा वृषभ लग्न में बृहस्पति लाभेश होता है)।	-	धर्म, प्रवचन, आचार, पुरोहित कर्म, कर्मकाण्ड देवालय से धनलाभ
10. शुक्र लाभेश हो (धनु और कर्क लग्न में शुक्र लाभेश होता है)	-	साहित्य, संगीत, कला, नृत्य, अभिनय, मनोरंजन, फिल्म, पशु व्यापार से धन लाभ
11. शनि लाभेश हो (मेष तथा मीन लग्न में शनि लाभेश होता है)	-	संसद, विधायक, न्यायालय,
	-	धातु, खनिज, पत्थर, कम्प्यूटर पैट्रोलियम से धन लाभ किन्तु धोखा, मिलावट, रिश्वत पाप मार्ग से कमाया गया धन एकदम नहीं फलता हैं

धन के बहु लाभ योग

1. लाभेश शुभ होकर दशम् भाव में हो और दशमेश नवम् भाव में हो या लाभेश नवम् भाव में हो	-	प्रचुर धन सम्पत्ति लाभ
2. लाभ भाव में अनेक ग्रह स्थित हों या उनकी दृष्टि हो	-	अनेक स्रोतों से धन लाभ
3. लाभ स्थान में कोई ग्रह स्थित हो या देखता हो तथा व्यय स्थान में कोई ग्रह न स्थित हो और न देखता हो	-	प्रचुर धन लाभ लक्ष्मीवन
4. लग्न कुण्डली चन्द्र कुण्डली का लाभेश उच्च का केन्द्र त्रिकोण लाभ स्थान में स्थित होकर बली हो, शुभ ग्रह से युत दृष्ट हो	-	भारी धन लाभ

ससुराल से धन लाभ योग

1. चतुर्थेश सप्तमेश बुध बृहस्पति होकर स्वराशि में हो	-	ससुराल से धनलाभ
2. चतुर्थ भाव में चन्द्रमा शुक्र हो चतुर्थेश सप्तम स्थान में हो तथा चतुर्थेश सप्तमेश परस्पर भिन्न हों	-	स्त्री पक्ष से धनलाभ

3. चतुर्थेश, सप्तमेश अथवा लाभेश सप्तमेश के बीच स्थान सम्बन्ध युति दृष्टि सम्बन्ध शुभयोग सम्बन्ध में हो - स्त्री पक्ष ससुराल से धन लाभ

अकस्मात धन लाभ योग

1. धनेश चतुर्थेश दोनों ग्रह शुभ राशि में स्थित होकर शुभग्रह से नवम् भाव में युति करें। - भूमि से धन लाभ
2. लग्नेश द्वितीय भाव में हो व धनेश लाभ स्थान में हो - भूमि, शेयर सट्टा, लाटरी से अकस्मात धन लाभ
3. लाभेश लग्न में हो - निधि, खजाना, गड़ा धन मिलना
4. 8 भाव में राहु हो - जमीन में गड़ा या पड़ा धन मिलना
5. पंचम् भाव में पंचमेश लाभ भाव में लाभेश लग्नेश द्वितीयेश, भाग्येश भाग्य भाव वे सभी उत्तम शुभ स्थिति में होकर बली हो साथ ही दशमेश तथा नवमेश उत्तम स्थिति में हो - शेयर लाटरी से धनलाभ

धन लाभ की दिशा

1. लाभेश की दिशा से धन लाभ
2. लाभ स्थान की राशि की दिशा से धन लाभ
3. लाभ भाव में स्थित ग्रह की दिशा से धन लाभ
4. लाभेश से युति करने वाले ग्रह की दिशा से धन लाभ

धनलाभ, धन लाभ में बाधा, धनहानि योग

1. लाभेश नीचराशि, शत्रुराशि 6, 8, 12 भाव में हो - धनहानि
2. लाभ भाव में 6, 8, 12 के स्वामी या पापग्रह स्थित हों या देखते हों - लाभ में बाधा, धनहानि
3. लाभेश, षष्ठेश, अष्टमेश, व्ययेश से अथवा पापग्रह से युति दृष्टि सम्बन्ध राशि परिवर्तन सम्बन्ध बनाता हो - धनहानि
4. लग्न लग्नेश पीड़ित हो - आय के लिए जीवन भर संघर्ष

5.	लग्न जीवन की आधारशिला होने के कारण लग्न में स्थित ग्रह लग्नेश का मित्र हो	- धनलाभ के मामले में जीवन भर सफलता
	किन्तु लग्नेश नीच का शत्रुराशि में होने पर 6, 8, 12 भावों से सम्बन्ध रखने पर	- धन आय के लिए जीवन भर संघर्ष
6.	नैसर्गिक कुण्डली में शनि लाभेश होता है अतः पापमार्ग से धन लाभ करने तथा धन को व्यर्थ खर्च करने, अपव्यय करने, व्यसन में खर्च करने अथवा कुपात्र को दान देने वाले तथा किसी से कुछ माँगने वाले को	- भारी धन हानि पापमार्ग से आय का धन पाप मार्ग से ही खर्च हो कर चला जाना, दान की अति करने अथवा किसी से कुछ माँगने पर जातक का भिखारी कंगाल बन जाना
7.	बलवान लग्नेश	- निजी प्रयास से धन लाभ उन्नति
8.	उच्च का स्वराशि केन्द्रस्थ त्रिकोणस्थ लग्नेश 6, 8, 12 भावों में न हो तथा इन भावों के स्वामियों से युत दृष्ट न हो	- धनलाभ, उन्नति
9.	लग्नेश पर उसके मित्र, बृहस्पति, बुध, शुक्र की दृष्टि हो	- धनी, ऐश्वर्यवान
10.	11 भाव में स्थित ग्रह एकादशेश का शत्रु हो	- निर्धन
11.	11 में स्थित ग्रह एकादशेश का मित्र हो	- धनी
12.	एकादशेश केन्द्र त्रिकोण में स्वराशि का हो	- धन की मनोकामना पूर्ण
13.	एकादशेश, निर्बल शत्रु ग्रह पापग्रह से पीड़ित हो	- धन प्राप्ति में बाधा

टिप्पणी :- चर लग्न में एकादशेश, स्थिर लग्न में नवमेश तथा द्वि:स्वभाव लग्न में सप्तमेश विशेष बाधक होता है।

एकादश भाव का विभिन्न भावेशों से सम्बन्ध के आधार पर धन लाभ

1.	लग्नेश 11 में हो	- अपने पुरुषार्थ परिश्रम प्रयत्न से धन लाभ
2.	धनेश 11 में स्थित हो	- पारिवारिक सहयोग एवं धन सम्पत्ति पूँजी के निवेश से धनार्जन
3.	तृतीयेश 11 में स्थित हो	- भाई बहिन के सहयोग तथा अपने पुरुषार्थ से धनार्जन

4. चतुर्थेश 11 में स्थित हो – माता एवं सम्बन्धियों के सहयोग से धनार्जन

5. पंचमेश 11 में स्थित हो – अपनी कुशाग्र बुद्धि, युक्ति तथा सन्तान के सहयोग तथा सद्भावना से धनार्जन, इष्टदेव की कृपा से धन लाभ

6. षष्ठेश 11 में स्थित हो – कठिनाई से ऋण की पूँजी से धनार्जन, शत्रु तथा मामा से धन लाभ

7. सप्तमेश 11 में स्थित हो – जीवनसाथी, प्रेमी, प्रेमिका के सहयोग तथा दैवी कृपा से धनार्जन क्योंकि सप्तम् भाव एकादश भाव का नवम् भाव (धर्म दैवी कृपा का भाव है)।

8. अष्टमेश 11 में स्थित हो – धनार्जन में बहुत विघ्न बाधा किन्तु अष्टमेश शुभ स्थिति में होने पर – दैवी सहायता से अप्रत्याशित धन लाभ क्योंकि अष्टम् भाव एकादश भाव का दशम् भाव है।

9. नवमेश 11 में स्थित हो – अपार धन सम्पत्ति लाभ

10. दशमेश 11 में स्थित हो – प्रयत्न युक्ति परिश्रम से आजीवन धनार्जन

11. एकादशेश 11 में स्थित हो – व्यय के अनुसार आय, नकद राशि का अभाव

12. द्वादशेश 11 में स्थित हो – कठिनाई से, ऋण से धनार्जन, आय कम व्यय अधिक

एकादश भाव में स्थित ग्रह के अपने नैसर्गिक स्वभाव से आय

एकादश में सूर्य – दवा, रसायन, सरकारी व्यवस्था से धन लाभ

चन्द्रमा – दवा, चिकित्सा, जल, दूध, अनाज, वनस्पति, उद्यान, फल, फूल, सुगन्धित, द्रव्य, सौन्दर्य प्रसाधन, पर्यटन से धन लाभ

एकादश में बुध – मस्तिष्क सम्बन्धी कार्य, ज्योतिष, लेखा, लेखन, साहित्य, गणना, मुद्रण, प्रकाशन, पुस्तक व्यवसाय से धन लाभ

बृहस्पति – कर्मकांड, पुरोहित कर्म, शिक्षण कार्य, धर्मोपदेश, प्रवचन भाषा, धार्मिक संस्था से धन लाभ, वित्त, बीमा, वाणिज्य से आय

शुक्र – कला, साहित्य, संगीत, प्रकाशन, नृत्य, अभिनय, फिल्म, मनोरंजन से आय, कानून, वकालत, रसायन से आय

शनि – विज्ञान, अचल सम्पत्ति, शारीरिक श्रम, खनिज, धातु, ठेकेदारी,

पुल, सड़क, वाहन, पत्थर, खनिज तेल, बालू, मिट्टी, हार्डवेयर, न्यायालय, संसद, विधायिका, तकनीक से आय, विदेश व्यापार से आय, विदेशी भाषा से आय

मंगल - पुरुषार्थ, भूमि भवन, इंजीनियरी, बिजली, वाहन, मशीनरी, कलपुर्जे, चिकित्सा, सेना, पुलिस, ठेकेदारी से आय

राहु - विदेशी भाषा, विदेश व्यापार, राजनीति से आय, आकस्मिक आय, गड़ा पड़ा धन मिलना

केतु - कम्प्यूटर, धर्म, धर्मोपदेश, धार्मिक संस्था, पुरोहित कर्मकांड से आय, कठोर धैर्य, परिश्रम, गुप्त विद्या तंत्र मंत्र से आय

टिप्पणी :- चर लग्न में एकादश भाव, स्थिर लग्न में नवम् भाव तथा द्विस्वभाव लग्न में सप्तम् भाव तथा इनके स्वामी विशेष मारक तथा बाधक होता है। इनके प्रभाव विशेषकर 11वें भाव पर प्रभाव लाभेश पर प्रभाव से धन आय में बाधा पड़ती है तथा धनहानि का योग बनता है।

अन्य आय योग

11वें स्थान में शुभ ग्रह हो - आय, वाहन सुख

11वें स्थान में सूर्य हो या सूर्य की दृष्टि हो - शासक, चोरी, विवाद, पशु से धन लाभ

11वें में चन्द्रमा हो, चन्द्रमा लाभेश हो या चन्द्रमा की दृष्टि से - जीवनसाथी के सहयोग, माता के सहयोग वाहन से आय

पूर्ण चन्द्रमा - आय का पूर्ण सुख

क्षीण चन्द्रमा - आय का अल्प सुख

11वें में मंगल हो, मंगल लाभेश हो या मंगल की दृष्टि हो - साहस, शिल्प, कला से आय

11वें में बुध हो, बुध लाभेश हो या बुध की दृष्टि हो - कविता, कला, शिल्प, लेखन, मुद्रण, प्रकाशन से लाभ, व्यापार, बर्तन, व्यापार से लाभ

11वें में बृहस्पति हो, बृहस्पति लाभेश हो या बृहस्पति की दृष्टि हो - यज्ञ, धार्मिक प्रवचन, पुरोहित कर्म से धन लाभ

11वें में शुक्र हो, शुक्र लाभेश हो या शुक्र की दृष्टि हो - स्त्रियों, विदेश, यातायात वस्त्र, आभूषण, नृत्य, अभिनय संगीत, साहित्य, कानून, वकालत रसायन से आय

11वें में शनि हो, शनि लाभेश हो या शनि की दृष्टि हो	- खनिज, तकनीक, यन्त्र, यातायात, धातु, भैंस पालन से आय किन्तु पाप मार्ग से आय एकदम न फलना तथा भारी विपत्ति संकट आना
11वें में शुभग्रह की राशि हो, शुभ ग्रह स्थित हो या शुभ ग्रह की दृष्टि हो अथवा 11वें में अनेक ग्रह स्थित हों या उनकी दृष्टि हो	- अनेक साधनों, स्रोतों से धन लाभ

धन के व्यय के योग

12वें स्थान में कोई भी ग्रह न होना	- जातक दुष्ट स्वभाव, पापी, दुःखी खर्चीला होता है
12वें में सूर्य चन्द्रमा हो तथा उस पर मंगल की दृष्टि हो	- शासक द्वारा जातक की धनहानि राजदण्ड भुगतना, अर्थदण्ड, धन सम्पत्ति का अधिग्रहण नीलामी जैसे अशुभ फल
किन्तु शुभ ग्रह स्थित हो या शुभ ग्रह की दृष्टि हो	- अशुभफल नहीं मिलता

शुभ अशुभ कर्म पर व्यय योग

1.	12वें में नवमेश दशमेश न होकर पापग्रह स्थित हों	- पाप कर्म में व्यय
2.	12वें में शुभ ग्रह स्थित हो	- शुभ कर्म पर, धर्म कर्म पर पूजापाठ पर व्यय
3.	नवमेश दशमेश व्यय स्थान में स्थित हों (चाहे नैसर्गिक पापग्रह ही क्यों न हों)	- शुभ कर्म पर व्यय
4.	व्ययेश शुभ स्थान में शुभ ग्रह से युत दृष्ट हो	- शुभ कार्य पर व्यय
5.	व्ययेश जिस भाव में हो, जिस ग्रह से युत होकर जिस भाव पर दृष्टि डाले और जिस अन्य स्थान का स्वामी हो	- उसके सम्बन्ध में व्यय
	जैसे व्ययेश लग्न में स्थित हो	- अपने शरीर पर खर्च
	व्ययेश 5 में स्थित हो	- पुत्र तथा शिक्षा पर व्यय, प्रेमी प्रेमिका पर व्यय, इष्टदेव पर व्यय

व्यय भाव में शनि स्थित हो और मंगल से दृष्ट हो	- धन सम्पत्ति दुष्कर्म व्यसन, नशा, जुआ, वेश्या पर खर्च

विदेश यात्रा योग

1.	लग्नेश नवम् में हो ओर नवमेश लग्न में हो	- विदेश यात्रा का योग
2.	लग्नेश नवमेश दोनों चर या द्विस्वभाव राशि में होकर केन्द्र त्रिकोण शुभ स्थान उच्च के, मूल त्रिकोण राशि, स्वराशि के हों	- विदेश यात्रा योग
3.	लग्नेश लग्न में, नवमेश नवम् में स्थित हो	- विदेश यात्रा योग
4.	लग्नेश नवमेश दोनों चर या द्विस्वभाव राशि में होकर केन्द्र त्रिकोण शुभ स्थान उच्च मूल त्रिकोण राशि स्वराशि में स्थित हो	- विदेश यात्रा योग
5.	लग्नेश नवमेश अशुभ स्थानों 6, 8, 12 भावों में हो तथा अशुभ स्थिति नीच राशि शत्रु राशि, अस्तंगत वक्री हो, पापयुत दृष्ट हो	- विदेश यात्रा में विघ्न, हानि मृत्यु
6.	3, 7, 9 भावों में यदि चर राशि तथा राहु मंगल चन्द्रमा उसमें बैठे हों	- विदेश यात्रा का योग

जातक के संन्यासी, महात्मा, सन्त आस्तिक होने के योग

1.	एक ही भाव में 4 या 5 ग्रह स्थित हों	- सन्त, संन्यासी ईश्वर भक्त
2.	जन्म राशीश को अन्य ग्रह न देखता हो	- संन्यासी
3.	निर्बल जन्मराशीश को शनि देखता हो	- संन्यास योग
4.	शनि की लग्न पर दृष्टि या नवम् भाव में स्थिति	- संन्यासी
5.	नवम् भाव में केतु की स्थिति या नवमेश से युति, व्यय भाव में केतु की स्थिति या दृष्टि अथवा नवमेश व्ययेश से युति सम्बन्ध	- संन्यासी, मोक्ष, ईश्वर सिद्धियोग
6.	नवम् द्वादश पर राहु का प्रभाव	- संन्यास में बाधा, मन की अस्थिरता, चंचलता
7.	शनि के द्रेष्काण में शनि हो या मंगल के नवांश में बैठकर चन्द्रमा शनि को देखता हो	- संन्यास योग

8.	संन्यास योग के साथ राजयोग भी हो	- संन्यास योग के साथ धर्माचार्य, सम्प्रदाय, धार्मिक संस्था का संस्थापक
9.	नवम् भावस्थ शनि को अन्य कोई ग्रह न देखता हो	- संन्यासी

राजयोग उच्च पद सुख योग

1.	कुण्डली में 3 या 4 ग्रह उच्च स्वराशि के होकर केन्द्रेश त्रिकोण हों तथा 6, 8, 12 तथा पापग्रहों के प्रभाव स्थिति युति दृष्टि प्रभाव में न हों	- उच्चपद योग
	किन्तु एक भी ग्रह का नीच का होने पर	- राजयोग भंग
	नीच ग्रह का नीचत्व भंग होने पर	- प्रबल राजयोग
2.	लग्नेश, नवमेश, दशमेश केन्द्र त्रिकोण में युति करें या दृष्टि डालें	- उच्चपदयोग
3.	लग्नेश, नवमेश, दशमेश, नीचराशि, अस्तंगत, शत्रुराशि में होकर 6, 8, 12 भावों में बैठे, पापयुत दृष्ट हो	- स्थान हानि, पद हानि
4.	नवमेश 10 में हो और दशमेश 9 में हो	- मंडलाधिकारी
5.	लग्न, चन्द्र लग्न से केन्द्र में बृहस्पति हो	- मेधावी, तेजस्वी, गुणवान, शासक से सम्मानित, ऐश्वर्यवान
6.	लग्नेश जिस राशि में स्थित हो उसका स्वामीं, फिर वह जिस राशि में स्थित हो उसका स्वामी, फिर वह जिसके नवांश में स्थित हो उसका स्वामी सभी केन्द्र त्रिकोण में उच्च के हों	- गुणवान, राजपूज्य, उच्च अधिकारी
7.	3 ग्रह स्वगृही हो	- मन्त्री, उच्चाधिकारी
8.	3 ग्रह उच्च के हों	- मन्त्री या उच्चाधिकारी
9.	चन्द्र लग्न से 10 भाव में केवल शुभग्रह हो	- कीर्तिवान, परोपकारी

टिप्पणी :- चर लग्न में एकादशेश स्थिर लग्न में नवमेश शासक, पूज्य, धैर्यवान मारक होकर बाधक होता है। द्विस्वभाव लग्न में सप्तमेश विशेष मारक होता है।

उच्चपद, राजपद, मन्त्रिपद प्राप्ति का समय

क. चतुर्थेश, पंचमेश, नवमेश, दशमेश की महादशा में - उच्चपद प्राप्ति

ख. चतुर्थेश, पंचमेश, नवमेश जिन भावों में स्थित हों उनके स्वामियों की अन्तर्दशा हो तो अच्छा है - उच्चपद का सुख

ग. कुण्डली में इन्हीं ग्रहों की युति, दृष्टि, परिवर्तन योग सम्बन्ध तथा गोचर·भ्रमण में भी युति दृष्टि सम्बन्ध हो साथ ही बृहस्पति तथा शनि भी शुभ सम्बन्ध, शुभ स्थिति में होकर अनुकूल हों - उच्चपद का सुख

घ. राहु रेखा पर से गोचरवश शुभग्रह तथा शुभ भावेश भ्रमण कर रहा हो - उच्चपद का सुख

राहु रेखा का गोचर फल

चन्द्रमा और राहु की कुण्डली में दी गई ग्रह स्पष्ट स्थिति से राशि अंश कला का योग करके 2 से भाग देने पर उस राशि अंश कला से राहु रेखा की राशि बनती है। उस राहु रेखा की राशि पर जब कोई शुभग्रह या शुभ भावेश गुजरता है तब शुभफल देता है तथा जब कोई पाप (अशुभ) ग्रह या अशुभ भावेश 6, 8, 12 का स्वामी 2, 3, 7 का स्वामी, चर लग्न में 11 का स्वामी, स्थिर लग्न में 9 का स्वामी गुजरता है तब अशुभ फल देता है।

स्वर्ग सुख योग

1. द्वादश भाव में बृहस्पति और उच्च का केतु हो - मोक्ष, स्वर्ग सुख
2. उच्च का शुभग्रह व्यय भाव में शुभयुत दृष्ट हो - स्वर्ग में सुख

नर्क में दु:ख योग

1. व्ययेश नीच का हो और राहु, मंगल, सूर्य द्वादश भाव में हो - नर्क में दु:ख
2. व्ययेश पापग्रह की राशि नवांश में होकर पापयुत दृष्ट हो - नर्क में दु:ख
3. व्यय भाव में राहु स्थित हो तथा अष्टमेश की युति तथा षष्ठेश की दृष्टि हो - नर्क में दु:ख
4. व्ययेश की सूर्य से युति हो - नर्क में दु:ख

शय्या शयन सुख भोग योग

1. चन्द्रमा व्ययेश होकर उच्च का होकर 5, 9, 11 में हो - दिव्य शैय्या सुख
2. व्ययेश उच्च का होकर शुभ ग्रहों के वर्ग (होरा, द्रेष्काण आदि) में होकर शुभयुत दृष्ट हो - पलंग पर शयन सुख

3.	व्ययेश उच्च का होकर नवमेश से दृष्ट केन्द्र त्रिकोण में हो	– स्त्री भोग शयन सुख
4.	व्ययेश शत्रुराशि नीचराशि अस्तंगत 6, 8 भावों में हो	– स्त्री भोगसुख नहीं तथा शयन सुख नहीं

निवास स्थान योग

1.	व्यय भाव में पापग्रह हो, व्ययेश पापयुत दृष्ट हो	–बदनाम, अपमानित होकर जन्म स्थान छोड़ना, यात्रा में दुर्घटना योग
2.	व्ययेश शुभ स्थान में शुभयुत दृष्ट हो, व्यय स्थान में शुभ ग्रह स्थित हो तथा शुभ ग्रह की दृष्टि हो	–जन्म स्थान में सुख-पूर्वक रहना, सुखदायक यात्रा तथा वापसी

गोचर शनि की साढ़ेसाती तथा अढ़ैया का फल

वृषभ तुला चन्द्रराशि के लिए – शुभफल

कुंभ राशि के लिए – शुभफल अधिक अशुभफल

टिप्पणी :- वृषभ, तुला, कुंभ राशियों में शनि केन्द्रेश त्रिकोणेश होता है। तुला के लिए पंचमेश, वृषभ के लिए नवमेश तथा कुंभ राशि के लिए चन्द्रराशीश होता है।

शेष 9 राशियों के लिए शनि की साढ़ेसाती अशुभफलदायक होती है।

मेष, कर्क, सिंह, वृश्चिक के लिए	– सबसे अधिक अशुभफल दायक क्योंकि सूर्य, चन्द्र, मंगल, शनि के शत्रु हैं अतः ये शत्रु ग्रह की राशियाँ हैं।
धनु मीन के लिए	– सामान्य अशुभफलदायक बृहस्पति शनि के सम सम्बन्ध है।
मकर के लिए	– सामान्य अशुभफलदायक क्योंकि शनि चन्द्रराशि के साथ ही द्वितीयेश होकर मारकेश होता है।
मिथुन, कन्या के लिए	– सामान्य अशुभफलदायक क्योंकि मित्र बुध की राशियाँ हैं।

नक्षत्र के अनुसार साढ़ेसाती का प्रभाव

गोचरवश शनि जिस नक्षत्र में हो उससे अपने जन्म के नक्षत्र तक गिनती करें। यदि वही नक्षत्र हो तो शनि के उस नक्षत्र पर आने के दिन से 3 मास 10 दिन तक अनेक प्रकार की हानि होती है।

गोचर नक्षत्र व जन्म का नक्षत्र एक ही हो	-	3 मास 10 दिन तक अशुभफल
2 से 5वें नक्षत्र तक	-	13 माह 10 दिन तक युद्ध विवाद, मुकदमे में विजय
6 से 11वें नक्षत्र तक	-	1 वर्ष 8 माह तक रोग, पीड़ा, देशाटन यात्रा कष्ट
12वें से 15वें नक्षत्र तक	-	13 माह 10 दिन तक वातरोग पीड़ा देशाटन
16वें से 18वें नक्षत्र तक	-	10 माह तक राज्य कृपा
19वें से 20वें नक्षत्र तक	-	6 माह 20 दिन तक सुखदायक
21वें से 22वें नक्षत्र तक	-	6 माह 20 दिन तक महाकष्टकारक वातरोग
23वें से 27वें नक्षत्र तक	-	16 माह 20 दिन तक अचानक धन लाभ

टिप्पणी :-

1. शनि की साढ़ेसाती अढ़ैया का शुभ अशुभ फल गोचर में शनि की कुण्डली में भाव स्थिति के अनुसार मिलता है।

3, 6, 11वें भाव में शनि के प्रवेश करने पर	-	अनुकूल शुभ प्रभाव में
2, 7, 8, 12वें भाव में शनि के प्रवेश करने पर	-	संकट, विपत्ति
5, 6, 9 में भाव में शनि के प्रवेश करने पर	-	शुभफल
1, 4, 10वें भाव में शनि के प्रवेश करने पर	-	शुभ अशुभ मिश्रित फल

2. साढ़ेसाती का अन्तिम प्रभाव - जातक दु:ख के कारण वैराग्य की ओर मुड़ता है जो आत्म कल्याण का साधन बनता है।

3. गोचर शनि की दृष्टि अशुभ नहीं होती है।

चतुर्थ अढ़ैया का फल (चन्द्रराशि से चतुर्थ स्थान पर गोचर शनि होने पर)	-	माता को कष्ट, भूमि भवन सम्बन्धी समस्या, आजीविका, कार्य के क्षेत्र में परिवर्तन, असफलता

अ्ष्टम् अढ़ैया का फल (चन्द्रराशि से अष्टम् स्थान पर गोचर शनि होने पर)	- मृत्यु तुल्य कष्ट, रोग, शत्रु वृद्धि, अधिक परिश्रम पर भी वांछित फल नहीं

शनि का साढ़ेसाती का प्रभाव

शनि का नियम है शुभकर्मी सज्जन की सहायता तथा कल्याण करना और पापकर्मी दुष्ट को दण्ड देना। प्रारब्ध कर्मों का शुभाशुभ फल सभी ग्रह देते हैं किन्तु शनि विशेष रूप से पापकर्मों का फल देने के लिए ही कार्यपालक एवं न्यायपालक दण्डाधिकारी के रूप में नियुक्त है। जो कार्य शिव का है उसी को देखना शनि के अधिकार क्षेत्र में आता है। शनि अग्रज है यम अनुज है। बिना शनि के संकेत के किसी भी प्राणी की मृत्यु नहीं होती। शनि का स्थान भी श्मशान होता है। तमोगुण प्रधान पाप (क्रूर) ग्रह शनि दुःख का कारक है। देव, दानव, मनुष्य, सभी को त्रास देने में समर्थ शनि दुर्भाग्य विपत्ति देता है किन्तु शनि अकारणं ही किसी को नहीं सताता है।

मनुष्य के दुःख का कारण स्वयं मनुष्य के पापकर्म हैं। शनि निष्पाप न्यायाधीश के रूप में पाप कर्म का दण्ड देता है। पूर्वकृत संचित अशुभ पाप कर्मों का दण्ड देने में शनि निमित्त (कारण) मात्र है। इससे दोष तो पाप करने वाले मनुष्य का है।

शनि की साढ़ेसाती के फल का निर्धारण

शनि की साढ़ेसाती का शुभ अशुभ फल शनि के पाद पर निर्भर है।

पाद का निर्धारण - शनि की साढ़ेसाती प्रभावी होने के समय जन्मराशि से जिस स्थान पर गोचर का चन्द्रमा हो, उसी के अनुसार शनि के पाद का निर्धारण होता है:-

शनि के राशि परिवर्तन के समय जन्म की चन्द्रराशि से गोचर का चन्द्रमा

1, 6, 11वें स्थान में हो	- स्वर्णपाद
2, 5, 9वें स्थान में हो	- रजत पाद
3, 7, 10वें स्थान में हो	- ताम्रपाद
4, 8, 12वें स्थान में हो	- लौहपाद

पाद के अनुसार फल

पाद	**फल**
स्वर्णपाद	- सुख का अभाव
रजत पाद	- यश, धन प्राप्ति, अति शुभ
ताम्र पाद	- सामान्य शुभ
लौह पाद	- धन, सम्पत्ति, हानि, रोग, पीड़ा

टिप्पणी :- जन्मकालीन चन्द्रमा जिस राशि में होता है उससे 12वीं राशि में शनि का गोचर आने पर शनि की साढ़ेसाती प्रारम्भ होती है और दूसरी राशि पर से शनि का गोचर प्रभाव समाप्त होने तक रहती है। इसका प्रभाव 6 माह पूर्व से ही अनुभव हो जाता है। शनि रोग, कष्ट, धनहानि करके अपने आने की सूचना दे देता है। राशि से चतुर्थ तथा अष्टम् स्थान पर शनि का गोचरवश आना शनि का अढ़ैया कहा जाता है। जीवन में 3 बार साढ़ेसाती आती है। एक के बाद दूसरी, दूसरी के बाद तीसरी साढ़ेसाती 30 वर्ष में आती है। बचपन, जवानी और वृद्धावस्था में।

बचपन में प्रथम साढ़ेसाती का प्रभाव	- शरीर, माता-पिता को प्रभावित करना
जवानी में द्वितीय साढ़ेसाती का प्रभाव	- कार्य में रुचि, आर्थिक स्थिति, पत्नी को प्रभावित करना
वृद्धावस्था में तृतीय साढ़ेसाती का प्रभाव	- जातक के स्वास्थ्य पर प्रतिकूल प्रभाव, मृत्यु सम्भव

कालसर्पयोग के शुभ अशुभ फल

राहु-केतु द्वारा कुण्डली के अन्य ग्रहों को अपने घेरे में ले लेने से कालसर्पयोग बनता है। राहु-केतु कुण्डली में यदि अपने शुभ भावों में हों, 3, 6, 9, 12 में स्थित हों तो शुभफल देते हैं किन्तु शुभफल तभी मिलता है जब शुभग्रह बुध बृहस्पति शुक्र उनसे युति करें या दृष्टि डालें। लग्न में स्थित बुध, बृहस्पति, शुक्र भी अशुभ फल से बचाव करते हैं। मंगल, शनि, सूर्य की अशुभ दृष्टि अथवा युति होने पर अशुभ फल मिलता है।

कालसर्पयोग की कुण्डली वाले जातक को ग्रह स्थिति के अनुसार बहुत शुभ फल अथवा तीव्र अशुभफल मिलते हैं। कालसर्पयोग में ग्रहस्थिति वश जातक उच्चतम शिखर पर पहुँच सकता है तो पतन के गर्त में गिरते भी देर नहीं लगती। राहु केतु की अलग-अलग स्थिति के अनुसार कालसर्पयोग का अलग अलग शुभ अशुभ फल निम्न अनुसार मिलता है-

कुण्डली के भाव जिसके बीच कालसर्पयोग बनता है	**शुभ फल**	**अशुभ फल**
1 तथा 7 भावों के बीच	साहस स्वतंत्र विचार आत्म सम्मान	पत्नी, सन्तान, परिवार, शिक्षा, शत्रु रोग, अचल सम्पत्ति के मामले में समस्याएं

6 तथा 12 भावों के बीच	कठिनाई के साथ शिक्षा पूरी, विदेश यात्रा, विदेश से धन लाभ, शत्रु पर विजय	कमजोर नेत्र दृष्टि शिक्षा में विघ्न बाधा
11 तथा 5 भावों के बीच	विदेश यात्रा योग धन लाभ	सन्तान प्राप्ति में विघ्न बाधा सन्तान कष्टदायक
9 तथा 3 भावों के बीच	विदेश यात्रा विदेश से धन लाभ	स्वास्थ्य खराब होना, अचल सम्पत्ति के विवाद, व्यवसाय में परिवर्तन
10 तथा 4 भावों के बीच	शिक्षा पूरी उन्नति	शिक्षा में विघ्न बाधा व्यवसाय में परिवर्तन, मकान बदलना, आय में अनिश्चितता
8 तथा 2 भावों के बीच	विदेश यात्रा योग विदेश से धन लाभ	चिन्ता, तनाव, व्यवसाय में असफलता, आर्थिक कष्ट
12 तथा 6 भावों के बीच	सन्तान जन्म के बाद सुख	सन्तान प्राप्ति में बाधा
4 तथा 1 भावों के बीच	व्यवसाय में उन्नति धन लाभ	पारिवारिक उलझन, माता को कष्ट
7 तथा 1 भावों के बीच	व्यवसाय से धन लाभ विदेश यात्रा का योग	जीवनसाथी से कष्ट मिलना व्यवसाय में परिवर्तन
3 तथा 9 भावों के बीच	विदेश यात्रा से	रोग तथा शत्रु से भय
2 तथा 8 भावों के बीच	धनलाभ नया मकान, नया व्यवसाय धन लाभ	पैतृक सम्पत्ति में विवाद शिक्षा में बाधा रोग, शत्रु भय
5 तथा 11 भावों के बीच	धन लाभ, कार्य व्यवसाय में सफलता	सन्तान, पुत्र तथा शिक्षा में बाधा

पंचम अध्याय

स्त्री जातकों के योग

पुस्तक में दिया गया सामान्य फल स्त्री तथा पुरुष दोनों ही जातकों के लिए है। जो योग पति के रूप में पुरुष की कुण्डली में बनते हैं वही योग पत्नी के रूप में स्त्री की कुण्डली में बनते हैं। अत: सामान्य फल पुरुष तथा स्त्री दोनों पर समान रूप से लागू होते हैं किन्तु स्त्री जातकों पर कुछ विशेष योग लागू होते हैं।

स्त्री जातकों के विशेष योग

प्राय: स्त्री जातकों के मामलों में चन्द्र लग्न कुण्डली से विचार किया जाता है क्योंकि वे भावुक होती हैं। भाव की तरंगें मन में उठती हैं और चन्द्रमा ही मन है।

1.	स्त्री की कुण्डली में 2, 4, 6, 8, 10, 12 राशियों में मंगल, बुध, बृहस्पति, शुक्र स्थित हो	– वह स्त्री विदुषी सुशीला, गुणवती तथा प्रसिद्ध होती है
2.	7 में शनि पाप ग्रहों से युक्त दृष्ट हो,	– स्त्री का आजीवन विवाह न होना
3.	सप्तमेश पापयुत दृष्ट हो, सप्तम् में पापग्रह	– स्त्री का विवाह न होना
4.	शनि सप्तमेश हो	– बड़ी आयु में स्त्री का विवाह होना

स्त्री का वैधव्य योग

1.	जन्म लग्न या चन्द्र लग्न से, 7वें या 8वें स्थान में दो या अधिक पापग्रह स्थित हो	– स्त्री का विधवा होना
2.	7वें स्थान में मंगल हो तथा उस पर पापग्रह की दृष्टि हो	– विधवा होना

3.	राहु, मेष या वृश्चिक में पापयुत होकर 8 या 12 स्थान में हो	- विधवा होना
4.	क्षीण, नीच का चन्द्रमा अस्तंगत होकर 6, 8 स्थनों में हो	- विधवा होना
5.	लग्न तथा 7वें स्थान में पाप ग्रह हो	- विधवा होना
6.	चन्द्रमा से 7, 8, 12वें स्थान में शनि मंगल दोनों स्थित हों तथा पापग्रह से दृष्ट हों	- विवाह के बाद स्त्री जल्दी ही विधवा होना
7.	अष्टमेश 7 के स्थान में और सप्तमेश 8वें स्थान में हो तथा पापग्रह से दृष्ट हों	- विधवा होना
8.	षष्ठेश, अष्टमेश 6, 12 स्थानों में पापग्रह युत दष्ट हो	- विधवा होना
9.	चन्द्र लग्न से 7वें स्थान में मंगल राहु शनि सूर्य कोई दो ग्रह स्थित हों	- विधवा स्त्री

स्त्री जातकों की कुण्डली में ग्रह के सप्तम् स्थान में स्थित होने का फल

सप्तम् स्थान में सूर्य	- दुष्ट स्वभाव, कर्कश स्वर, पति सझगड़ा करने वाली स्त्री
सप्तम् स्थान में चन्द्रमा	- कोमल स्वभाव, लज्जाशील, वस्त्र आभूषण से सुखी, सुन्दर, धनी स्त्री
सप्तम् स्थान में मंगल	- भाग्यहीन, चरित्रहीन स्त्री
सिंह राशि में सप्तम् स्थान में शनि मंगल युति करे	- व्यभिचारिणी, वेश्या, दुष्ट स्वभाव धनी स्त्री
सप्तम् स्थान में बुध	- विदुषी, भाग्यवती, पति की प्रिय, लेखिका, सुन्दर पति से सुखी, धनी, वस्त्राभूषण से सुखी स्त्री
सप्तम् स्थान में बृहस्पति	- पतिव्रता, धनी, सुखी, गुणवती, सुन्दर स्त्री
सप्तम् स्थान में शुक्र	- गुणवान, उत्तम, धनी, वीर, पति से सुखी, वस्त्राभूषण से सुखी स्त्री
सप्तम् स्थान में शनि	- रोगी, निर्धन, निर्बल, व्यसन में लिप्त पति वाली स्त्री
किन्तु 7 में उच्चा का शनि होने पर	- धनी, शीलवान गुणवान उत्तम पति वाली स्त्री

सप्तम् स्थान में राहु	- चरित्रहीन, दुःखी, पति प्रेम से वंचित स्त्री
सप्तम् स्थान में उच्च का राहु	- सुन्दर स्वस्थ पति वाली स्त्री

स्त्री जातक में अल्प सन्तान तथा सन्तानहीनता योग

वृषभ, कन्या, सिंह, वृश्चिक में चन्द्रमा	- अल्पसन्तान स्त्री
5वें स्थान में धनु मीन राशि में बृहस्पति स्थित हो या पंचम् भाव पर पापग्रहों की दृष्टि	- सन्तानहीन स्त्री
7वें स्थान में पापराशि हो, पापग्रह की दृष्टि हो	- कम सन्तान या सन्तान हीन स्त्री
5वें में मंगल 7वें में राहु हो	- सन्तानहीन स्त्री

स्त्री जातकों में पुत्र योग पुत्री योग

5 में सूर्य	-	1 पुत्र
5 में मंगल	-	3 पुत्र
5 में बृहस्पति	-	5 पुत्र
5 में चन्द्रमा	-	2 पुत्रियाँ
5 में बुध	-	4 पुत्रियाँ
5 में शुक्र	-	अनेक पुत्रियाँ
9 में शुक्र	-	अनेक पुत्रियाँ

स्त्री जातक में अन्य सन्तान योग

7 में राहु	- 2 पुत्रियाँ या सन्तानहीनता
5 में 2 से अधिक पापग्रह स्थित हों या दृष्टि हो या पंचमेश पापराशि में हो	- सन्तानहीन स्त्री
8 में चन्द्रमा बुध युत	- सन्तानहीन स्त्री
8 में बुध, बृहस्पति, शुक्र	- गर्भपात अथवा सन्तान हीन स्त्री
7 में मंगल पर शनि की युति दृष्टि	- गर्भपात, सन्तानहीनता

स्त्री के पति का स्वभाव गुणदोष

7वें स्थान में वृषभ तुला राशि में	- भाग्यवान पति
7वें स्थान में सिंह राशि हो	- विद्वान, लेखक अधिकारी पति, अल्पकामी
7वें स्थान में चन्द्रमा	- कामी, कोमल स्वभाव, विद्वान, धनी, दयालु पति

7 में मेष वृश्चिक राशि हो	– क्रोधी, भूस्वामी, कृषक, धनी निर्दयी, नीच प्रकृति का
7 में मिथुन कन्या राशिं हो	– कवि, लेखक, प्रकाशक, विद्वान, कामी, चतुर पति
7 में मकर, कुंभ राशि हो	– मूर्ख, क्रोधी, चिड़चिड़ा स्वभाव का आलसी व्यसन में रत पति

स्त्री जातकों के अन्य विशेष योग पति तथा स्त्री का स्वभाव

जन्म लग्न चन्द्र लग्न से 7वें स्थान में कोई ग्रह न हो	– निर्बल, निरुद्यमी बेरोजगार, आलसी पति
7वें स्थान पर किसी भी शुभ ग्रह की दृष्टि न हो	– आलसी पति
7वें स्थान में बुध शनि स्थित हो	– नपुंसक पति
7वें स्थान में चरराशि 1, 4, 7, 10 हो	– परेदसी पति
7वें स्थान में स्थिर राशि 2, 5, 8, 11 हो	– घर में रहनेवाला पति
7वें स्थान में द्विस्वभाव राशि 3, 6, 9, 12 हो	– पति का घर तथा परदेस दोनों जगह रहना
7वें स्थान में सूर्य हो	– पति द्वारा स्त्री का त्याग
7वें स्थान में मंगल हो	– विवाह होते ही विधवा
7वें स्थान में शनि हो उस पर पापग्रहों की दृष्टि हो	– स्त्री का विवाह न होना अथवा विवाह हो जाने पर पति की शीघ्र मृत्यु
7वें स्थान में कई (अनेक) पापग्रह हो	– स्त्री का अवश्य विधवा होना
7वें स्थान में निर्बल पापग्रह हो तथा उसे शुभग्रह न देखता हो	– पति द्वारा स्त्री का त्याग
7वें में चन्द्रमा के साथ मंगल की युति हो	– पति की आज्ञा से पर पुरुष गमन करने वाली स्त्री
मकर, कुंभ, मेष, वृश्चिक, लग्न हो तथा लग्न में चन्द्रमा शुक्र दोनों बैठे हों तथा उन पर पाप ग्रहों की दृष्टि हो	– माता के साथ पर पुरुष गमन करने वाली स्त्री

जन्म लग्न में चन्द्रमा तथा शुक्र की युति हो-	ईर्ष्यालु स्वभाव की दूसरों को सन्ताप देने वाली किन्तु स्वयं सुखी स्त्री
चन्द्र लग्न में चन्द्रमा से बुध शुक्र की युति -	संगीत में कुशल गुणवती, सुन्दर सुखी, सबकी प्रिय स्त्री
जन्म लग्न से 8वें भाव में पापग्रह हों तथा दूसरे भाव में शुभग्रह हो	- पति से पहले स्वयं स्त्री की मृत्यु
विषम राशि लग्न की कुण्डली में शनि मध्यबली, चन्द्रमा, बुध, शुक्र निर्बल हों तथा सूर्य, मंगल, बृहस्पति बलवान हो	- बहुपुरुष गामिनी, वेश्या स्त्री
चन्द्रमा वृषभ, सिंह, कन्या, वृश्चिक राशि में स्थित है	- अल्प पुत्रवती स्त्री
मंगल, शुक्र, बुध बलवान हो तथा लग्न में समराशि हो	- विख्यात, शास्त्रज्ञ, ब्रह्मविद्या में कुशल सन्यासिनी या उपदेशक स्त्री
नवें स्थान कोई ग्रह बैठा हो तथा सूर्य बली होने पर	- तपस्विनी स्त्री
चन्द्रमा बली होने पर	- कपालिनी स्त्री
मंगल बली होने पर	- लाल वस्त्र धारण करने वाली स्त्री
शुक्र बली होने पर स्त्री	- चक्रधारण करने वाली
शनि बली होने पर	- नग्न स्त्री
बुध बली होने पर	- दण्ड धारण करने वाली स्त्री
बृहस्पति बली होने पर	- यति
कुण्डली में केन्द्र में शुभग्रह हों तथा पापग्रह 6, 9, 12 में हो तथा	- धनवती, ऐश्वर्यशालिनी, शान्त स्वभाव, गुणवती, रानी
7वें स्थान में पुरुष राशि हो	समान धनी स्त्री
कुण्डली में बुध जन्म लग्न में उच्च का होकर बैठा हो तथा बृहस्पति 11वें घर में हो	- रानी अथवा शासक की पत्नी, सम्मानित, ऐश्वर्यशालिनी प्रसिद्ध स्त्री

षड्वर्ण में केन्द्र में शुक्र हो, उस पर चन्द्रमा की दृष्टि हो	– धन, पुत्र सम्पन्न सुन्दर स्त्री
कर्क लग्न हो तथा 7वें भाव में सूर्य हो उस पर बृहस्पति की दुष्टि हो	– निरोग, पुत्रवती, सुन्दर स्त्री
केन्द्र में 3 शुभ ग्रह हों या 5 शुभग्रह हो	– महारानी, विमान से यात्रा करने वाली स्त्रीं

नवांश कुण्डली के अनुसार स्त्री जातकों के विशेष योग

शनि शुक्र एक-दूसरे के नवांश में हो अथवा दोनों एक-दूसरे को देखें अथवा वृषभ लग्न में कुंभ का नवांश हो	– किसी अन्य स्त्री के साथ पुरुषाकार जननेन्द्रिय बनाकर कामाग्नि शान्त करने वाली स्त्री
शुक्र के नवांश में मंगल तथा मंगल के नवांश में शुक्र हो	– परपुरुषगामिनी स्त्री
7वें भाव में मंगल का नवांश हो तथा शनि 3 से देखे	– गुप्तांग रोगी स्त्री
7वें भाव में शुभग्रह का नवांश हो तथा शुभग्रह उसे देखे	– सुन्दर गुप्तांग वाली पति को प्रिय स्त्री
7वें भाव में मकर कुंभ का नवांश हो तथा पापग्रह 3 से देखे	– वृद्ध मूर्ख पति वाली स्त्री
7वें भाव में वृषभ तुलाराशि हो या शुक्र का नवांश हो	– सुन्दर पति को प्रिय स्त्री
7वें भाव में मिथुन कन्या राशि हो या बुध का नवांश हो	– विद्वान, चतुर पति वाली स्त्री
7वें भाव में कर्क राशि हो या चन्द्रमा का नवांश हो	– कामी कोमल पति वाली स्त्री
7वें भाव में धनु मीनराशि हो या बृहस्पति का नवांश है	– गुणवान, जितेन्द्रिय पति वाली स्त्री
7वें भाव में सिंह राशि हो या सूर्य का नवांश हो	– कोमल स्वभाव व्यवहार वाले पति की स्त्री

टिप्पणी :-

8वें भाव में पापग्रह हो तथा 8वें भाव का स्वामी जिस ग्रह के नवांश में बैठा हो	– उस ग्रह की दशा अन्तर्दशा में स्त्री विधवा होती है।

आत्महत्या या इच्छा मृत्यु योग

मंगल 1, 4, 7, 10 भावों में हो और 7 में राहु हो	– जातक की आत्महत्या से मृत्यु होती है

कुण्डली के कुछ विशेष योग

पंच महापुरुष योग

क. **रूचक योग** - उच्च का स्वराशि का केन्द्र 1, 4, 7, 10 में 6, 8, 12 व पापग्रह	– जातक बलवान, स्थित हो किन्तु वक्री, अस्तंगत, यशस्वी वक्ता, के प्रभाव में न हो सुन्दर, शत्रुविजयी, स्वस्थ, धन सम्पदा सम्पन्न, सेना पुलिस में नौकरी का योग
ख. **भद्रयोग** – उच्च का स्वराशि का बुध केन्द्र में 1, 4, 7, 10 में स्थित हो किन्तु वक्री, अस्तंगत, 6, 8, 12 के प्रभाव में न हो	– जातक शेर जैसा मुख, हाथी जैसी छाती वाला लम्बा, मोटा शरीर, प्रखर बुद्धि, धन यश सम्पन्न, सुन्दर, बली सुखी, समृद्ध
ग. **हंस योग** – उच्च का स्वराशि का बृहस्पति केन्द्र में स्थित हो किन्तु वक्री, अस्तंगत, 6, 8, 12 के प्रभाव में न हो	– जातक ऊँची नाक सुन्दर पैर, हंस समान स्वर वाला, शांत प्रकृति गोरा रंग, अच्छा आचरण, नैतिक स्वभाव, प्रभावशाली व्यक्तित्व
घ. **मालव्य योग** – उच्च का स्वराशि का शुक्र केन्द्र में स्थित हो किन्तु वक्री, अस्तंगत, 6, 8, 12 के प्रभाव में न हो	– जातक स्त्री समान शर्मीला, स्वभाव, सुन्दर, स्वस्थ, परिवार सहित सुखी
च. **शशक योग** – उच्च का स्वराशि का शनि केन्द्र में स्थित हो किन्तु वक्री अस्तंगत 6, 8, 12 के प्रभाव में न हो	– जातक चतुर, मन्त्रज्ञ, सुन्दर नेत्र, गुणी, तेजस्वी, पुत्रवान, पत्नी सुखी, अच्छी सम्पत्ति, अच्छा स्वास्थ्य

बुधादित्य योग

केन्द्र 1, 4, 7, 10 या त्रिकोण 5, 9 में सूर्य बुध युति करें किन्तु वक्री अस्तंगत 6, 8, 12 के प्रभाव में न हों	- जातक कला ज्ञाता, शास्त्र चतुर, स्वार्थी, प्रिय वाणी

गजकेसरी योग

चन्द्रमा से केन्द्र 1, 4, 7, 10 में बृहस्पति शुभयुत दृष्ट हो, वक्री, अस्तंगत, नीच का शत्रुराशि में नहीं	- जातक बल सम्पदा सम्पन्न

राशि परिवर्तन योग

दो ग्रह परस्पर राशि या स्थान बदल लें तो ग्रह बलवान होते हैं। केन्द्रेश त्रिकोणेश शुभ भावेशों के बीच परिवर्तन योग	- जातक के लिए शुभफलदायक
त्रिक भावेशों पाप अशुभ ग्रहों बीच राशि परिवर्तन योग	- जातक के लिए अशुभफलदायक

चन्द्रमा मंगल युतियोग

चन्द्रमा मंगल की युति या एक दूसरे पर दृष्टि	- जातक समृद्ध कामुक

सुनफा योग

चन्द्रमा से द्वितीय स्थान में सूर्य छोड़कर	- शुभफलदायक
कोई भी शुभ ग्रह स्थित हो किन्तु नीच का या अस्तंगत	
किन्तु पापग्रह न हो स्थित हो	- अशुभफलदायक

अनफा योग

चन्द्रमा से 12वें (सूर्य छोड़कर) स्थान में शुभ ग्रह स्थित हो किन्तु नीच का या अस्त न हो	- शुभफलदायक
गठीले अंग, आकर्षक मुखाकृति, प्रसिद्ध विनम्र, त्यागी, उदार, जीवन के अन्त में यह संन्यसी	
अशुभग्रह स्थित हो	- अशुभफलदायक

राजयोग उच्चपद योग

लग्न में चन्द्रमा, बृहस्पति, शुक्र	- उच्चपद, आत्मनिर्भर धनी
3 या 4 उच्च के ग्रह केन्द्र में	- राजयोग

10 में शुभग्रह	- प्रसिद्ध, कलंक रहित चरित्रवान
केन्द्रेश त्रिकोणेश केन्द्र त्रिकोण में युति करे दृष्टि, राशि परिवर्तन सम्बन्ध बनाएं	- उच्चपद
कर्क जन्म लग्न में शनि	- उच्चपद
सिंह का मंगल दशमेश हो तथा भाग्यभाव पर उसकी दृष्टि हो	- राजयोग
मकर का मंगल 10 में हो	- राजयोग
5, 6 ग्रह उच्च के मूल त्रिकोण राशि के हो	- शासन में उच्चपद मन्त्री, राजमान्य, कमिश्नर जिलाधिकारी

वेशी योग

सूर्य से 2 में (चन्द्रमा छोड़कर) शुभ ग्रह हो किन्तु नीच का या अस्तंगत न हो	- शुभफलदायक, प्रसन्न भाग्यवान, धार्मिक, प्रसिद्ध
किन्तु अशुभ ग्रह हो	अशुभ फलदायक

वोशी योग

सूर्य से 12वें में (चन्द्र छोड़कर) शुभ ग्रह हो किन्तु नीच का या अस्तंगत न हो	- शुभफलदायक
किन्तु अशुभग्रह हो	- अशुभफलदायक

चांडाल योग

क. शुक्र बुध केन्द्र में युति करें तथा राहु केतु केन्द्र में हो	- जातक पूर्वजों का पेशा नहीं करता
ख. बृहस्पति की राहु केतु से युति हो या बृहस्पति वक्री हो	- जातक पूर्वजों का पेशा नहीं करता

हंस योग

1, 5, 7, 9 भावो में सभी ग्रह स्थित हों	- जातक अपने वंश का पालक

राजहंस योग

1, 3, 5, 7, 9, 11 राशियों में सब ग्रह स्थित हो	- शासन में उच्चपद सुखी

शकट योग

7 ग्रह लग्न अथवा 7 भाव में स्थित हों	- गाड़ी खींचकर आजीविका रोगी, मूर्ख, स्वार्थी, अपना काम निकालने में कुशल

शिक्षा मन्त्री योग

मेष लग्न में उच्च के ग्रहों द्वारा दृष्ट बृहस्पति हो	- शिक्षामन्त्री

मन्त्री योग - मेष लग्न में उच्च का सूर्य दशम्

भाव में, मंगल नवम् में बृहस्पति से दृष्ट	
गृहमन्त्री योग - कर्क में बृहस्पति मेष में में मंगल परस्पर दृष्ट हो	- गृह या विदेश मन्त्री
रक्षामन्त्री योग - पापग्रह शनि, सूर्य मंगल उच्च के मूल त्रिकोण राशि में हो, बृहस्पति 9 में हो तथा मेष लग्न हो	- रक्षामन्त्री
शासनाधिकारी योग - मेष या कन्या जन्म लग्न हो 11 में चन्द्रमा बृहस्पति शुक्र हो तथा मेष में मंगल मकर में शनि तथा कन्या में बुध हो	- शासनाधिकारी
मंडलाधिकारी योग - कर्क लग्न में पूर्ण चन्द्रमा हो, 7 में बुध हो 6 में राहु 4 में शुक्र 10 में बृहस्पति तथा 3 में शनि मंगल हो	-मंडलाधिकारी या जिलाधिकारी
सभी ग्रह उच्च के होकर बलवान हो, शुभग्रहों मित्र ग्रहों से युत दृष्ट हो तथा पापग्रह शत्रुग्रह की युति दृष्टि न हो	- प्रभावशाली, मन्त्री
उच्च का चन्द्रमा, उस पर शुभग्रहों की दृष्टि हो तथा पापग्रह आपो क्लिम 3, 6, 9, 12 में हो	- चुनाव में सर्वदा विजयी
जन्म लग्नेश और चन्द्रराशीश दोनों केन्द्र में हों तथा शुभयुत दृष्ट हो शत्रु, पाप ग्रह से युत दृष्ट न हो तथा चन्द्रराशीश से 9वें स्थान में चन्द्रमा स्थित हो	सांसद, विधायक
कन्या जन्म लग्न में बुध मीन में बृहस्पति व चन्द्रमा मकर में मंगल व शनि हो तथा मिथुन में शुक्र हो	- 50 वर्ष की आयु में चुनाव में सफल

मकर के 15 अंश से अधिक में बलवान शनि, सिंह में सूर्य, तुला में शुक्र, मेष में मंगल, कर्क में चन्द्रमा, कन्या में बुध हो	- शासक, राजनीति में सफलता चुनाव में सर्वदा विजयी
लग्नेश केन्द्र में अपने मित्र से दृष्ट हो और शुभ ग्रह लग्न में हो	- राजयोग न्यायाधीश
वृषभ लग्न में बृहस्पति तथा चन्द्रमा स्थित हो, बली लग्नेश शुक्र त्रिकोण में हो तथा उस पर बलवान सूर्य शनि मंगल की दृष्टि हो	- सर्वदा चुनाव में विजय
जन्म लग्नेश और चन्द्रराशि बली होकर केन्द्र में स्थित हो और जलराशि कर्क वृश्चिक मीन में त्रिकोण में चन्द्रमा हो	- राज्यपाल चुनाव में विजय
पूर्ण चन्द्रमा पर सब ग्रहों की दृष्टि हो	- दीर्घायु शासनाधिकारी
पूर्ण चन्द्रमा उच्च का स्वराशि के नवांश में हो, बृहस्पति केन्द्र में होकर शुक्र से दृष्ट हो	- राष्ट्रपति पद
सब ग्रह उच्चराशि में हो बुध अपने उच्च के नवांश में हो	- चुनाव में विजय राष्ट्रपति पद
सूर्य चन्द्रमा शुक्र युति करे तथा बृहस्पति से दृष्ट हो	- ग्राम पंचायत प्रधान
बृहस्पति शुक्र अपने उच्च के होकर 1, 2, 4, 7, 9, 10, 11 में हो	- राज्यपाल या मुख्यमंत्री
शुभग्रह दिग्बली, स्थान बली होकर केन्द्र में स्थित हो और उन पर पापग्रहों की दृष्टि न हो	- मुख्यमंत्री
कन्या लग्न में बुध, मीन में बृहस्पति तृतीय भाव में बली मंगल, 6 में शनि 4 में शुक्र हो	- चुनाव में निश्चित सफलता
यूप योग - लग्न से लगातार 4 स्थानों 1, 2, 3, 4 में सब ग्रह हों	- आत्मज्ञानी, यज्ञकर्ता स्त्री से सुखी, बलवान, व्रत नियम का पालन करने वाला, विशिष्ट व्यक्तित्व

कमल योग - समस्त ग्रह 1, 4, 7, 10 राशियों में हो - धनी, गुणी, दीर्घायु यशस्वी, सुकर्मी, शासनाधिकारी उच्च का व्यक्ति का सलाहकार

वापी योग - कोई केन्द्र में न हो वरन् समस्त ग्रह पणफर 2, 5, 8, 11 में हों अथवा आपोक्लिम 3, 6, 9, 12 में हों - धनसंग्रही, पुत्रपौत्रादि से सुखी, कलहप्रिय, मंडलाधिकारी

नन्दा योग - दो दो ग्रह 3 स्थानों में, एक एक ग्रह 3 स्थानों में हों - दीर्घायु, सुखी

शर योग - सप्तम् भाव से आगे 4 स्थानों 7, 8, 9, 10 में समस्त ग्रह स्थित हों - शिकारी, नीच कर्मी, दुराचारी, सैनिक, पुलिस अधिकारी

शक्ति योग - सप्तम् भाव से आगे के 4 स्थानों 7, 8, 9, 10 में समस्त ग्रह स्थित हो - धनहीन, निष्फल, आलसी, दीर्घायु, निर्दयी, छोटे स्तर की नौकरी

दण्ड योग - दशम् भाव से आगे के 4 10, 11, 12, 1 भावों में समस्त ग्रह हो - निर्धन, दु:खी, नीचकर्मी जीवन में सदैव निष्फल

नौका योग - लग्न से लगातार 7 स्थानों में सातों ग्रह स्थित हों - नौ सैनिक, मोती निकालने की कला में प्रवीण, धनी, कंजूस

छत्र योग - 1, 2, 7, 12 भावों में सभी ग्रह स्थित हों अथवा 7 से 1 भाव तक के बीच में सप्तम् से आगे के 7 स्थानों में समस्त ग्रह स्थित हो - अपने वंश का नायक परिवार पोषक, धनी. लोकप्रिय, राज्यकर्मचारी उच्चपदाधिकारी, ईमानदार

चाप योग - दशमभाव से आगे के 7 भावों 10, 11, 12, 1, 2, 3, 4 में सभी ग्रह स्थित हो - जेल, गुप्तचर, राजदूत, चोर, वनाधिकारी, भाग्यहीन झूठ बोलनेवाला, पुलिस कर्मी तन्त्र मन्त्र सिद्धि

चक्र योग - एक राशि के अन्तर से 6 राशियों में सभी ग्रह स्थित हों अर्थात् 1, 3, 5, 7 - राजनीति में कुशल 20 वर्ष की अवस्था

9, 11 राशियों में एकान्तर से सभी ग्रह स्थित हों	में भाग्योदय
समुद्रयोग - 2, 4, 6, 10, 12 भावों में समस्त ग्रह हों	- धनी, राजमान्य, भोगी लोकप्रिय वैभवशाली, पुत्रवान
गोल योग - समस्त ग्रह एकराशि में स्थित हों	- पुलिस सेना में नौकरी, दीन, मलीन, विद्याहीन, ज्ञानहीन
युग योग - समस्त ग्रह दो राशियों में स्थित हों	- पाखंडी, निर्धन, समाज से बाहर, पिता के सुख से वंचित, धर्महीन
शूल योग - समस्तग्रह 3 राशियों में स्थित हो	- तीक्ष्ण स्वभाव, आलसी निर्धन, हिंसक, शूर, युद्ध में विजयी राजकर्मचारी
केदार योग - 4 राशियों में समस्त ग्रहस्थित हो	- उपकारी, सुखी, धनी, सत्यवक्ता, कृषक
पाश योग - 5 राशियों में सब ग्रह हों	- बड़ा परिवार, प्रपंची, बन्धन से दुःखी, कारागार निरीक्षक गुप्तचर, पुलिस या सेना में नौकरी
दाम योग - 6 राशियों में सब कुछ हो	- परोपकारी, परम ऐश्वर्यवान, प्रसिद्ध पुत्ररत्नादि से पूर्ण, राजनीति में पूर्ण सफल
वीणा योग - 7 राशियों में सब ग्रह हों	- गीत नृत्य, वाद्य प्रेमी, धनी, नेता, राजनीति में सफल संचालक
अमल कीर्ति योग - लग्न चन्द्रमा से दशम् भाव में केवल शुभग्रह स्थित हो	- राजमान्य, भोगी, दानी बन्धुओं का प्रिय, गुणी, धर्मात्मा, परोपकारी
पर्वतयोग - यदि सप्तम् और अष्टम भाव में कोई ग्रह न हो अथवा केवल शुभ ग्रह हों या केन्द्र में सब शुभ ग्रह हों	- भाग्यवान, शास्त्रज्ञ वक्ता, प्राध्यापक, हास्य व्यंग्य लेखक,

काहल योग - लग्नेश जिस राशि में स्थित हो उसका राशीश उच्च या स्वराशि का होकर केन्द्र त्रिकोण में स्थित हो	-	यशस्वी, तेजस्वी, मुखिया, मुख्यमंत्री सदाचारी, धनलाभ, धनी, अच्छे विचार, उच्चाधिकारी

कुण्डली का भविष्यफल जानने के सामान्य नियम

कुण्डली के 1, 5, 9 भाव सर्वाधिक महत्त्वपूर्ण होते हैं। किसी भाव का भविष्यफल कथन करते समय निम्नलिखित तीन बातों पर विचार कर लिया जाता है-

(क) भाव में जो राशि हो, उसका राशीश ही उस भाव का भावेश होकर शुभ अशुभ कैसी स्थिति में है, शुभ अशुभ ग्रहों (स्वाभाविक तथा कुण्डली के भावेशों) से युत दृष्ट है, भावेश का अन्य ग्रहों से शुभ अशुभ योग सम्बन्ध कैसा है तथा भावेश किस भाव में बैठा है।

(ख) भावेश जिस भाव का स्वामी है, उस भाव में कौन से ग्रह किस स्थिति में बैठे हैं, उनकी भावेश से मित्रता शत्रुता का भी विचार किया जाता है, उनकी शुभ अशुभ स्थिति क्या है। किसी भाव में बलवान ग्रह बैठा हो तो वह राशि, भाव तथा भावेश सभी बलवान होता है।

(ग) भाव तथा भावेश पर शुभ अशुभ ग्रहों की दृष्टि, भाव तथा भावेश के दोनों ओर आगे पीछे शुभ अशुभ कैसे ग्रह बैठे हैं।

बलवान ग्रह के लक्षण - ग्रह उच्च का (उच्च राशि या उच्च भाव का) स्वराशि का, मित्र राशि का केन्द्र त्रिकोण में हो। शुभ ग्रह केन्द्र त्रिकोण तथा पापग्रह 3, 6, 11 भावों में बलवान माने जाते हैं।

निर्बल ग्रह के लक्षण - ग्रह नीच का (नीचराशि या नीच भाव का) शत्रुराशि का है। शुभग्रह 6, 8, 12 भावों में पापग्रहों की राशि में निर्बल होता है। सूर्य से युत अथवा सिंह राशि में स्थित ग्रह अस्तंगत होकर निर्बल होता है।

ग्रह की शुभ स्थिति - ग्रह शुभ भाव में (शुभ ग्रह केन्द्र त्रिकोण तथा पापग्रह 3, 6, 11 में स्थित होकर शुभ होता हैं) शुभ ग्रह से युत दृष्ट, शुभ ग्रहों के मध्य होने पर ग्रह शुभ स्थिति में माना जाता है। ग्रह अपनी राशि तथा अपने भाव में स्थित होकर शुभ होता है। पूर्ण चन्द्रमा शुभ होता है।

ग्रह की अशुभ स्थिति- ग्रह स्वाभाविक पापग्रह या अशुभ भावेश से युति, दृष्टि, राशि परिवर्तन योग बनाने तथा इनके मध्य स्थित होने पर अशुभ स्थिति में होता है। वक्री, स्तम्भित, अस्तंगत ग्रह अशुभ होता है। क्षीण चन्द्रमा अशुभ होता है।

ग्रहों की शुभ अशुभ स्थिति पर ही किसी भाव का शुभ अशुभ भविष्य फल निर्भर करता है।

विचारणीय प्रमुख बिन्दु

1. जन्म, चन्द्र लग्न, सूर्य लग्न इन तीनों में से जो सबसे अधिक बलवान हो उसी को भविष्यफल कथन का आधार मानते हैं।
   बलवान लग्न की पहचान - लग्न का स्वामी अर्थात् लग्नेश उच्च का स्वराशि का होकर केन्द्र त्रिकोण (शुभ ग्रह के मामले में) या 3, 6, 11 में (पापग्रह के मामले में) में बैठा हो, उच्च के स्वराशि के ग्रह शुभग्रह शुभ भावेश से युत दृष्ट हो, 6, 8, 12 पापग्रह, वक्री ग्रह के प्रभाव में न हो तथा अस्तंगत न हो। चन्द्र लग्न तभी बलवान मानी जाती है जब शुक्ल पक्ष पूर्ण चन्द्रमा हो तथा शुभ भाव में शुभ ग्रह युत दृष्ट हो तथा क्षीण अस्तंगत 6, 8, 12 और पापग्रह के प्रभाव में न हो।
2. जिस भाव में भावेश स्वयं बैठा हो या उस पर उसकी दृष्टि हो उसका फल शुभ मिलता है।
3. जिस भाव या भावेश के साथ 6, 8, 12 के स्वामी, पापग्रह अशुभ भावेश, मारकेश ग्रह बैठा हो, उसका फल अशुभ होता है।
4. भावेश 6, 8, 12 भावों में या पापग्रह की राशि में पापयुत दृष्ट होकर बैठे तो उसके शुभफल में कमी हो जाती है।
5. भाव अथवा भावेश पापग्रह, शत्रुग्रह, वक्री ग्रह, नीच ग्रह, मारकेश शत्रुग्रह के प्रभाव में हो तो शुभफल में कमी होती है।
6. कोई ग्रह 5 अंश से कम हो अथवा 25 अंश से अधिक हो तो वह अस्तंगत होकर निर्बल तथा निष्फल होता है।
7. 8, 12 भावों में स्थित होकर सभी ग्रह अशुभफलदायक होते हैं अतः ये घर खाली रहें तो शुभफल मिलता है। 3, 6 में भी कोई ग्रह न हो तो शुभ ही होता है। 3 में शुभग्रह भाग्य के लिए शुभ होता है तथा 3 में अशुभ ग्रह भाग्य के लिए अशुभ होता है क्योंकि भाग्य भाव पर 7वीं दृष्टि डालता है। 7 में शुभ ग्रह शुभ तथा अशुभग्रह अशुभ होता है क्योंकि लग्न पर 7वीं दृष्टि डालता है। 11 में सभी ग्रह शुभफलदायक होते हैं किन्तु शनि पाप का पैसा सम्पत्ति नहीं फलने देता। चर लग्न में 11वाँ स्थान अशुभ व मारक होता है।
8. केन्द्रेश 1, 4, 7, 10 भावों के स्वामी तथा त्रिकोणेश (5, 9 भावों के स्वामी) परस्पर राशि या स्थान परिवर्तन कर लें, केन्द्र त्रिकोण में युति करें अथवा परस्पर दृष्टि सम्बन्ध बनाएं अथवा शुभ योग संबंध (तिर्-एकादश, नव पंचक) बनाते हों तो जातक को शुभ फल मिलने का सूचक है।
9. द्वितीयेश, तृतीयेश, षष्ठेश, सप्तमेश, अष्टमेश, द्वादशेश, मारकेश होते हैं। चर लग्न में एकादशेश तथा स्थिर लग्न में नवमेश मारकेश होता है। द्विस्वभाव लग्न में सप्तमेश विशेष रूप से मारकेश होता है।

10. कुण्डली में एक से अधिक उच्च के ग्रह राजयोग उच्च पदयोग तो बनाते हैं किन्तु वे आपस में संघर्ष करते रहते हैं अतः जातक से भी जीवन भर संघर्ष कराते हैं, सुख चैन से नहीं रहने देते। ऐसे जातक की महत्त्वाकांक्षा तथा उच्च पद की जिम्मेदारी इतनी अधिक बढ़ जाती है कि उसका जीना हराम हो जाता है। अतः उच्च के कई ग्रह होने पर सामान्य धारणा के विपरीत उच्चपद को छोड़कर अन्य फल अशुभ ही मिलता है।
11. किसी भाव का कारक अकेला उस भाव में होने पर अशुभफल देता है।
12. नैसर्गिक शुभग्रह जिस स्थान पर बैठते हैं उसे बिगाड़कर अशुभफल देते हैं किन्तु जिस स्थान पर दृष्टि डालते हैं उस भाव का शुभ फल मिलता है।
13. नैसर्गिक पापग्रह जिस स्थान पर बैठते हैं उस स्थान की रक्षा कर शुभफल देते हैं किन्तु जिस स्थान पर अपनी विषमयी दृष्टि डालते हैं उस भाव का अशुभफल देते हैं।
14. वक्री ग्रह शुभग्रह हो तो पापग्रह बन जाता है और पापग्रह हो तो शुभ ग्रह बन जाता है और उसी अनुसार किसी भाव में स्थिति या दृष्टि का फल देता है।
15. बृहस्पति अकेला 2, 5, 7 भावों में बैठे तो क्रमशः विद्या अचल सम्पत्ति, पुत्र बुद्धि तथा जीवनसाथी पति पत्नी के लिए अशुभफलदायक होता है।
16. द्वितीय धन भाव में शुक्र बैठे तो नकद धन मिलता है, शनि बैठे तो अचल सम्पत्ति मिलती है।
17. अष्टम् भाव में राहु बैठे तो गुप्त गड़ा पड़ा धन मिलता है तथा जातक नई खोज करता है।
18. अष्टम् भाव में राहु बैठे या अन्य पाप ग्रह बैठें तो भाग्य के मामले में अशुभ होता है। शनि 8 में बैठे तो जातक दीर्घायु अवश्य होता है किन्तु भाग्य के मामले में अशुभ होता है।
19. सूर्य चन्द्रमा शुभयोग 3-11, 5-9 योग में हों तो मानसिक शान्ति, सन्तुलन, धैर्य, नियमित जीवन दिनचर्या तथा सन्तोष का सुख मिलता है तथा विपत्ति से रक्षा होती है। इसके विपरीत अशुभ योग प्रतियोग, द्विद्वादश योग, केन्द्रयोग, षडाष्टक योग बनाने पर विपत्ति तथा अशुभफल मिलता है।
20. चन्द्रमा नीच का वृश्चिक राशि में, 8वें भाव में हो, 6, 12 में हो, राहु, केतु, शनि, सूर्य युत हो तो मन मस्तिष्क अशान्त रहता है, असुरक्षा की भावना के कारण उसे व्यर्थ की चिन्ता सताती रहती है तथा चेहरा मुरझाया हुआ उदास रहता है।
21. बृहस्पति 6 में शत्रुनाशक, मंगल 10 में भाग्य विधायक, मंगलकारी, अमंगलकारी, शनि 8 में दीर्घायुकारक होता है।

22. पापग्रह, अशुभ भावेश जिस भाव में बैठते हैं या जिस भावेश से युति दृष्टि सम्बन्ध बनाते है। उसे बिगाड़कर अशुभ फल देते हैं।
23. चन्द्रमा केतु बुध, शुक्र, बृहस्पति क्रम से अधिकाधिक शुभग्रह होते हैं। ये शुभ ग्रहों से सम्बन्ध रखने, उनके प्रभाव में होने पर अधिक शुभ होते हैं तथा पापग्रह से सम्बन्ध रखने पर उनके प्रभाव में होने पर (जैसे पापरशि, पापयुत, दृष्ट, 6, 8, 12 में स्थिति या इनके स्वामियों से सम्बन्ध, राशि स्थान परिवर्तन आदि) कम शुभ होते हैं।
24. पापग्रह सूर्य, मंगल, शनि, राहु क्रम से अधिकाधिक पापग्रह होते हैं। शुभग्रह से सम्बन्ध रखने पर ये कम अशुभ तथा पापग्रह से सम्बन्ध रखने पर अधिक अशुभ होते हैं।
25. कुण्डली के शुभ भावेश (त्रिकोणेश केन्द्रेश) शुभग्रह तथा अशुभ भावेश (2, 3, 6, 7, 8, 12 आदि के स्वामी) पापग्रह माने जाते हैं।
26. जन्म लग्नेश शरीर का प्रतिनिधि, सूर्य व सूर्य लग्नेश आत्मा का प्रतिनिधि तथा चन्द्रमा एवं चन्द्र लग्नेश मन का प्रतिनिधि, विचार का प्रतिनिधि होता है। पंचमेश और बुध बुद्धि का प्रतिनिधि होता है।
27. शनि का 11 से सम्बन्ध होने जैसे भावेश हो, स्थिति या दृष्टि हो तो पाप मार्ग का धन कदापि नहीं फलने देता है। शनि की लग्न पर दृष्टि हो तो संन्यास की ओर ले जाता है। शनि 8 में हो तो दीर्घायु बनाता है तथा 3, 10 में होने पर कठोर परिश्रमी बनाता है। किन्तु शनि पापी, दुराचारी, हत्यारे, अपराधी, अत्याचारी, नास्तिक, ठग, स्त्री, बच्चों, जीवों, निर्बलों के सताने वालों को शुभफल कदापि नहीं देता भले ही कुण्डली में शुभफलदायक स्थिति में हो वरन् भयंकर अशुभ फल ही देता है। शनि बड़े भाई का अपमान करने वाले को भी शुभफल नहीं देता। वह भिक्षा माँगने वाले, किसी से कुछ भी माँगने वाले को कंगाल बना देता है तथा दाने दाने को मोहताज कर देता है क्योंकि शनि मुनष्य को दाता बनाता है किन्तु धन का अपव्यय तथा कुपात्र ढोंगी को दान देने वाले को कठोर दण्ड देकर भिखारी बना देता है।

28. 9, 10, 1 में सूर्य मंगल युति	- जातक के प्रशासनिक सेवा में जाने का योग
29. नवमेश 10 में, दशमेश 11 में तथा एकादशेश लग्न में स्थित हो	- उन्नतिशील, उत्तम कार्यक्षेत्र
30. बलवान शनि 3, 6, 8 में ही	- पराक्रम, उत्तम आयु, शत्रु विजयी

31. राहु 1, 10 में	– परिवर्तन, स्थानान्तरण का योग
32. 1, 2, 4, 5, 6 में पापग्रह अथवा सूर्य से 5, 10 में पापग्रह	– पिता की मृत्यु
33. चन्द्रमा से 5वें अथवा 3, 7, 8, 9, 10, 12 भावों में पापग्रह हो अथवा 5, 10 में चन्द्रमाही या रराहु से 5, 10 में पापग्रह हो	– माता की मृत्यु
34. सूर्य से 4 में तथा 11 में पापग्रह मंगल से 3 में पापग्रह	– भाई की मृत्यु
35. 5, 6, 10 में मंगल	– मामा की मृत्यु
36. 5, 10 में सूर्य या पापग्रह 11 में पापग्रह बृहस्पति अकेला 5 में	– पुत्र की मृत्यु
37. 5, 10 में जो ग्रह बैठा हो वह जिस सम्बन्धी का कारक हो	– उस सम्बन्धी की मृत्यु
38. केन्द्रगत पापग्रह, नीचग्रह बक्र की ग्रह	– अशुभफलदायक
39. राहु जिस राशि में बैठता है उसके अनुसार	– फलदायक
अथवा जिस ग्रह से युति करता है उसी के अनुसार	– फलदायक

40. जातक का सिंह लग्न में जन्म हो, कर्क में राहु, चन्द्रमा 2 में या 12 में हो, अथवा बुध की राशि मिथुन कन्या में बैठे या बुध से युति करे तो राहु चन्द्रमा बुध का संयुक्त मिलता है। चन्द्रमा स्त्री भोग, अहंकार पत्नी, बहिन, पुत्र, माता का कारक है। अत: जातक को किसी स्त्री के कारण अपमान, अपयश, धननाश का फल मिल सकता है। बुध नपुंसक विकलांग ग्रह है अत: किसी विकलांग के कारण अपमान, अपयश, धननाश का फल मिल सकता है।

41. लग्न के 2, 12 भावों के स्वामी से सम्बन्ध होने पर जीवन के सभी संकटों का उदय होता है। ऊपर के उदाहरण में बुध लावारिस का प्रतीक है तथा चन्द्रमा स्त्री जाति का प्रतीक है इन दोनों की धन सम्पत्ति ग्रहण करने से अपमान, धनहानि, राजदण्ड, अकाल मृत्यु, कारावास, बन्धन का योग बनता है।

42. सूर्य चाहे नीच का हो या उच्च का हो, अपने से अधिक उच्चता श्रेष्ठता की सूचना समाचार मिलने पर मन में क्षोभ, ईर्ष्या, द्वेष पैदा करता है क्योंकि सिंह लग्न या राशि का जातक स्वयंभू होता है अर्थात् अपने समान किसी अन्य को सहन नहीं करता। वन में एक शेर ही रहता है दूसरा नहीं।

वह अपने समान किसी को नहीं समझता। राजनीति प्रशासन में होने पर ऐसे जातक के अनेक जानी दुश्मन होते हैं।

43. लग्न में यदि शुक्र गुरु (भिखारी) से युति करता हो तो सुख के सभी साधन बनते हैं किन्तु लग्न पर शनि की दृष्टि होने पर वाणी, बुद्धि चातुर्य से बनाई गई प्रतिष्ठा तथा समृद्धि खो जाती है। शनि जातक को दानी तथा उदार देखना चाहता है न कि भिखारी। यदि समृद्धि होने पर भी जातक कृपण हो, ठग हो तो पलक झपकते ही शनि के प्रभाव से वह अति निर्धन भिखारी कंगाल बन जाता है।
44. कुण्डली में मंगल बृहस्पति केन्द्रयोग (4, 10) या षडाष्टक (6, 8) का अशुभ योग सम्बन्ध बनाते हों तो जातक को रक्तचाप, लीवर रोग अवश्य होते हैं।
45. मंगल शुक्र यदि अशुभ योग केन्द्र षडाष्टक में हो तो जातक को मधुमेह रोग होता है।
46. बृहस्पति शुक्र यदि लग्न में स्थित हो और शनि की उन पर दृष्टि हो तो जीवन पालन पोषण चलने लायक ही धन मिलता है आर्थिक समृद्धि नहीं आ पाती। शनि धन खर्च भर को ही देता है। शनि पाप का पैसा फलने नहीं देता।
47. यदि शनि के दोनों ओर पापग्रह मंगल राहु स्थित हो तो जरूरत से अधिक धन टिकने नहीं पाता है।
48. शनि शत्रुओं को नष्ट कर शत्रु विजयी बनाता है किन्तु यदि कोई जातक स्वयं अपना ही शत्रु बनकर आत्महत्या करे तो शनि उसकी रक्षा नहीं करता है। पाप कर्म करने वाला व्यक्ति स्वयं अपना शत्रु बन जाता है क्योंकि पाप का अशुभ फल देर सवेर मिलता अवश्य है चाहे इसी जन्म में मिले या अगले जन्मों में मिले। शनि की साढ़ेसाती अढ़ैया इसी उद्देश्य से आती है।
49. कुण्डली में अशुभ ग्रहों से मिलने वाले अशुभ फल से बचाव के लिए पूजा पाठ के अनुष्ठान, जड़ी धारण निम्नलिखित जातकों को कोई शुभ फल नहीं देते।

क. नशा करने वाला, शराब पीने वाला, अपराधी, ठग, हत्यारा, पाप का धन कमाने वाला, डाकू, दुराचारी, अत्याचारी, धोखेबाज।

ख. आलसी, लापरवाह, कुपात्र, ढोंगी, ठग को दान देने वाला।

ग. स्त्री, बच्चों, वृद्धों, असमर्थ लोगों, सदाचारी, धार्मिक, ईश्वर भक्तों को सताने वाला, उनके प्राण, धन-सम्पत्ति, स्वाभिमान, सम्मान को हानि पहुँचाने वाले।

घ. नास्तिक, वेश्यावृत्ति करने वाला जुआ खेलने वाला।

50. सूर्य के साथ अथवा सिंह राशि में कोई ग्रह बैठे तो वह अस्तंगत होकर कमजोर होकर शुभ फल नहीं देता है अर्थात् संकट के समय रक्षा नहीं करता है।
51. लग्न में स्थित बुध, बृहस्पति, शुक्र जातक की क्लेशों संकटों से रक्षा करते हैं बशर्ते वे नीचराशि, वक्रीग्रह, पापग्रह, शत्रुग्रह, 6, 8, 12 के स्वामियों के प्रभाव में नहीं।
52. शनि 11 भाव में स्थित हो तो जातक तेजस्वी, प्रभावशाली, व्यक्तित्व का स्वामी, उच्च ज्ञानी, विद्वान, उच्च लोगों से मैत्री रखनेवाला, निम्न से निम्न कोटि (यहाँ तक कि अपराधी से भी) सम्पर्क रखने वाला होता है। शनि ऐसे जातक को अपने आप में निर्वस्त्र कर, नंगा कर देता है तथा संकटों की मार से शक्तिहीन, धनहीन कर देता है।
53. शनि धन सुख दाता होता है किन्तु यदि शनि वक्री हो, नीचराशि, मेष नीच भाव 1 में हो, दो पापग्रहों से शत्रुग्रहों से घिरा हो तो एक क्षण में जातक का सम्पूर्ण अस्तित्व हिलाकर रख देता है और समाप्त कर देता है। सदाचारी, धार्मिक जीवन व्यतीत करते हुए, रात दिन पूजा पाठ में लगने पर जीवन रक्षा हो जाती है।

शनि सूर्य पुत्र होकर छाया पुत्र होता है अत: एक दिन जातक को केवल छाया बना देता है कभी लम्बी छाया कभी छोटी छाया। शनि दाता बनाता है। यदि ऐसा जातक भिखारी का आचरण करे, लोभ कृपणता करे तो भिखारी से भी नीचे गिराकर कंगाल बना देता है। शनि के दो रूप हैं-

क. धार्मिक, परोपकारी, उदार, सहयोगी, सम्मानित

ख. दुष्ट, क्रोधी, कुटिल, हिंसक, भयभीत करने वाला

जो जातक कष्टों, दु:खों से सबक नहीं लेते, अपने में सुधार नहीं लाते, उन्हें शनि न्यायाधीश की तरह दण्ड देता है। शनि अपराधी को दो प्रकार से दण्ड देता है:-

1. अपराध की तात्कालिक घटना का दण्ड - तात्कालिक दण्ड
2. आपराधिक मनोवृत्ति का दण्ड, भयानक, स्थायी दण्ड

ऐसा व्यक्ति बाहरी लोगों से प्रेम (अवैध सम्बन्ध भी) करता है किन्तु अपने सगे सम्बन्धियों तथा स्वयं से शत्रुता करता है। शुभ शनि हो तो छाया भी सत्य लगती है। अशुभ शनि हो तो सत्य भी छाया लगता है।

54. शनि का फल इतनी जल्दी बदलता है कि ज्योतिषी भी सही भविष्यवाणी नहीं कर पाता। शनि को आलस्य, लापरवाही, मित्रता, शत्रुता पसन्द नहीं है। ऐसे जातकों को दुर्घटना, चोट, हानि, विपत्ति का सामना करना पड़ता है। परिश्रमी, ईमानदारी, सदाचारी जातक के लिए शनि सदैव शुभफलदायक होता है। ऐसे जातक की कुण्डली में शनि उच्च का, स्वराशि का होकर 3,

6, 11 भावों में बैठता है। शनि सुख-दुःख, मित्र-शत्रु, हानि-लाभ, जीवन-मरण, जय-पराजय के प्रति सम या तटस्थ भाव रखने की प्रेरणा देता है।

55. शनि कष्ट या अशुभ फल देने से पहले शुभफल देता है किन्तु शुभफल भी कष्ट देने के लिए ही देता है क्योंकि बिना सुख दिए दुःख का अनुभव कैसे हो सकता है। जो जातक शुभफल सुख की इच्छा रखते हैं उन्हें दुःख के रूप में शनि अशुभफल देता है। शनि अशुभफल अन्तर्ज्ञान, सबक लेने के लिए देता है। अतः जातक वर्तमान को ही सत्य माने, भविष्य में सुख की कल्पना न करे। शनि का काम है होनी को अनहोनी करना और अनहोनी को होनी करना अर्थात् सुख को दुःख में बदलना, दुःख को सुख में बदलना।

56. वक्री शनि यदि मित्र शुक्र पर भी दृष्टि डाले तो शुक्र भी मारकेश बन जाता है। शनि का नियम है कि जातक अच्छाई बुराई में लिप्त न हो, फल की इच्छा न कर निष्काम भाव से कार्य करे। जातक अपने को बदलकर काम, क्रोध, लोभ, मोह, मद से अलग कर ले। यदि उसने अपने आपको बदल लिया, सुधार लिया तो शान्ति, धन, वैभव, कीर्ति सब मिलते हैं अन्यथा न बदलने पर दरिद्रता, दुःख, विपत्ति, पीड़ा, रोग, अल्पायु, मृत्यु आदि भोगने पड़ते हैं। राहु केतु शनि की न्याय व्यवस्था में सहायक की भूमिका अदा करते हैं।

57. जातक की कुण्डली देखने से अशुभफल के कारण का पता न चले तो परिवार के मुखिया तथा अन्य सदस्यों की कुण्डली देखकर सही कारण का पता लगाया जा सकता है क्योंकि सभी एक साथ जुड़े होते हैं तथा फल में कम या अधिक समान भागीदार होते हैं।

58. सर्वप्रथम कुण्डली के नवम् भाग्यभाव, अष्टम् आयुभाव तथा प्रथम लग्न भाव को देखना विचार करना चाहिए। लग्न ठीक रहने पर सब ठीक ही रहता है।

59. जिस भाव में कोई ग्रह न होकर खाली हो उसका शुभफल कम तथा अशुभ फल अधिक हो जाता है। ऐसे ग्रह से खाली भाव को सुप्त भाव कहते हैं।

ग्रहों के अशुभ फल से बचाव के उपाय

कुण्डली में शुभफल देने वाले 1, 4, 5, 9, 10, 11 के भावेश यदि निर्बल हों (चर लग्न में 11 तथा स्थिर लग्न में 9 अशुभफलदायक मारकेश होता है अतः उसे छोड़कर विचार करें), पीड़ित हों, पापग्रह के प्रभाव में हो, अस्तंगत हों, 6, 8, 12 भावों के प्रभाव में हों अर्थात् शुभ फल देने में असमर्थ हों तो उपाय करना चाहिए। इसके निम्नलिखित 3 उपाय हैं:-

1. **पूजा पाठ मंत्र जप** - यह उपाय शुभ भावेशों की बल बुद्धि तथा अशुभ भावेशों की शान्ति के लिए प्रभावकारी होता है। जैसे:-
   क. शिव का पार्थिव पूजन, रुद्राभिषेक
   ख. ग्रह शान्ति हेतु रुद्राष्टाध्यायी का पाठ
   ग. शुभफलदायक शुभ भावेश के मन्त्र का जाप
   घ. सुन्दरकाण्ड का पाठ
2. **शुभ भावेश की जड़ी धारण करना** - केवल पूर्ण शुभ भावेश की।

टिप्पणी :-

1. केवल पूर्ण शुभ भावेश की जड़ी धारण की जाती है। आंशिक शुभ भावेश तथा अशुभ भावेश की जड़ी कदापि न धारण करें क्योंकि ऐसा करने पर तीव्र अशुभ फल मिलता है।
2. जन्म लग्न, चन्द्र लग्न, सूर्य लग्न में से जो सबसे अधिक बलवान हो उसी से विचार करें।
3. नित्य पूजा के लिए इष्टदेव उपास्य देवता का निर्धारण कुण्डली के पंचम् भाव को देख कर लेना चाहिए।

उदाहरण - पंचमेश यदि शनि हो या पंचम् भाव में शनि स्थित हो तो ऐसे जातक को मंगल के प्रतीक श्री हनुमान जी को इष्टदेव मानकर पूजा नहीं करनी चाहिए। सभी देवी देवताओं की भाँति सामान्य पूजा की जा सकती है विशेष पूजा नहीं क्योंकि मंगल शनि का शत्रु है और इस पूजा से उसे लाभ नहीं होगा। ऐसे जातक को शनि के प्रतीक शिव की पूजा उपासना इष्टदेव के रूप मे करना लाभदायक रहता है। इसके विपरीत यदि मंगल पंचमेश हो या पंचम् भाव में स्थित हो तो ऐसे जातक को श्री हनुमान जी की पूजा उपासना लाभदायक होती है क्योंकि वही उसके इष्टदेव हैं। उसे शिव जी की विशेष पूजा विशेष प्रयोजन ग्रह शान्ति के लिए करनी है।

कुण्डली का भविष्यफल कथन करने की कला

जन्म कुण्डली के आधार पर जातक का भविष्य कथन करते समय प्रत्येक भाव पर ध्यान देना आवश्यक है। भाग्य, आयु तथा लग्न भावों पर सर्वप्रथम विचार करना महत्त्वपूर्ण है। इसके बाद पंचम् भाव भी विचारणीय हैं। प्रत्येक भाव, भावेश, भाव में स्थित ग्रह तथा भावेश से युति करने वाले ग्रह, भाव तथा भावेश पर दृष्टि डालने वाले ग्रह का विचार आवश्यक है जैसे उसका बल, शुभग्रह पापग्रह का विचार, शुभ भावेश अशुभ भावेश का विचार, उच्च के स्वराशि के ग्रह का विचार, नीच के शत्रुराशि ग्रह का विचार आदि। इन सबके सम्मिलित मिले जुले प्रभाव, ग्रहदशा अन्तर्दशा, गोचर ग्रहों को विचार भविष्य फलकथन की दशा तथा दिशा निर्धारित करता है।

उदाहरणः कुण्डली - जन्म लग्न-सिंह, सिंह स्वभाव से साहसी तथा आत्मविश्वास से भरा होता है। वह आमतौर पर निष्क्रिय रहता है और आवश्यकता पड़ने पर ही सक्रिय होता है। वह कम परिश्रम से तथा कम समय में अपना काम बना लेने की क्षमता रखता है। वह तब तक किसी की हानि नहीं करता जब तक उसे ऐसा करने के लिए छेड़कर विवश न किया जाए। सिंह लग्न जातक का स्वास्थ्य आमतौर पर अच्छा रहता है।

लग्नेश सूर्य चौथे भाव में स्थित होकर दशम् कर्मभाव पर अपनी दृष्टि डालता है अतः जातक परिश्रमी है। सूर्य के साथ राहु शनि युति करके ग्रहण योग बना देते हैं। ये दोनों ग्रह सूर्य के शत्रु हैं। अतः जातक रक्तचाप रोग से पीड़ित है।

धन स्थान में स्थित बृहस्पति धन का कारक होकर अकेला होने के कारण भाव के बिगाड़ता है अतः विद्या वाणी तथा अचल सम्पत्ति के मामले में कमी लाता है। जातक की इस मामले में स्थिति साधारण ही है। मंगल की द्वितीय भाव पर दृष्टि के कारण शब्द स्पष्ट नहीं निकलते हैं। वाणी दोष के कारण शिक्षा भी बाधित हुई।

तृतीय भाव में पराक्रमेश शुक्र की स्थिति भाई बहिन का सुख देती है। मंगल की तृतीय भाव पर दृष्टि लेखन कार्य में बाधा डालती है। चन्द्रमा की दृष्टि मधुर वाणी तथा स्वर देती है।

चतुर्थ सुख भाव में सूर्य शनि राहु तीनों की अशुभ ग्रह स्थिति जातक को घर में रहने से अरुचि पैदा करती है तथा चतुर्थेश मंगल अष्टम् भाव में बैठकर ऐसा ग्रह योग बनाता है कि जातक घर की तरफ ध्यान नहीं देता है। माता की अस्वस्थता के कारण उसे माता का पूर्ण सुख नहीं मिल पाता है।

पंचम् स्थान में स्थित बुध पंचमेश बृहस्पति से राशि स्थान परिवर्तन योग बनाता है। अतः जातक ज्योतिष गणना कार्य में कुशल होकर कम्प्यूटर से कुण्डली बनाने में दक्ष है।

षष्ठेश शनि तथा पंचमेश अष्टमेश बृहस्पति की षष्ठ भाव पर दृष्टि जातक को शत्रु विजयी बनाती है। सप्तमेश शनि सप्तम् भाव से दशम् स्थान अर्थात् चतुर्थ भाव में स्थित है अतः जातक को घर के बाहर काम करने वाली पत्नी मिली है। पत्नी रूढ़िवादी परिवार की तथा गोरे रंग की है। यह योग साझेदारी में विघ्न बाधा का योग बनाते हैं।

अष्टम् आयु स्थान में मंगल स्थित है जिस पर पंचमेश अष्टमेश बृहस्पति की दृष्टि है। मंगल दुर्घटना का योग बनाता है किन्तु बृहस्पति दुर्घटना से रक्षा करता है। यह योग दीर्घायु कारक भी है।

नवम् भाग्य धर्म स्थान में चन्द्रमा स्थित है तथा शुक्र से दृष्ट होकर सौभाग्य का सूचक है। जातक धार्मिक प्रवृत्ति का है। दशम् कर्म स्थान पर स्थित केतु

बृहस्पति सूर्य तथा शनि से दृष्ट है। यह योग कम्प्यूटर में सफलता दिलाता है तथा व्यवसाय में उन्नति का संकेत देता है। दशमेश शुक्र तीसरे साहस के स्थान में स्थित है अतः व्यवसाय में साहसिक कदम उठाने का संकेत देता है।

एकादश भाव पर मंगल बुध की दृष्टि होने के कारण जातक बुद्धि बल से धन कमाता है किन्तु अष्टम् स्थान में स्थित मंगल की दृष्टि हानि करके लाभ में कमी कर देती है। इससे लगातार सफलता मिलने में बाधा आती है तथा रुक रुक कर सफलता मिलती है। व्ययेश चन्द्रमा नवम् भाव में स्थित होकर विदेश यात्रा का योग बनाता है।

जन्मकुण्डली के विश्लेषण की विधि

सर्वप्रथम यह देखना है कि जन्म लग्न, चन्द्र लग्न, सूर्य लग्न में से कौन-सी लग्न बलवान है। एक जैसी स्थिति होने पर जन्म लग्न तथा चन्द्र लग्नों से विचार किया जा सकता है तथा उनके फल का समन्वय करके अंतिम निर्णय किया जा सकता है।

बलवान लग्न की पहचानः-

1. लग्नेश उच्च का, स्वराशि का होकर केन्द्र त्रिकोण में स्थित हो तथा शुभग्रह से युत दृष्ट हो, 6, 8, 12 के प्रभाव, वक्री, नीच ग्रह के प्रभाव में न हो, अस्तंगत न हो, स्वयं वक्री या स्तम्भित न हो। लग्न में स्थित बृहस्पति या उच्च का ग्रह या शुभग्रह लग्न को बलवान बनाता है।
2. चन्द्र लग्न तभी बलवान होती है जब शुक्ल पक्ष में रात्रि में जन्म हो अथवा कृष्ण पक्ष में दिन में जन्म हो अन्यथा नहीं। साथ ही चन्द्रमा उच्च का स्वराशि का होकर केन्द्र त्रिकोण में हो तथा चन्द्रराशि भी ऐसी ही बलवान शुभ स्थिति में हो।
3. उच्च का स्वराशि का बलवान ग्रह लग्न में स्थित हो, लग्नेश से युति करें अथवा लग्न पर दृष्टि डाले या लग्नेश से राशि स्थान परिवर्तन योग केन्द्र त्रिकोण में बनाए।

बलवान लग्न का निर्णय हो जाने के बाद जिस विषय पर विचार करना हो यह देखें कि उस विषय का विचार कुण्डली के किस भाव से होता है। उस भाव का भावेश उस भाव में स्थित ग्रह, उस भावेश से युति दृष्टि आदि सम्बन्ध बनाने वाले ग्रह तथा उस भाव पर दृष्टि डालने वाले ग्रह आदि की स्थिति, बलाबल का विचार कर उसी के अनुसार भविष्य फल का निर्धारण करना चाहिए। मुख्य भाव के अलावा अन्य सहायक भावों से भी विचार कर लेना चाहिए।

सहायक भाव -

1. मुख्य भाव से लग्न की जो संख्या पड़ती है वही संख्या मुख्य भाव से फिर आगे गिनकर उस भाव से भी वही विषय देखा जाता है। इससे सूक्ष्म फल निकलता है। उदाहरण के लिए लग्न से पंचम् भाव से सन्तान सुख का विचार होता है किन्तु सन्तान पति पत्नी या जीवन साथी के संयोग से ही जन्म ले सकती है चूँकि जीवनसाथी का भाव सप्तम् भाव होता है। अतः सप्तम् भाव से पंचम् भाव अर्थात् एकादश भाव से भी सन्तान सुख का विचार किया जाता है। इस प्रकार सन्तान के मामले में मुख्य भाव दो हो जाते हैं अर्थात् पंचम् भाव और एकादश भाव। मुख्य भाव की संख्या से आगे फिर उतनी ही संख्या गिनकर सहायक भाव निकलता है अर्थात् सन्तान के मामले में पंचम् से पंचम् भाव अर्थात् नवम् भाव और एकादश से पंचम् भाव अर्थात् तृतीय भाव।
2. सम्बन्धित भावेश कुण्डली के जिस भाव में स्थित हो उससे आगे भी उतनी ही संख्या गिनने पर भी सहायक भाव बनता है। जैसे पंचमेश यदि दशम् भाव में स्थित हो तो दशम् से पंचम् अर्थात् द्वितीय भाव सहायक भाव होता है।
3. विचारणीय विषय का कारक ग्रह कुण्डली के जिस भाव में स्थित हो, उस भाव से आगे भी उतनी संख्या गिनने पर भी सहायक भाव बनता है जैसे सन्तान सुख का कारक बृहस्पति होता है तो यदि बृहस्पति कुण्डली के द्वितीय भाव में स्थित हो तो द्वितीय से आगे पाँच गिनने पर षष्ठ भाव भी सहायक भाव होगा।

इसी प्रकार अन्य विषयों के मामले में समझना चाहिए। कुण्डली का ठीक से विश्लेषण करना एक जटिल प्रक्रिया है और बिना इसे पूरा किए कोई भी भविष्यफल कथन सही सिद्ध नहीं हो सकता है। इस प्रक्रिया को अपनाकर ही सही तथा सूक्ष्म भविष्यफल ज्ञात किया जा सकता है।

शारीरिक शक्ति, श्रम की क्षमता, कार्य बुद्धि, ज्ञान की शक्ति की जानकारी	- केन्द्र का विश्लेषण
भाग्य वृद्धि, परिश्रम का फल	- त्रिकोण का विश्लेषण
मंगल	- केन्द्र में अधिक बलवान लग्न को अधिक प्रभावित करना क्योंकि नैसर्गिक कुण्डली में मंगल ही लग्नेश होता है।
शुभग्रह बुध, बृहस्पति, शुक्र त्रिकोण में होने पर	- जातक सद्बुद्धिमान, सत्कर्मी

भाग्योदय में मुहूर्त का महत्त्व

समय ही बल है जो निर्बल को बलवान तथा बलवान को निर्बल बनाता है। कोई मुहूर्त किसी जातक के लिए शुभ तथा अन्य के लिए अशुभ होता है। मुहूर्त विधि के विधान को टाल नहीं सकता और न भाग्य को पलट सकता है। वह नकारात्मक प्रभाव को सकारात्मक प्रभाव में बदलकर अनुकूल दिशा में मोड़ अवश्य सकता है। शुभ मुहूर्त में प्रारम्भ किया गया कार्य जातक को उन्नति की दिशा में ले जाता है। शुभ मुहूर्त भाग्य नहीं बदल सकता उसकी दिशा मोड़ सकता है।

उदाहरण – सहदेव कौरवों तथा पांडवों दोनों ही पक्षों के ज्योतिषी थे। उनके बीच होने वाले महाभारत युद्ध का मुहूर्त जब कौरवों ने पूछा तो सहदेव ने कौरव पक्ष के लिए मार्गशीर्ष अमावस्या का शुभ मुहूर्त बताया। पांडवों के लिए युद्ध का मुहूर्त मार्गशीर्ष शुक्ल पक्ष प्रतिपदा का मुहूर्त बताया। उस समय धर्म युद्ध होता था अतः छल कपट नहीं होता था। सहदेव कौरवों को गलत मुहूर्त नहीं बता सकते थे।

श्री कृष्ण जी ने कौरवों के मुहूर्त को खण्डित करने के लिए चतुर्दशी के दिन पांडवों को नदी के किनारे ले जाकर पितरों का तर्पण प्रारम्भ करा दिया जिससे कौरव चतुर्दशी को ही अमावस्या समझ बैठें। दुर्योधन ने भ्रमवश चतुर्दशी को ही अमावस्या समझकर अपनी तरफ से युद्ध प्रारम्भ करने की घोषणा कर दी। श्री कृष्ण को अमावस्या का दिन टालना था अतः उन्होंने अर्जुन को मोह में डाल दिया। कौरव एकतरफा युद्ध कैसे करते। प्रतिपदा को श्री कृष्ण ने अर्जुन को विराट रूप दिखाकर मोह भंग किया तब पांडवों का शुभ मुहूर्त आने पर पांडवों ने युद्ध प्रारंभ किया तथा उनकी विजय भी हुई।

शुभ मुहूर्त निकालने में निम्नलिखित बातों का ध्यान रखना चाहिए।

1. चन्द्रमा गोचर में 3, 6, 10, 11 राशियों में हो तथा 3, 6, 10, 11 लग्न भी हो। 8, 12 भाव शुद्ध अर्थात् ग्रहविहीन हों।
2. मुहूर्त के समय लग्नेश तथा चन्द्रमा दोनों ही नीचराशि, वक्री, वक्रीग्रंह, 6, 8, 12 के स्वामियों के प्रभाव में न हो और शनि चन्द्रमा से युति न करता हो। लग्नेश तथा चन्द्रमा अस्तंगत न हो।
3. किसी जातक का जन्म दिनांक, जन्मतिथि, जन्म लग्न, जन्म की चन्द्रराशि, जन्मदिन, योग, करण सभी शुभ माने जाते हैं।
4. आपत्ति, आकस्मिक दुर्घटना, रोग के समय इन मामलों में मुहूर्त का विचार नहीं किया जाता और किया भी नहीं जा सकता है।

गोचर ग्रहों की शुभता अशुभता का विचार

1. मुहूर्त का विचार कुण्डली के मूल ग्रहों, भावेशों आदि को देखकर ही करते हैं। मुहूर्त के मामले का विचार कुण्डली के सम्बन्धित भाव को देखकर करते हैं। जैसे भवन का विचार चतुर्थ भाव से।
2. भवन का कारक शुक्र है अत: मूल कुण्डली के शुक्र से गोचर शुक्र का शुभ सम्बन्ध होना चाहिए।
3. मूल कुण्डली में स्थित ग्रह पुन: गोचरवश उसी भाव स्थिति में आता है तो अशुभ होता है।
4. राहु-केतु बृहस्पति लग्न तथा चन्द्रमा दोनों से गोचर के फल को समान रूप से प्रभावित करते हैं। अन्य ग्रह चन्द्रराशि से गोचर फल देते हैं।
5. गोचर का ग्रह जब उच्चराशि, उच्चभाव, स्वराशि, मित्र की राशि तथा शुभ भाव से गुजरता है तो शुभफल तथा नीच राशि, नीच भाव, शत्रु राशि, नीच ग्रह, वक्री ग्रह के सम्पर्क में या 6, 8, 12 से गुजरता है तब अशुभफल देता है।
6. अपनी मूल कुण्डली बनाकर उसमें अलग रंग की स्याही के कलम से गोचर के ग्रह स्थापित कर ग्रह स्थिति की तुलना करते हुए शुभ अशुभफल समझना चाहिए।
7. शुभग्रह शुभ भावेश गोचरवश केन्द्र त्रिकोण में शुभ होते हैं। शनि आदि पापग्रह 3, 6, 11 में शुभ होते हैं। केतु 9 में भी शुभ होता है।
8. शनि की साढ़ेसाती तथा अढ़ैया में उतावलेपन, जल्दबाजी में मुहूर्त न निकालें अन्यथा भारी धनहानि हो सकती है तथा मकान आदि गिर सकता है।
9. नींव खोदने में राहु के मुख का अवश्य विचार करें तथा पूँछ की ओर से नींव खोदना प्रारंभ करें।
10. कार्य शुभ मुहूर्त में अवश्य प्रारम्भ कर सम्पन्न करें अन्यथा शुभ मुहूर्त निकालना ही व्यर्थ है जैसे विवाह संस्कार की भाँवरे।

कुण्डली के चक्रों के आधार पर विचारणीय विषय

लग्न कुण्डली चक्र	-	जातक का शरीर, शरीर की बनावट, कद, स्वभाव, शरीर का वर्ण रंग, रूप, शारीरिक तथा मानसिक स्वास्थ्य की स्थिति
होरा चक्र	-	जातक की धन, चित्त, समृद्धि दरिद्रता की स्थिति
द्रेष्काण चक्र	-	भाई, बहिन से सम्बन्ध, जातक की अचल सम्पत्ति पर उनके प्रभाव की स्थिति

सप्तमांश चक्र	–	जातक की सन्तानें, पुत्र पुत्री, प्रपौत्र, उनकी समृद्धि, स्त्री के लिए उसके पति की समृद्धि, सुख दुःख, कुशलता की स्थिति
नवमांश चक्र	–	ग्रहों का बलवान तथा निर्बल होना, पति या पत्नी का वैवाहिक जीवन, जीवनसाथी की स्थिति
दशमांश चक्र	–	जातक की समृद्धि, उन्नति, जीवन में उपलब्धि सम्मान, व्यवस्था की सफलता की स्थिति
द्वादशांश चक्र	–	जातक के माता पिता द्वारा जातक को सुख की स्थिति
षोडशांश चक्र	–	जातक के गुण, प्रसन्नता, दुःख, दरिद्रता, वाहन सुख की स्थिति
विंशांश चक्र	–	प्रार्थना, पूजा, उपासना में जातक की रुचि की स्थिति
त्रिंशांश चक्र	–	जातक के दुःख, दुर्घटना, विपत्ति मृत्यु की स्थिति

●